石油市场建模与预测

王玉东 吴晞 著

科学出版社
北京

内 容 简 介

作为重要的战略储备，石油在经济运行中的重要性不言而喻。聚焦石油价格，本书首先实证分析油价的影响因素及油价变动对微观企业的影响；其次根据其变化特点构建模型以预测油价及其波动；再次根据油价与企业层面的联系揭示石油市场信息对股票等传统金融市场的预测作用；最后总结全书，并从石油供求关系、市场机制和政府部门职能三个角度提出政策建议。不同于以往的研究，本书务求从全局性、系统化的角度出发，研究油价变化的背后逻辑及其与各经济要素间的内在联系。在研究内容上，本书由油价变动特征及其影响因素、油价对微观企业的影响、油价及其波动的预测，以及运用油价信息预测股市收益这四个部分组成。每个部分均包含各自的创新点，从而使全书内容具有较大的创新性。

本书内容丰富，涉猎较广，适合关心石油市场动态的投资者、监管者或研究石油价格的人员阅读与参考。

图书在版编目（CIP）数据

石油市场建模与预测 / 王玉东，吴晞著. —北京：科学出版社，2023.3
ISBN 978-7-03-074866-9

Ⅰ.①石⋯ Ⅱ.①王⋯ ②吴⋯ Ⅲ.①石油市场-研究-世界
Ⅳ.①F416.22

中国国家版本馆 CIP 数据核字（2023）第 025256 号

责任编辑：魏如萍 / 责任校对：贾娜娜
责任印制：张 伟 / 封面设计：有道设计

科 学 出 版 社 出版
北京东黄城根北街 16 号
邮政编码：100717
http://www.sciencep.com
北京中科印刷有限公司 印刷
科学出版社发行 各地新华书店经销

*

2023 年 3 月第 一 版　开本：720×1000　1/16
2023 年 3 月第一次印刷　印张：12 1/2
字数：250 000

定价：168.00 元
（如有印装质量问题，我社负责调换）

前　言

　　石油（或原油）在经济活动中的重要性毋庸置疑。然而，油价波动非常剧烈，远超汇率和股票等传统金融资产。因此，研究油价变化规律，分析其对宏观经济和企业活动的影响，并预测未来价格的变化趋势，对石油市场投资、石油相关企业生产和国家能源安全管理具有重要意义。本书的相关研究正是在这样的背景下展开的。

　　本书以实证研究为主，兼有理论分析。首先，本书探讨油价变化的影响因素。理论上，油价变化剧烈的重要原因在于其背后错综复杂的主导因素。基本面（供给和需求）和投机因素在油价变化中的相对重要性是学术界争论不休的话题，而我们也通过油价建模比较了这两类传统因素的影响。其次，本书研究油价变化对公司投资行为和现金管理活动的影响，试图从这一微观视角剖析油价冲击的经济影响。再次，本书对油价及其波动进行建模预测。具体而言，我们利用时变参数回归模型和预测组合等方法探究油价可预测性，利用广义自回归条件异方差（generalized autoregressive conditional heteroskedasticity，GARCH）族模型和多重分形波动率模型等方法预测油价波动率，并在两个方面都取得了较好的预测效果。最后，我们利用石油市场的丰富信息成功预测股票等传统金融资产的收益率。

　　迄今为止，在石油价格研究领域，本人发表了不少于50篇学术论文，其中涉及 Management Science、Journal of Comparative Economics、Journal of Banking & Finance、Journal of Empirical Finance、International Journal of Forecasting 和 Energy Economics 等经济金融类重要期刊，但是还没有出版相关的专著。本人负责的国家自然科学基金优秀青年科学基金项目的主题也是"石油市场建模与预测"，希望本书的出版能对前期研究成果做一个阶段性总结。

　　特别感谢国家自然科学基金优秀青年科学基金项目（71722015）和国家自然科学基金面上项目（72071114）的资助，本人在学术道路上的成长离不开国家自然科学基金委员会莫大的支持与帮助，对此深表谢意。感谢科学出版社编辑的耐心与鼓励。

王玉东
2022年10月于南京

目 录

第一章 绪论 ·· 1
第一节 相关研究的背景和意义 ·· 1
第二节 本书创新点和学术贡献 ·· 2
第三节 结构概览 ·· 2

第二章 国内外研究回顾 ·· 4
第一节 油价变化影响因素的文献梳理 ···································· 4
第二节 石油价格预测的文献梳理 ·· 7
第三节 石油价格波动率预测的文献梳理 ······························ 10
第四节 总结性评论 ·· 20

第三章 石油价格变化特征分析 ·· 22
第一节 统计模型与符号限制 ·· 23
第二节 油价数据和动态特征 ·· 26
第三节 油价变化的成因分析 ·· 30
第四节 汇率和页岩油的影响 ·· 37
第五节 油价影响因素的相关结论 ·· 38

第四章 石油价格对企业的影响 ·· 40
第一节 油价影响企业投资的理论机制 ·································· 41
第二节 油价与企业投资的数据和变量 ·································· 43
第三节 油价影响企业投资的实证分析 ·································· 46
第四节 企业现金持有视角的油价效应 ·································· 60
第五节 油价影响的企业层面相关结论 ·································· 71

第五章 国际石油价格预测 ·· 73
第一节 预测回归与预测组合 ·· 75
第二节 油价与预测变量数据 ·· 78
第三节 不同模型的预测表现 ·· 80
第四节 投资者视角的油价预测 ·· 92
第五节 石油价格预测的相关结论 ·· 103

第六章 国际石油价格波动率预测 ·· 104
第一节 MSM 与 GARCH 族模型 ·· 106

第二节　油价数据及其动态特征描述 …………………………………… 108
　　第三节　石油价格波动率预测的模型表现 ………………………………… 110
　　第四节　石油价格波动率模型的套期保值应用 …………………………… 116
　　第五节　国际石油价格波动率预测的相关结论 …………………………… 130
第七章　石油市场信息对股票市场的预测作用 ………………………………… 133
　　第一节　石油市场信息预测能力的检验方法 ……………………………… 136
　　第二节　石油和股票市场的数据和指标构建 ……………………………… 138
　　第三节　石油市场信息预测能力的检验结果 ……………………………… 141
　　第四节　石油市场信息预测能力来源与运用 ……………………………… 156
　　第五节　石油市场信息预测股市的相关结论 ……………………………… 163
第八章　主要结论与政策建议 …………………………………………………… 164
　　第一节　研究结论 …………………………………………………………… 164
　　第二节　政策建议 …………………………………………………………… 165
参考文献 …………………………………………………………………………… 171

第一章 绪 论

第一节 相关研究的背景和意义

"双碳"背景下，国家发展和改革委员会、国家能源局和科学技术部等政府部门下发了大量刺激清洁能源生产和促进能源转型的文件，如《"十四五"可再生能源发展规划》《关于促进新时代新能源高质量发展的实施方案》《"十四五"能源领域科技创新规划》等。发展规划和实施方案等所承载的政府关切，一方面是实现"双碳"目标决心的体现，另一方面反映我国能源消费体量庞大，优化转型空间富余，而以石油为代表的传统化石能源仍将在今后较长一段时间内占据我国能源安全战略的重要席位。当前，我国石油对外依存度高达 70%。《中国碳达峰碳中和进展报告（2021）》在实现"双碳"目标的关键路径规划中明确提出要稳油、增气，要把保障能源安全供给和经济社会平稳健康发展摆在首要位置。石油在我国能源安全和经济发展中扮演着如此重要的角色，不由引发我们的思考：哪些因素会影响油价？油价究竟如何影响经济生产？油价及其波动的可预测程度有多大？石油相关信息能预测资本市场走势吗？本书就上述问题展开深入研究。

本书研究兼具学术意义与现实意义。从学术意义上看，一是本书从一个相对全面的视角对包含油价的影响因素、油价对微观经济的影响、油价预测建模以及油价信息对股市的预测作用在内的课题展开研究，丰富了当前情境下石油市场相关领域的研究内容；二是本书基于理论机制研究，采用实证分析方法，对一阶和二阶石油价格变化的可预测性展开研究，研究结果对油价预测新因子的发掘和预测模型的改进均具有重要的启发作用；三是本书将观察到的油价变化特点、构建的油价预测模型以及发掘的油价信息应用于股价预测以及投资组合管理，从交叉领域的角度丰富了对应主题的研究。

从现实意义上看，本书的研究对宏观经济与市场投资者均具有重要价值。就宏观经济而言，与石油相关的能源危机早已从本质上变成了一个国家的政治策略难题，更有可能随时带来伴生性金融危机。本书对油价变动特点与影响因素、油价对微观公司层面的影响研究，以及油价及其波动的预测，有助于宏观政策制定者在深入了解油价变化机理的基础上，有的放矢地制定相关政策并促进政策落地显效。就市场投资者而言，本书对油价相关信息的介绍，特别是构建的油价预测模型能够用于指导投资组合，从而获得多元化收益。

第二节 本书创新点和学术贡献

与已有研究相比，本书的创新之处主要体现在两个方面。

（1）在研究视角上，以往的石油市场研究往往聚焦于油价变动相关的某一种经济现象，未能从全局性、系统性的视角研究油价变化的背后逻辑及其与各经济要素间的内在联系。本书在现有研究的基础上，从全局视角出发，厘清油价变动的来龙去脉，并对其进行建模预测和应用，在研究主题和视角上具有一定的创新性。

（2）在研究内容上，本书由油价变动特征及影响因素、油价对微观企业的影响、油价及其波动的预测，以及运用油价信息预测股市收益这四个部分组成。每个部分均包含各自的创新点，从而使全书内容具有较大的创新性。例如，油价影响因素部分，将油价变化分解为石油供给冲击、美国需求冲击、中国需求冲击、预防性需求冲击和衍生品市场投机冲击，从而既可以评估中国相对于美国石油需求对油价变化的影响，也可以评估投机行为与石油市场经济基本面相比的作用；油价对微观企业的影响研究部分，公司现金持有与油价风险敞口关系的话题本身就具有创新性；油价及其波动的预测部分，提出一种两步法，通过解决因冗余变量引起的过拟合问题来提高实际油价的可预测性；使用油价信息预测股市收益部分，利用油价上涨所包含的信息同时揭示了股票收益的样本外统计可预测性和经济可预测性，使投资者和决策者能够切实了解油价信息的用处所在。诸如此类具体的创新点在各章中都有明确提及，此处不再赘述。

第三节 结构概览

本书共分为八章，具体的结构安排如下。

第一章是绪论。该章的任务是简要介绍研究背景和意义，指明创新点，以及阐述本书的结构安排。

第二章是国内外研究回顾。该章通过回顾有关油价影响因素、石油价格预测和石油价格波动率预测的以往文献，梳理不足之处和可供借鉴的地方。

第三章是石油价格变化特征分析。该章基于经济基本面和衍生品市场投机行为两个层面，分析石油价格的变化特征及其影响因素，如石油供给、石油需求、投机行为、汇率和页岩油产量等，从而为后面的实证分析做铺垫。

第四章是石油价格对企业的影响。考虑到石油是重要的能源要素，而投资是企业创造价值的主要途径，该章从理论和实证层面分析油价与公司投资的关系，同时引入宏观经济条件、行业竞争和公司初始投资状态等因素以深化研究。在厘清油价-投资关系的基础上，该章进一步以制造业企业为样本，采用数理推导与实证分析相结合的方法，分析公司应对油价波动的现金持有政策，从而在分析企业应对措施的基础上了解石油价格对企业的影响。

第五章是国际石油价格预测。该章分别从时变参数模型预测组合的构建，以及宏观经济变量和技术指标的选取这两个角度开展实际油价预测。具体而言，分别在两种情况下比较预测模型与基准模型在不同样本外期限中的预测性能：第一种是使用单变量时变参数（time varying parameter，TVP）模型实时预测组合；第二种是分别构建基于宏观经济变量、基于技术指标以及二者组合的预测模型。前者专注模型改进，而后者关注预测指标的发掘。

第六章是国际石油价格波动率预测。马尔可夫转换多重分形（Markov-switching multifractal，MSM）波动率模型在捕捉多尺度、长记忆和波动性结构突变方面性能优异，且具有简化参数的优势。该章尝试使用该模型预测国际石油波动，并将其与传统的 GARCH 族模型进行比较。与预测模型的统计优越性相比，市场参与者更关心波动率预测的经济价值。因此，本章进一步研究波动率模型在期货套期保值方面的应用，并且通过比较这些模型的套期保值绩效来评估波动率预测的经济价值。

第七章是石油市场信息对股票市场的预测作用。股票收益可预测性对资产定价和风险管理领域均具有重要影响，因而受到学术界的广泛关注。考虑到油价变化对实体经济和股票收益决定因素的重要影响，以及投资者反应不足假说，该章对油价上涨与股票收益可预测性进行检验，以确定石油市场信息对股票市场的预测作用。

第八章是主要结论与政策建议。该章主要包括两个部分，第一部分是对全书的研究结论做出简要的总结，第二部分是根据全书的理论与实证研究结果，提出相应的政策建议。

第二章 国内外研究回顾

本章主要从油价变化的影响因素、石油价格和波动率预测三个方面梳理以往文献，并通过总结以往研究的不足之处来为后面的研究奠定基础。

第一节 油价变化影响因素的文献梳理

已有大量文献研究了油价变动的影响因素，其中一些文献表明油价上升主要由全球石油需求推动。然而，中国持续上升的石油需求在油价上涨过程中所起的作用有待进一步探讨。除此以外，石油与经济的关系日益受到学术界的关注。

一、供求因素

Barsky 和 Kilian（2001）开拓性地研究了宏观经济与油价之间的因果关系。他们发现，宏观经济总量与油价之间存在反向因果关系，即将实际油价的变化与宏观经济结果联系起来时，难以判断究竟是油价影响宏观经济，还是宏观经济影响油价。因此，他们将油价的冲击划分为石油供给冲击、总需求冲击和预防性需求冲击。

在这三种冲击中，基于全球石油产量数据的石油供给冲击已受到广泛研究（Hamilton，2003；Kilian，2008b，2008c）。这些研究表明，仅仅通过度量石油供给端的冲击无法很好地解释油价的大部分历史波动（Kilian，2008b）。Kilian（2008a）认为，在经济危机期间，石油供给的外生中断对油价的影响相对微小，因而供给端的冲击并不是油价上涨的主要原因。

相对供给冲击而言，需求冲击一直没有得到充分关注。虽然某些非正式证据表明需求冲击在石油市场中可能发挥更为重要的作用，但如何量化这些需求冲击始终是一个学术难题。围绕该问题，Kilian（2009）使用干散货运费数据，构建了一个度量全球经济活动的指标以衡量石油需求冲击。他将这一指标测度的需求冲击与供给冲击和石油市场特定冲击相结合，从而分析油价变化的原因。

市场对未来石油的持续稳定供给存在担忧，由此产生的预防性需求使油价发生变化。这一变化可以通过石油市场特定冲击进行捕捉。Kilian（2009）基于上述三种冲击构建了结构向量自回归模型，以估计这些冲击对实际油价的动态影响，进而测度每一种冲击对1975~2007年间实际油价演变过程的贡献。实证研究发现，不同来源的冲击会对实际油价产生截然不同的影响。例如，石油预防性需求的增加导致实际油价大幅上涨，并且这种上涨存在持续性；对所有工业商品的总需求增加虽然会使油价产生相当大幅度的持续上涨，但它具有滞后性。在引入需求影响后，供给端冲击的影响相对较小。因此，油价上涨主要由需求驱动。

大量经济理论分析了2003年以来油价上涨的原因，Hamilton（2009a）回顾了这些理论，发现中国和中东地区国家，以及其他新兴工业化经济体的需求一直处于强劲增长中，因而稀缺租金成为推动油价上涨的一个重要因素，并且这一因素的影响具有持续性。此外，Hamilton（2009b）还认为，油价在20世纪90年代历次上涨的主要原因是石油供给中断，而2007~2008年间油价的火箭式上涨是由强劲的需求和停滞的供给共同导致的。也就是说，在不同时间段的油价变化中，供给和需求冲击会对油价产生不同程度的影响，并不是某一因素始终占据主导地位。Smith（2009）将2004年后大部分的油价上涨归因于中国和其他发展中国家石油需求的非预期性增长以及全球石油产量的下滑。Mu和Ye（2011）也认可这个观点，即石油需求是主导油价变化的更主要的因素，但是他们发现中国的石油需求冲击对油价并没有产生显著影响。

二、投机行为

一些文献研究了金融衍生品市场中的投机行为对油价的影响。近年来，研究者逐渐意识到，在模拟实际油价变化时，石油的库存需求和流量需求都具有重要性（Hamilton，2009a，2009b；Kilian，2009；Alquist and Kilian，2010）。虽然投机性交易行为并不能解释近期实际油价的飙升，但它在早些年的几次重大油价变化事件中发挥了重要作用。例如，1979年伊朗伊斯兰革命期间，投机因素成为当时油价飙升的根本原因。这与Barsky和Kilian（2001）的描述一致，即投机行为也有助于解释1986年初石油输出国组织即欧佩克谈判破裂之后实际油价的急剧下降。同样，投机行为在1990年科威特战争之后在油价变化中也起到了核心作用。总体而言，学术界对投机行为在石油市场中所起的作用仍未达成一致意见，而主要争论点在于投机行为对短期和长期油价变化的影响存在异质性。Hamilton（2009b）从理论角度指出，如果汽油需求的短期价格弹性接近于零，即使石油库存没有任何变化，石油期货市场的投机交易也可能导致实际油价飙升。Kilian和Murphy（2014）通过引入石油库存来识别实际油价中的投机成分。因为投机者持有库存不是为了当前消费，而是为了未来使用。预期油价上涨的投机性购买行为主要受到基本面预期影响，或者受市场中潜在交易对手的干扰。Kilian 和 Murphy（2014）的分析比过去的一些研究更重视石油供给冲击，但得出的结论是，除了 1990 年之外，油价变化主要由石油需求冲击驱动。这些发现进一步被 Kilian 和 Lee（2014）证实，他们使用了更多不同的方法来测度石油库存。Baumeister 和 Hamilton（2019）对石油库存因素在油价变化中所起的作用提出了异议。他们的研究结果表明，供给中断是影响历史油价走势的一个更大的因素，而库存因素影响较小。供给冲击会导致全球经济活动减少，但它存在一个较长的滞后期，而石油需求冲击则不会引起这种变化。

Fattouh 等（2013）发现，有证据表明石油市场供需因素对油价变化的重要性，因而他们认为现货与期货价格之间的联动性反映的是石油市场基本面的作用，而不是市场金融化的作用。Alquist 和 Gervais（2013）发现投机指数与石油价格变化之间的相关性较弱，表明交易活动对油价的影响较弱。Buyuksahin 和 Harris（2011）对油价与投机者在期货市场中头寸变化的关系进行了格兰杰因果检验，发现投机行为并不能引起油价的显著变化。Brunetti 和 Buyuksahin（2009）也展开了类似研究并证实了这一结论。Irwin 等（2009）发现任何头寸组合（包括只做多头的指数基金）都无法始终影响石油期货价格。Einloth（2009）使用便利收益来探究投机对油价的影响，结果表明投机因素推动了 2007~2008 年间的油价上涨，但是崩盘的主要原因是总需求意外下降。

此外，还有一些研究强调了投机行为在油价波动中的重要性。Cifarelli 和 Paladino（2010）通过实证表明，投机因素对油价变化具有显著影响。Hache 和 Lantz（2013）表示，当观察到油价大幅波动时，非商业交易者（投机者）对切换到"危机状态"的概率具有一定影响。Heidorn 等（2015）发现基本面交易者会影响西得克萨斯中质（West Texas intermediate，WTI）油价水平，而金融交易者则影响斜率。Juvenal 和 Petrella（2015）使用动态因子向量自回归（factor vector autoregression，FVAR）模型发现，投机冲击是仅次于全球需求冲击的油价驱动因素。Kaufmann（2011）认为，自 2004 年以来，美国石油库存显著增加，仅基于市场基本面的计量经济学模型对油价的统计和预测均未获得成功，这意味着投机因素至关重要。Kaufmann 和 Ullman（2009）证明市场基本面引发了油价长期上涨，而投机者的投机行为加剧了这种上涨。Morana（2013）运用结构 FVAR 模型将油价变化分解为宏观经济冲击、金融冲击和其他油价冲击。其结果表明，从 2000 年年中起，金融因素的冲击在更大程度上推动了油价上涨。Zhang（2013）表明投机者的头寸对于油价具有显著的当期效应，而二者的领先滞后关系非常微弱。

上述研究并没有通过简单的架构来对石油供给、中国石油需求、美国石油需求和投机等影响因素进行定量分解。不仅如此，很少有研究考虑油价与其基本面之间的同期反应。基于此，我们可以考虑使用带有符号限制的结构向量自回归（vector autoregression，VAR）模型来研究这些问题，符号限制比传统短期限制更有意义，因为它允许两个变量之间存在同期反应。符号限制的这一优势对于分析油价冲击的作用至关重要。由于衍生合约的流动性高，金融投机者可以根据油价变化及时调整头寸。由于石油市场的信息效率相对较高（Tabak and Cajueiro, 2007; Wang and Liu, 2010; Wang and Wu, 2012b），石油现货和期货价格可以在一个较短的时间内对衍生品头寸的冲击做出反应。然而，外生的结构约束并不能解决油价和投机头寸之间的同期反应。据我们所知，除了一些著名的研究（Kilian and Murphy, 2014; Baumeister and Peersman, 2013a）外，很少有应用符号限制来识别油价冲击的研究。因此，我们将在第三章使用基于符号限制方法的结构 VAR 模型来分析这些问题。

第二节　石油价格预测的文献梳理

国际油价预测被高盛公司称为"世界级难题"，它一直是学术界与实务界研究的热点问题。根据 Fama（1970）提出的有效市场假说，资产价格难以预测，而假设价格不变的随机游走模型预测效果最好。然而，现有的许多实证研究都表明，油价的变化规律与有效市场假说不符（Alvarez-Ramirez et al., 2008; Tabak and Cajueiro, 2007; Wang and Liu, 2010; Wang and Wu, 2013）。石油市场非有效性也意味着油价在某种程度上具有一定的可预测性。现有研究主要从挖掘预测因子和改进模型两个方面来研究油价可预测性。

一、预测因子

（一）基于期货价格

期货市场价格发现理论认为，期货价格是未来现货价格的无偏估计。因此，有些研究者运用石油期货价格预测现货价格。例如，Coppola（2008）用误差修正模型对石油现货价格和期货价格之间的均衡关系建模，并用该模型预测石油现货价格，从而发现了优于随机游走模型的证据。Moshiri 和 Foroutan（2006）发现人工神经网络（artificial neural network，ANN）模型的样本外预测精度高于自回归模型。Alquist 和 Kilian（2010）也用期货价格预测现货价格，却发现均方预测误差（mean square prediction error，MSPE）高于随机游走模型，说明其预测效果较差。他们进一步指出这一结论可以由石油库存便利收益的波动性解释。Wang 等（2017a）采用石油期货价格等单一预测因子的时变参数实时预测组合模型对实际油价进行预测，从而发现了显著的油价可预测性。

（二）基于供求等基本面因素

能源分析师 Verleger（1982）认为石油需求来源于消费者对汽油和柴油等提炼品的需求。基于 Verleger（1982）的观点，Baumeister 和 Peersman（2013a）构建了裂解价差与油价关系模型，并用其预测石油现货价格，发现至多可以降低 20%的 MSEP。Murat 和 Tokat（2009）同时运用裂解价差和石油期货价格预测现货价格，样本外的实证结果表明裂解价差和期货价格预测模型都优于随机游走模型。

由于供给和需求是石油市场最重要的基本面，美国经济学家 Kilian 和他的合作者用石油供给和需求构建不同的模型预测油价。例如，Baumeister 和 Kilian（2012）认为数据的修正可以很好地反映市场信息。他们用实时（未修正）石油供给和需求数据构造 VAR 模型，发现该模型的预测能力高于期货价格、自回归模型和随机游走模型，甚至在某些情况下与随机游走模型相比，可以降低 25%的 MSPE。Baumeister 和 Kilian（2016）认为单一模型的预测能力非常不稳定，只能在某一特定时期内表现较好。他们采用不同策略加权不同模型的预测值，从而打败了随机游走模型，并使长期 ESPE 降低 12%左右。Baumeister 和 Kilian（2014b）认为欧洲中央银行政策制定者更加关心季度布伦特（Brent）油价，而不是美国 WTI 油价或者月度价格。通过使用 Baumeister 和 Kilian（2012）提出的 VAR 模型，他们得到了较为准确的季度布伦特油价预测结果。此外，Miao 等（2017）考虑了六类油价的影响因素（供给、需求、金融市场、大宗商品市场、投机和地缘政治），进而对油价进行了预测。

库存理论认为未来油价与石油库存和利率相关，因此也有研究者用石油库存预测油价。Baumeister 等（2015）用金融市场高频数据和宏观经济数据预测油价，发现在众多金融和经济变量中，美国石油库存的预测效果最好。相对于随机游走模型，单变量混频取样模型最多可以降低 16%的 ESPE。Ye 等（2005）和 Ye 等（2006）用经济合作与发展组织（Organization for Economic Cooperation and Development，OECD）石油库存预测海湾战争之后的油价，发现库存理论模型的预测效果好于随机游走模型。基于石油库存和利率等预测因子，Zhang 等（2019b）使用最小绝对收缩和选择算子（least absolute shrinkage and selection operator，LASSO）和弹性网方法发现了油价的可预测性。Hao 等（2020）通过使用 Huber 函数解决过拟合问题，从而揭示了油价的可预测性。

二、模型改进

(一) 混频预测

预测油价时，基于单变量的简单预测模型往往存在不足。因此，学者对简单的预测回归进行了改进，获得了更准确的油价预测。基于经验数据的普通最小二乘（ordinary least squares，OLS）回归参数估计有时并没有意义。Wang等（2015a）根据经济和统计推断，对回归参数进行了约束。简单回归对因变量和预测变量需要相等的采样频率，忽略了信息量更大的高频数据。Baumeister等（2015）使用混频数据抽样回归模型（mixed frequency data sampling regression models，MIDAS）回归与高频金融数据来预测油价。他们发现MIDAS相对于无变化模型的预测，MSPE降低了28%。具有常系数的OLS模型不允许预测关系的时间变化。时变参数模型假设参数遵循随机漫步过程，Funk（2018）和Wang等（2017b）通过使用时变参数模型来放松常系数的限制。

此外，单一模型的预测性能随时间而变化。因此，很多学者通过处理模型不确定性来预测油价，并改进预测结果。处理模型不确定性的主流方法之一是预测组合。预测组合加权单个模型的预测值，而分配给每个模型预测值的权重由不同的规则根据过去的预测表现决定。Baumeister和Kilian（2016）发现，在18个月的预测水平上，实时预测组合比无变化基准的预测更准确。Funk（2018）和Wang等（2017a）也使用预测组合成功预测了油价。此外，有学者认为，对每个模型赋予恒定权重的要求过于严格。出于这种考虑，人们提出了允许时变权重的更先进的组合方案来预测油价。优秀的例子包括Drachal（2016）和Naser（2016）的研究，他们使用了动态模型平均法。处理模型不确定性的多变量信息方法还有主成分预测回归。Yin和Yang（2016）使用这种方法揭示了技术指标对于石油期货收益的预测信息。

(二) 复杂性方法

大量实证研究表明，石油市场具有高度复杂性（Alvarez-Ramirez et al.，2008；Wang and Liu，2010；Wang et al.，2010；Wang et al.，2011a；Wang and Wu，2012a；Wang and Wu，2013）。因此，许多研究运用遗传算法、小波分析和神经网络等复杂方法预测油价。这些复杂方法的最大缺点是无法明确说明预测变量与油价变动之间的经济学联系。大多数时间序列并不是白噪声，往往包含着突变和噪声峰值。小波分析可以对原始信号（时间序列）进行分层滤波，提取不同频率的信号，从而消除噪声以得到更为"干净"的时间序列以供预测。梁强等（2005）运用小波方法预测长期油价。葛根等（2009）运用一种小波分频技术结合自适应滤波器的方法预测油价。刘金培等（2011）运用小波分解方法结合马尔可夫方法的动态模型预测油价。Pany 和 Ghoshal（2015）通过使用局部线性小波神经网络模型进行预测分析，发现该预测方法具有较强的预测潜力，同时还验证了局部线性小波神经网络模型预测的有效性。

复杂网络方法实际上将预测变量与油价之间的作用机制当作一种"黑箱"来处理，通过神经网络的学习功能模拟它们之间的多种线性和非线性关系以预测油价。例如，Fan 等（2008）运用归一化技术进行油价的多步预测，并提出新的基于遗传算法的广义归一化方法，发现该方法的预测能力高于传统的复杂网络方法。Yu 等（2008）运用基于经验模态分解（empirical mode decomposition，EMD）的神经网络集成学习范式预测 WTI 和布伦特油价，样本外实证结果表明该模型的预测精度高于线性神经网络和自回归模型。Godarzi 等（2014）研究发现，在油价平稳期和振荡期，带外生输入的非线性自回归神经网络的预测结果比线性时间序列和静态人工神经网络的预测结果更准确。Wu 等（2019）使用改进的模态分解（ensemble empirical mode decomposition，EEMD）和长短时记忆（long short term memory，LSTM）网络模型进行预测，发现改进的 EEMD 和 LSTM 网络模型在油价预测中具有广阔的应用前景。其他运用神经网络方法预测油价的研究有杨云飞等（2010）、覃东海和余乐安（2005）的研究。此外，Li 等（2019）提出了一种基于在线媒体文本挖掘的油价预测方法。结果发现，新的综合预测模型比传统的基准模型预测效果更优。Li 等（2021a）使用了一种新的多尺度混合模型来估计油价，其预测结果较好。这表明多尺度模型能够有效预测复杂时间序列，特别是预测油价。Huang 和 Deng（2021）基于信号能量（signal-energy，SE）规则，结合变分模态分解（variational mode decomposition，VMD）、LSTM 网络和移动窗口策略，提出新的油价预测模型。Li 等（2021b）提出了一种将 VMD 和随机稀疏贝叶斯学习相结合的新方法预测油价，结果发现新方法在多个评价指标方面都有优越的表现。Costa 等（2021）运用机器学习方法预测油价。实证结果表明，机器学习方法具有良好的短期油价预测性能。总之，这些方法都从不同角度证明了油价具有一定程度的可预测性。

第三节 石油价格波动率预测的文献梳理

预测石油价格波动率对学术界和市场参与者都具有重要的意义，许多研究都以改进石油价格波动率预测为目标。这些研究主要集中在预测模型的开发和改进，以及预测绩效的评估方面。其中，预测绩效评估又分为统计意义和经济意义两个层面的评估。

一、预测模型

就模型开发与改进而言,学者对不同模型的波动率预测效果进行了大量研究,如分析和改进 GARCH 模型、已实现波动率模型和其他模型在石油市场上的预测效果。

(一) GARCH 模型

Bollerslev (1986) 的 GARCH 模型是最常用的预测石油价格波动率的模型。Bollerslev 等 (1994) 表明 GARCH (1, 1) 形式在许多情况下都具有优异的性能。标准 GARCH (1, 1) 模型的条件方差为

$$\sigma_t^2 = \omega + \alpha \varepsilon_{t-1}^2 + \beta \sigma_{t-1}^2 \tag{2-1}$$

式中,t 为时间;ε_{t-1} 为其扰动项;σ_{t-1}^2 为条件方差。为了确保条件波动率为正,施加参数限制 $\omega > 0$、$\alpha \geqslant 0$ 和 $\beta \geqslant 0$。许多研究指出,GARCH 模型在捕捉波动率的程式化事实(如时间变化、波动率聚类和杠杆效应)方面做得很好。因此,GARCH 模型自 Sadorsky (2006) 的研究以来一直被广泛应用于石油价格波动率预测。这些研究将计量经济模型分为不同的类型,并对其性能进行比较。

1. 线性和非线性 GARCH

Cont (2001) 指出,有必要将金融市场的程式化事实考虑在内。因此,一些非线性模型得到了发展。Nelson (1991) 指出,线性 GARCH 模型中的非负约束限制过强,因此提出了指数 GARCH (exponential GARCH,EGARCH) 来反映波动率杠杆效应。EGARCH (1, 1) 模型为

$$\ln(\sigma_t^2) = \omega + \alpha z_{t-1} + \gamma(|z_{t-1}| - E|z_{t-1}|) + \beta \ln(\sigma_{t-1}^2) \tag{2-2}$$

式中,z_{t-1} 为 t 时刻的标准化收益率;E 为期望算子;γ 为不对称的杠杆系数,描述波动杠杆效应。为了捕捉负面冲击对波动率的更大影响,Glosten 等 (1993) 提出了一个非对称 GARCH 模型,命名为 GJR-GARCH。GJR-GARCH 的条件方差过程可以写成

$$\sigma_t^2 = \omega + (\alpha + \gamma I(\varepsilon_{t-1} < 0))\varepsilon_{t-1}^2 + \beta \sigma_{t-1}^2 \tag{2-3}$$

式中,$I(\cdot)$ 为指示函数。当满足 $(\cdot)$ 的条件时,$I(\cdot) = 1$,否则 $I(\cdot) = 0$。Cheong (2009) 研究了三种损失函数下四种 GARCH 模型的样本外预测性能,并发现最简单的 GARCH 模型比竞争的非线性模型更适合布伦特石油数据。Mohammadi 和 Su (2010)

比较了 GARCH、EGARCH、非对称 GARCH（asymmetric power GARCH，APARCH）和分整 GARCH（fractionally integrated GARCH，FIGARCH）四种 GARCH 模型在两种损失函数下的预测精度，发现 APARCH 模型的预测精度最好。Wei 等（2010）使用了更多的线性和非线性 GARCH 模型来捕捉两个石油市场的波动特征，并发现非线性 GARCH 模型比线性模型预测精度高，特别是擅长预测较长时间范围内的波动。

2. 单变量与多变量 GARCH

一些研究认为，单变量模型无法捕捉不同市场之间的溢出关系。因此，多变量 GARCH 模型更常用于油价波动预测。Engle 和 Kroner（1995）提出了多元 BEKK 模型（BEKK 是最早提出该模型的四位作者姓氏的首字母），形式为

$$H_t = \Omega^T \Omega + A^T \varepsilon_{t-1} \varepsilon_{t-1}^T A + B^T H_{t-1} B \qquad (2\text{-}4)$$

式中，$\varepsilon_{t-1} \varepsilon_{t-1}^T$ 表示残差项的方差协方差矩阵；H_t 为条件协方差矩阵；参数矩阵 Ω、A 和 B 为

$$A = \begin{pmatrix} \alpha_{11} & \alpha_{12} \\ \alpha_{21} & \alpha_{22} \end{pmatrix}, \quad B = \begin{pmatrix} \beta_{11} & \beta_{12} \\ \beta_{21} & \beta_{22} \end{pmatrix}, \quad \Omega = \begin{pmatrix} \omega_{11} & 0 \\ \omega_{21} & \omega_{22} \end{pmatrix} \qquad (2\text{-}5)$$

式中，系数 α_{12}、α_{21}、β_{12}、β_{21} 可以捕获不同市场之间的波动溢出效应。Sadorsky（2006）分析了包括石油市场在内的能源市场收益波动率的预测效果，发现 BEKK 模型的预测效果不如标准 GARCH（1,1）模型。Mahringer 和 Prokopczuk（2015）比较了单变量模型和多变量模型的预测性能，发现简单的 GARCH 模型在预测石油市场波动率方面表现最好。Wang 和 Wu（2012a）使用单变量和多变量 GARCH 模型预测能源市场波动。他们发现，多变量模型在预测单个资产的波动率方面表现更好，而考虑了非对称效应的单变量模型在预测裂解价差波动率方面更准确。

3. 单一机制与多机制 GARCH

根据 Lamoureux 和 Lastrapes（1990）以及 Timmermann（2000a）的研究，传统的 GARCH 模型通常只关注油价变化的一种特定机制，而忽略了潜在的结构变化。Cai（1994）以及 Hamilton 和 Susmel（1994）在 GARCH 模型中引入了机制转换过程来捕捉潜在的结构变化。此后，许多机制转换模型被用于预测价格波动，特别是马尔可夫机制转换 GARCH（Markov regime switching GARCH，MRS-GARCH）模型（Haas et al., 2004；Klaassen, 2002；Zhang Y J and Zhang L, 2015）。

MRS-GARCH 模型允许参数按照马尔可夫过程在不同状态之间转换。从 $t-1$

时刻的 i 到 t 时刻的 j 的转换概率等于 $P(s_t = j \mid s_{t-1} = i) = p_{ji}$，GARCH 过程的条件均值和条件方差以及平方新息的期望可表示为

$$r_t = \mu_t + \varepsilon_t, \ \varepsilon_t = \sqrt{h_t} z_t \tag{2-6}$$

$$h_t^{(i)} = \alpha_0^{(i)} + \alpha_1^{(i)} \varepsilon_{t-1}^2 + \beta_1^{(i)} E_{t-1}\{h_{t-1}^{(i)} \mid s_t\} \tag{2-7}$$

$$E_{t-1}\{h_{t-1}^{(i)} \mid s_t\} = \sum_{j=1}^{2} \tilde{p}_{ji,t-1}((\mu_{t-1}^{(j)})^2 + h_{t-1}^{(j)}) - \left(\sum_{j=1}^{2} \tilde{p}_{ji,t-1} \mu_{t-1}^{(j)}\right)^2 \tag{2-8}$$

式中，r_t 为收益率；μ_t 为条件均值；h_t 为条件方差；z_t 为标准化后的残差；上标 i 和 j 分别表示两种不同的状态；E_{t-1} 为 $t-1$ 时刻的期望算子。

Nomikos 和 Pouliasis（2011）研究了机制转换模型在预测能源市场波动率和风险价值方面的表现，发现混合 GARCH（mixed GARCH）模型和 MRS-GARCH 模型相较于 GARCH 模型能够更好地捕捉波动率持续性。样本外预测方面，这些模型也表现得更好。Di Sanzo（2018）发现，同时捕获长记忆和马尔可夫转换动力学的时间序列模型能够在几个时间尺度内产生比 GARCH 模型更好的波动率预测效果。Herrera 等（2018）比较了 RiskMetrics、GARCH、APARCH、FIGARCH 和 MRS-GARCH 模型。他们发现 MRS-GARCH 模型在长期预测中精度更高，并且在动荡时期更能预测波动率。Zhang 等（2019a）利用三种单期 GARCH 模型（GARCH、GJR-GARCH 和 EGARCH）和两种机制转换 GARCH 模型，即混合记忆 GARCH（mixture memory GARCH，MMGARCH）模型和 MRS-GARCH 模型估计和预测油价波动。他们的研究结果表明，将机制转换纳入模型并不会使其性能显著优于单期 GARCH 模型。

4. 短记忆与长记忆 GARCH

有研究表明，Baillie（1996）和 Baillie 等（1996）提出的 FIGARCH 模型在捕捉金融市场波动的长记忆方面优于经典 GARCH（1,1）模型。FIGARCH（1, d, 1）模型的具体形式为

$$\sigma_t^2 = \omega + \beta \sigma_{t-1}^2 (1 - (1 - \beta L)^{-1}(1 - \varphi L)(1 - L)^d) \varepsilon_t^2 \tag{2-9}$$

式中，长记忆参数 $0 \leq d \leq 1$，d 为分数阶积分参数，是波动率双曲衰减的长记忆性质；$\omega > 0$；$\varphi < 1$；$\beta < 1$；L 为滞后算子。

Wang 等（2011b）比较了由 GARCH 模型获得的条件波动率序列与实际波动率序列的长记忆特性，并表明 GARCH 模型能很好地捕捉一年以上时间尺度的长记忆特性。Charfeddine（2014）比较了多种允许长记忆和/或结构变化的高级波动率模型——GARCH（1,1）、FIGARCH（1, d, 1）、自适应-GARCH（1,1,k）和自适应-FIGARCH（1, d, 1, k）的预测能力。他发现 FIGARCH（1, d, 1）模型最适合

描述具有长记忆和/或结构变化的时间序列。Klein 和 Walther（2016）将 MMGARCH 模型与其他离散波动率模型进行了比较，发现 MMGARCH 模型凭借动态预测方法在方差预测方面表现出色。

5. 经济预测

主流的 GARCH 模型使用了过去价格的信息。宏观经济信息可以纳入 GARCH 模型来预测石油价格波动率。Wei 等（2017）将经济政策不确定性（economic policy uncertainty，EPU）指数与传统决定因素相结合，并使用基于混合数据抽样回归和动态模型平均方法的新型 GARCH 模型。他们发现 EPU 指数对 WTI 石油现货价格波动具有较好的预测能力。Pan 等（2017）提出了一种机制转换混频数据抽样 GARCH（regime switching mixed-frequency data sampling GARCH，RS-GARCH-MIDAS）模型，该模型既考虑了长期宏观经济因素的影响，也考虑了短期结构突变对石油价格波动率的影响。他们表明，宏观经济基本面提供了关于未来石油价格波动率的有用信息，而不仅仅是历史波动。Bakas 和 Triantafyllou（2019）实证检验了宏观经济不确定性对农业、能源和金属大宗商品市场波动的预测能力。研究结果表明，宏观经济不确定性具有较高的能源大宗商品波动预测能力。

然而，这些 GARCH 模型过于复杂，且基于低频数据的分析使用的信息相对较少。近年来，使用日内数据的波动率模型吸引了研究人员和市场参与者的更多关注。

（二）已实现波动率模型

高频数据比低频数据（如日、月数据）信息更丰富。Andersen 和 Bollerslev（1998a，1998b）提出了已实现波动率（realized volatility，RV）概念，其值等于所有日内收益的平方和，用来衡量未观测的波动率。Andersen 等（2001）发现 RV 比平方日收益率更能反映真实波动率。Corsi（2009）构建了一个简单的异质自回归 RV（heterogenous autoregressive realized volatility，HAR-RV）模型，该模型能够便捷地纳入解释变量，包括三个组成部分：滞后的每日、每周和每月已实现波动率。它在捕捉金融资产波动的长记忆和多尺度行为的程式化事实方面功能强大，具体模型形式为

$$RV_{t+1} = \beta_0 + \beta_d RV_t + \beta_w RV_{t-4,t} + \beta_m RV_{t-21,t} + \varepsilon_{t+1} \quad (2-10)$$

式中，$RV_t = \sum_{j=1}^{M} r_{t,j}^M$ 为已实现波动率，$r_{t,j}$ 为第 j 个高频收益率，M 为第 t 天高频收益率的总数量；定义 $k+1$ 天时间范围内的波动率为 $RV_{t-k,t} = \sum_{i=t-k}^{t} (RV_i)$，因此，$RV_{t-4,t}$ 和 $RV_{t-21,t}$ 分别记作周和月已实现波动率。

未来波动率中跳跃的信息内容是金融预测文献中的一个热门话题。一些研究指出，跳跃对未来的已实现波动率具有实质性的影响。Andersen 等（2007）提出了带有跳跃的 HAR-RV（HAR-RV with jump，HAR-RV-J）模型，该模型中加入了一个跳跃分量作为额外的预测因子，表示为

$$RV_{t+1} = \beta_0 + \beta_d RV_t + \beta_w RV_{t-4,t} + \beta_m RV_{t-21,t} + \beta_J J_t + \varepsilon_{t+1} \qquad (2-11)$$

式中，跳跃成分 $J_t = \max(RV_t - BPV_t, 0)$，$BPV_t = u_1^{-2}\sum_{i=2}^{M}|r_{t,i}||r_{t,i-1}|$ 且 $u_1 = \sqrt{2/\pi}$。

Andersen 等（2007）也首次将 RV 分解为一个连续的样本路径和一个跳跃成分，然后使用这两个成分作为预测因子。这种带有连续样本路径和跳跃成分的 HAR-RV（HAR-RV with continuous sample path and jump，HAR-RV-CJ）模型可以写成如下的形式：

$$\begin{aligned}RV_{t+1} =\ & \beta_0 + \beta_{cd} C_t + \beta_{cw} C_{t-4,t} + \beta_{cm} C_{t-21,t} + \beta_{sd} SJ_t \\ & + \beta_{sw} SJ_{t-4,t} + \beta_{sm} SJ_{t-21,t} + \varepsilon_{t+1}\end{aligned} \qquad (2-12)$$

有 $SJ_t = I(Z_t > \Phi_\alpha)(RV_t - BPV_t)$，$C_t = I(Z_t \leq \Phi_\alpha)RV_t + I(Z_t > \Phi_\alpha)BPV_t$，$\Phi_\alpha$ 为标准正态分布中的 $1-\alpha$ 分位数，而 Z_t 为 Huang 和 Tauchen（2005）的比率统计量。因此，连续的样本路径和跳跃分量之和为已实现的总方差。

在实证文献中，对于油价跳跃在预测油价波动率中的作用仍存在不一致的观点。Wen 等（2016）发现，符号跳跃、无符号跳跃和半跳跃都包含大量预测石油期货波动率的显著信息。Ma 等（2018b）使用 HAR-RRV 模型及其扩展形式检验跳跃强度对石油期货波动率的影响，发现该模型比基准模型具有更高的预测精度，特别是在包含显著跳跃和跳跃强度的情况下。Liu 等（2018）在研究截断跳跃是否能提高预测能力时，发现了强有力的证据，表明同时包含大的和小的跳跃成分的模型具有显著的预测能力。Sévi（2014）通过应用 HAR 模型的 9 个扩展形式，预测石油期货的实际波动率，包括几种具有跳跃成分的模型，发现简单的 HAR-RV 模型往往比考虑了跳跃成分、杠杆效应和不对称方面的更复杂的模型表现得更好。Prokopczuk 等（2016）研究了跳跃成分对能源市场波动率预测的影响，发现使用跳跃成分建模并不能显著提高预测精度。

（三）机器学习方法

随着机器学习和人工智能的发展，很多研究都使用机器学习方法来预测油价。Ghoddusi 等（2019）就机器学习在能源经济学和金融学中的应用，包括能源价格预测，进行了全面的文献综述。他们发现，在 2005~2018 年发表的 130 多篇论文中，最受欢迎的方法是支持向量机（support vector machine，SVM）、人工神经网络和遗传算法（genetic algorithm，GA）。

机器学习方法也有减少预测变量的维数和变量选择的作用。这些方法在石油市场大数据处理中具有特殊的应用价值。正则化回归是变量选择中最流行的方法，它在执行参数估计时，根据参数与均方误差目标函数的比例添加惩罚项。常用的正则化回归方法有 LASSO、岭回归和弹性网。Zhang 等（2019b）发现，对于油价波动率预测，弹性网和 LASSO 方法比单个扩展 HAR 模型和组合方法具有更好的样本外性能。Ma 等（2019）使用带正则化约束的回归方法来选择跳跃分量并改进波动率预测。Ma 等（2018a）探讨了多个指标在 LASSO 预测石油价格波动率中的有效性，结果表明不确定性指标具有稳定的预测性能。Chen 等（2021）在预测包括 WTI 石油在内的一系列商品价格的波动率时，使用聚类和流形学习这两类无监督学习方法来降低维数。他们表明，基于波动率的聚类能够成功识别包括 2008~2009 年全球金融危机在内的极端事件。

综上所述，在使用机器学习方法预测石油价格波动率的研究中，预测结果大多偏重统计性质而非经济性质。只有少数例外，如 Zou 等（2020）的风险管理以及 Ma 等（2018a，2018b）的基于波动率预测的投资组合配置。

（四）其他方法

1. 隐含波动率模型

根据著名的 Black 和 Scholes（1973）公式，未观测波动率是期权定价的关键决定因素。从期权价格反推出的未来波动率估计值称为隐含波动率（implied volatility，IV），它是一种常用的衡量市场对未来风险的预期的方法，特别是在股票市场研究中，IV 使用广泛。一些研究表明，基于 IV 指数的方法在波动率预测方面优于传统方法（如 GARCH 模型）（Christensen and Prabhala，1998；Haugom et al.，2014；Martens and Zein，2004）。然而，Agnolucci（2009）发现传统 GARCH 模型在预测石油期货波动率方面略优于使用 IV 指数的模型。

2. 多重分形模型

Wang 等（2011b）表明 GARCH 模型无法捕捉石油市场的多尺度波动。Wang 等（2016）使用 Calvet 和 Fisher（2001）的 MSM 波动率模型预测石油收益波动率，该模型假设基础收益遵循具有多频随机波动率的离散时间马尔可夫过程。他们发现 MSM 模型比流行的 GARCH 模型或历史波动率模型产生的波动率预测更准确。Lux 等（2016）使用了长期历史数据，进一步证实了 MSM 模型在预测石油价格波动率方面优于传统 GARCH 模型。

二、预测评估

（一）统计评估

大多数研究使用统计方法来比较预测模型。利用多种预测准则和损失函数来评估不同波动率预测模型的预测精度。根据 Lopez（2001）的研究，没有证据表明特定的损失函数在评估波动率模型时比其他函数更有用。最常用的两个损失函数是平均平方预测误差（mean squared prediction error，MSPE）和平均绝对预测误差（mean absolute prediction error，MAPE），形式为

$$\text{MSPE} = n^{-1} \sum_{t=1}^{n} (h_t - \hat{h}_t)^2 \qquad (2\text{-}13)$$

$$\text{MAPE} = n^{-1} \sum_{t=1}^{n} |h_t - \hat{h}_t| \qquad (2\text{-}14)$$

式中，n 为预测数据个数；h_t 为实际波动率；$\hat{h}_t$ 为模型预测的波动率。两种波动率模型的损失函数之间差异的显著性可以使用经典的 Diebold 和 Mariano（1995）检验等统计检验来检验。

可以认为，在预测误差中，MSPE 和 MAPE 对离群值都很敏感。还可以采用成功率（success ratio，Sr）来评估模型，它反映了方向的准确性，写成

$$\text{Sr} = \frac{1}{N} \sum_{i=1}^{N} |h_t - \hat{h}_{t,\text{model}}| < |h_t - \hat{h}_{t,\text{bench}}| \qquad (2\text{-}15)$$

式中，$\hat{h}_{t,\text{model}}$ 和 $\hat{h}_{t,\text{bench}}$ 分别为给定模型和基准模型的波动率预测值；N 为样本总数。Pesaran 和 Timmermann（1992）检验了原假设，即目标方法的 Sr 小于基准模型的 Sr，而替代假设是目标方法的 Sr 大于基准模型的 Sr。

（二）经济评估框架

市场参与者更关心波动率预测的经济价值，而不是统计结果。这种关切不足为奇，因为市场参与者主要关注的是这些波动率模型能够带来的经济收益。波动率预测的经济价值主要通过它们在风险管理、期货套期保值和投资组合配置中发挥的作用来评估。

1. 风险管理

波动率是构建风险测度的关键因素，如在险价值（value at risk，VaR）和期望损失（expected shortfall，ES）。VaR 最初出现在 1994 年摩根大通的每日收入报

告中，定义为投资组合的潜在损失，现已成为金融市场中流行的风险测度标准（Duffie and Pan，1997；Engle and Manganelli，2004；Pérignon and Smith，2010）。具体地，VaR 定义为

$$\text{VaR}^\alpha = q_\alpha(X) = \inf\{q : F(q) \geqslant \alpha\} \tag{2-16}$$

式中，X 为一个平稳过程，具有平稳分布函数 F，给定值 $\alpha \in (0,1)$，一般接近于 0，在显著性水平 α 上的 VaR 是 F 在该水平上的分位数 q_α；inf 为下限函数。

值得注意的是，VaR 不考虑除目标分位数以外的信息。因此，可以将 VaR 与 ES 结合起来，ES 能够测度尾部风险，从而弥补 VaR 的局限性。近年来，ES 作为一种替代风险测度受到越来越多的关注。在显著性水平 α 上的 ES 是 X 的期望，一旦 X 低于该水平对应的 VaR，即被认为是极端损失。因此，ES 定义为

$$\text{ES}^\alpha = E[X|X < \text{VaR}^\alpha = q_\alpha(X)] = \alpha^{-1} \int_0^\alpha q_s(X) \mathrm{d}s \tag{2-17}$$

准确的 VaR 测度在很大程度上依赖于波动率估计。因此，学术界对于有效计算 VaR 的方法存在诸多争论。Aloui 和 Mabrouk（2010）使用了三种考虑长记忆性的 ARCH/GARCH 类型的模型来计算 VaR 和 ES。他们用三种不同的新息分布（正态分布、学生分布和偏态学生分布）来估计这些模型，并发现对于短线和长线交易头寸，能够解释"胖尾"、"长记忆"和"不对称"的方法能够产生更准确的前 1 天 VaR 预测结果。Costello 等（2008）利用历史模拟表明，GARCH 模型获得的 VaR 优于自回归移动平均（autoregressive moving average，ARMA）模型获得的 VaR。Fan 等（2008）使用基于广义误差分布的 GARCH 模型来评估石油现货市场收益率极端的下行和上行 VaR。他们的实证结果表明，基于广义误差分布 GARCH（generalized error distribution GARCH，GED-GARCH）的 VaR 方法比公认的历史模拟与 ARMA 预测方法更有效。Youssef 等（2015）利用 FIGARCH、双曲 GARCH（hyperbolic GARCH，HYGARCH）和分整非对称幂 GARCH（fractionally integrated asymmetric power GARCH，FIAPARCH）三种长记忆模型预测能源商品波动率。他们认为极值理论强调尾部分布而不是整个分布，FIAPARCH 模型与极值理论的结合产生了最佳的前 1 天 VaR 预测效果。

2. 期货套期保值

套期保值是降低期货市场风险的一项重要技术。套期保值的评价标准有好几个，最常用的准则是最小方差，很多研究都是在最小方差框架下使用多元模型进行套期保值的。最优套期保值比率（optimal hedge ratio，OHR）是指最小化投资组合风险的最优空头头寸。如果我们考虑一个投资者在石油现货市场持有 1 美元

的多头头寸，那么 OHR 就是将风险最小化的空头头寸。套期保值后的投资组合收益率为

$$r_{p,t+1} = r_{s,t+1} - \delta_t r_{f,t+1} \tag{2-18}$$

式中，δ_t 为 OHR；$r_{s,t+1}$、$r_{f,t+1}$ 分别为现货和期货在 $t+1$ 时刻的收益。由于投资者的目标是使被套期保值的投资组合的方差最小，因此，OHR 的计算方法为

$$\text{var}(r_{p,t+1}) = \text{var}(r_{s,t+1}) + \delta_t^2 \text{var}(r_{f,t+1}) - 2\delta_t \text{Cov}(r_{s,t+1}, r_{f,t+1}) \tag{2-19}$$

因此，我们可以计算 OHR，公式为

$$\delta_{t,V}^* = \frac{\hat{\sigma}_{sf,t+1}}{\hat{\sigma}_{f,t+1}} \tag{2-20}$$

式中，$\hat{\sigma}_{sf,t+1}$ 为现货和期货收益的协方差预测；$\hat{\sigma}_{f,t+1}$ 为期货收益的波动率预测。

值得注意的是，方差作为一种度量风险的方法存在缺陷。一个典型的例子是方差将上行和下行结果都视为风险。Alquist 等（2013）认为，总的来说，波动率并不是一种有用的价格风险测度，因为生产者更关心的是价格和边际成本之间的关系，而不是价格波动。因此，一些研究探索了测度风险的替代方法。Sukcharoen 和 Leatham（2017）使用多个风险指标，如更低偏矩（lower partial moment，LPM）和 VaR，分析下行风险的对冲。Shrestha 等（2018）估计了三种能源相关商品的最小方差和分位数对冲比率。然而，像 LPM 和 VaR 这样的风险指数忽略了资产的收益，且缺乏统一、一致的"适当"置信水平。

Cotter 和 Hanly（2015）使用基于效用的绩效指标来评估套期保值的有效性，并发现最小方差和基于效用的对冲策略在所有频率上都存在显著差异。在理想的情况下，效用测度假设资产回报的均值和标准差可以充分表征收益和风险，但在现实中，金融和商品市场往往存在扭曲。因此，关于最优套期保值模型的研究并未达成一致意见。

3. 投资组合配置

由于期货合约相对于现货合约具有较高的流动性，因此石油市场的投资组合分析通常基于石油期货。考虑一个均值-方差效用投资者，他在石油期货和无风险债券之间分配资产。相应投资组合的效用为

$$U_t = E(w_t r_t + r_{t,f}) - \frac{1}{2}\gamma \text{var}(w_t r_t + r_{t,f}) \tag{2-21}$$

式中，w_t 为石油期货在投资组合中的权重；r_t 为石油期货的超额收益；$r_{t,f}$ 为无风险收益；γ 为风险厌恶系数。根据式（2-21），在 t 时刻预测 $t+1$ 时刻石油期货的最优权重为

$$w_{t+1}^* = \frac{1}{\gamma}\left(\frac{\hat{r}_{t+1}}{\hat{\sigma}_{t+1}^2}\right) \qquad (2\text{-}22)$$

式中，$\hat{r}_{t+1}$ 和 $\hat{\sigma}_{t+1}^2$ 分别为石油超额收益的平均值和波动率预测。因此，$t+1$ 时刻资产配置的组合收益率表示为

$$r_{a,t+1} = w_t^* \hat{r}_{t+1} + r_{t+1,f} \qquad (2\text{-}23)$$

通常有两个常用的标准被用来评估投资组合的表现。第一个是夏普比率（Sharpe ratio，SR），表示为

$$\text{SR} = \frac{\bar{\mu}_p}{\bar{\sigma}_p} \qquad (2\text{-}24)$$

式中，$\bar{\mu}_p$ 和 $\bar{\sigma}_p$ 分别为组合超额收益的均值和标准差。评估投资组合绩效的第二个标准是确定性等价收益（certainty equivalent return，CER），表示为

$$\text{CER}_p = \hat{\mu}_p - \frac{\gamma}{2}\hat{\sigma}_p^2 \qquad (2\text{-}25)$$

式中，$\hat{\mu}_p$ 和 $\hat{\sigma}_p^2$ 分别为组合超额收益的均值和方差。

Wang 等（2016）通过考虑一个均值-方差效用投资者来评估 GARCH 模型的经济价值，该投资者投资于包含两种资产的投资组合：石油期货和无风险国库券。他们发现基于 GARCH 模型的策略比基准静态策略的表现更好。Ma 等（2018b）通过构建石油期货和无风险资产的投资组合，研究了已实现区间波动率的经济价值。他们的实证结果表明，基于目标模型的策略比简单的买入持有策略获得了更高的 CER。为了研究由迭代组合方法获得的油价可预测性在资产配置中的经济价值，Zhang 等（2018）计算了均值-方差效用投资者在石油期货和无风险国库券之间最优化配置资金所获得的 CER。Liu 等（2018）考虑一个均值-方差效用投资者如何在石油期货和银行存款之间分配资金。他们评估密度预测的性能，并发现由预测组合构建的投资组合比大多数由双变量模型构建的投资组合产生的 SR 更高。

第四节　总结性评论

本章依次从油价变化的影响因素、石油价格和波动率预测三个方面，回顾石油市场建模与预测的相关研究文献。从中可以看出，现有文献从多个角度出发，在理论和实证方面取得了新的发现和突破，得到了许多理论意义与实践意义兼具的研究结论，为后续研究做好了准备工作，也为本书的研究打下基础。

然而，总体来看，既有文献仍然存在一定的不足之处，这主要表现为以下五个方面。

（1）现有研究并没有通过简单的结构模型来对供给、中国石油需求、美国石

油需求和投机等影响因素进行定量分解。不仅如此，很少有研究考虑油价与其基本面之间的同期反应。

（2）经济数据的发布具有滞后性，现有研究在进行预测时没有充分考虑数据的实时可得性以及随后数据的修正问题。

（3）不同频率的数据可能提供更多的预测信息，现有研究没有充分地综合利用低频基本面数据和高频衍生品交易数据。

（4）投资者可能更关注石油期货而不是现货市场，现有研究大多对现货价格进行预测，忽略了基于投资者视角的石油期货市场的研究。

（5）在石油价格波动率的预测文献中，只有少数研究涉及模型不确定性。此外，石油价格波动风险对金融资产定价的影响是能源金融领域的一个关键问题。这一领域的许多问题仍需要进一步研究。例如，石油风险因素是否推动了股票以外的金融资产的风险溢价，如货币、债券和非能源商品期货。

第三章 石油价格变化特征分析

油价冲击对宏观经济活动（Hamilton，1983，1996；Kilian，2009）、金融市场（Jones and Kaul，1996；Kilian and Park，2009；Wang et al.，2013b）和商品价格（Wang et al.，2014；Chen，2015）具有重要影响。近年来，油价大幅波动一直是经济学家、市场参与者和政策制定者高度关注的问题。一方面，中国等新兴经济体的石油需求变化被认为是油价变化最主要的驱动力之一；另一方面，衍生品市场投机行为也被视为油价波动的主要来源。美国商品期货交易委员会（Commodity Futures Trading Commission，CFTC）的工作人员报告，机构投资者购买的与商品指数相关的各种金融工具的总价值从2003年的150亿美元迅速增加到2008年年中的2000亿美元以上[①]。石油期货在构建商品期货指数时所占的权重最高，这意味着投资者购买了更多的石油期货[②]。许多能源、金属和食品商品的价格在这几年间几乎同步波动。本章主要研究石油基本面（供需）和衍生品市场投机行为对油价变化的定量影响。

确定影响价格的因素不仅有助于解释油价波动的成因，而且具有重要的政策含义。例如，如果油价的主要决定因素是投机，则监管机构可以通过对衍生品市场实施严格的政策来削弱油价波动对经济的负面影响。如果供需基本面决定油价，那么政策制定者几乎无法影响油价，而只能专注于促进节能或开发替代能源。此外，Kilian（2009）首先指出，油价冲击对宏观经济活动的影响极为复杂，其影响大小和方向取决于冲击成因是供给还是需求。因此，厘清影响油价变化的因素有助于提高经济政策的效率。

在第二章中，我们已经给出了大量研究油价变化成因的文献。一类文献表明，石油需求是主要决定因素。这些研究中的一个争论点是，油价波动是否应该归因于中国等新兴经济体的石油消费变化。另一类文献研究投机对油价的影响。现有文献对投机作用的重要性并未达成一致意见，一些研究表明投机对油价变化仅起次要作用，而另一些研究则认为衍生品市场的投机行为会产生重大影响。本章试图阐明基本面冲击和衍生品市场投机冲击对油价的动态影响。

本章的结构安排如下：第一节介绍统计模型与符号限制，构建基于结构向量

[①] 这有时被认为是商品市场的金融化（Tang and Xiong，2012；Cheng and Xiong，2014）。
[②] 例如，WTI石油期货在标普高盛商品指数中的权重大于40%（Tang and Xiong，2012）。

自回归（structural vector autoregression，SVAR）的油价模型，并通过符号限制方法来识别和估计；第二节描述油价数据和动态特征，主要包含石油市场供需和投机变量；第三节为油价变化的成因分析，通过脉冲响应函数和方差分解方法分析油价变化的成因，并进行稳健性检验；第四节展开拓展分析，探讨汇率和页岩油对油价变化的影响；第五节总结本章内容。

第一节 统计模型与符号限制

本章实证研究旨在识别不同的结构性石油冲击，并定量比较它们对油价变化的影响。符号限制的识别方法由 Davis 和 Haltiwanger（1999）、Canova 和 Nicolo（2002）、Uhlig（2005）开创，已广泛应用于石油市场分析中（Kilian and Murphy，2014；Baumeister and Peersman，2013a，2013b；Lippi and Nobili，2012）。我们应用这种方法，通过对脉冲响应施加符号限制来识别石油结构性冲击。本节先介绍识别方法，然后说明符号限制的使用方法，从而为后面的研究打下基础。

一、结构向量自回归模型

我们采用基于变量 $y_t = (\Delta GOP, \Delta USIP, \Delta RP, CNIAV, SI)$ 的月度数据的 VAR 模型，其中 GOP、USIP、RP、CNIAV 和 SI 分别表示全球石油产量、美国工业产量、实际油价、中国工业附加值和投机指数。GOP、USIP 和 RP 以对数形式表示，"Δ"表示一阶差分序列。考虑到平稳性，我们使用 GOP、USIP 和 RP 的一阶差分序列。VAR 的表达式为

$$y_t = B(L)y_{t-1} + \varepsilon_t, \quad \varepsilon_t \sim N(0, \Sigma) \quad (3\text{-}1)$$

式中，残差项 ε_t 服从均值为 0、方差为 Σ 的正态分布；$B(L)$ 为 p 阶滞后多项式。根据施瓦茨信息准则（Schwarz information criterion，SIC），我们设定 $p=6$ 的滞后阶数。

SVAR 模型可以化简为类似于式（3-1）的 VAR 简化形式，即

$$A_0^{-1} y_t = A(L) y_{t-1} + e_t, \quad e_t \sim N(0, I) \quad (3\text{-}2)$$

式中，$A(L)$ 为 p 阶滞后多项式；向量 e_t 为正交化的 VAR 结构新息。结构冲击的识别取决于选择一组满足协方差矩阵 $A_0 A_0^T = \Sigma$ 分解的正交变换的约束，即矩阵 A_0。识别矩阵 A_0 中第 j 列的 a_j，能够捕捉到初始条件为 $\Psi_0 = a_j$ 时的自回归向量 y_t 的当期响应中第 j 个结构分量，即结构新息 e。根据 VAR 简化形式的 $B(L)$ 估计值和脉冲向量 Ψ_0 能够计算 h 期的结构脉冲响应 Ψ_h。

符号限制方法确定了一系列与经济理论相一致的结构矩阵 $\tilde{A}_0$，它们共同构成矩阵集合 $\tilde{A}_0$，即 $\tilde{A}_0 \in \tilde{A}_0$，能够使 $\tilde{A}_0$ 所隐含的脉冲响应与经济理论提出的假设一致。根据这种方法，对于任意满足 $A_0 A_0^T = \Sigma$ 的识别矩阵 A_0，其他每个识别矩阵都可以写成 A_0 和一个正交矩阵 H 的乘积。对于给定的 VAR 简化形式，我们使用任意识别矩阵 A_0 并通过涵盖 H 的矩阵空间获得一系列满足 $\hat{A}_0 = \{A_0 H \mid HH = I\}$ 的结构矩阵。通过从 $\hat{A}_0$ 中舍弃那些与经济理论隐含的符号限制不一致的矩阵，我们可以获得与理论一致的矩阵 $\tilde{A}_0$。矩阵 $\tilde{A}_0$ 通过 Rubio-Ramirez 等（2005）提出的算法计算求得。

二、施加符号限制

在实证分析中，我们关注五个相互正交的冲击：石油供给冲击、美国石油需求冲击、中国石油需求冲击、预防性需求冲击和投机冲击。表 3-1 给出了具体的符号限制。

表 3-1　结构识别的符号限制

变量名	石油供给冲击	美国石油需求冲击	中国石油需求冲击	预防性需求冲击	投机冲击
GOP	+	+	+	+	
USIP	+	+		−	
CNIAV	+		+	−	
RP	−	+	+	+	+
SI					+

注：本表列出了基于经济理论对 SVAR 模型施加的符号限制。"+"（或"−"）表示相关变量的脉冲响应在冲击后的第一个月内被限制为正（或负），没有符号则表示没有对脉冲响应施加任何限制。

石油供给冲击是使 GOP、USIP 和 CNIAV 产生正面反应的冲击，也是使 RP 产生负面反应的冲击。由于石油是现代工业的主要投入品，全球石油产量的增加会导致短期实际油价下降，从而降低工业成本。此外，中国和美国都是主要的石油进口国。因此，油价下跌也可以降低它们的石油进口成本，从而对宏观经济产生积极的影响。美国石油需求冲击是使 USIP、GOP 和 RP 产生正面响应的冲击。美国石油需求的增加会导致世界市场油价上涨，从而刺激世界石油生产。中国石油需求冲击的定义与美国石油需求冲击类似。预防性需求冲击是使 GOP 和 RP 产生积极反应，而使 USIP 和 CNIAV 产生消极反应的冲击。预防性需求的增加总是伴随着 RP 的上涨，而石油生产或需求却不会发生显著变化（Alquist and Kilian，2010；Kilian，2009），这种冲击主要来自人们对未来石油供给减少的担忧。投机冲击是导致 SI 和 RP 产生积极反应的冲击。投机指数以多头超过空头的百分比定义，内在逻辑是衍生品市场上多头头寸相比空头头寸的增加会推高油价。

在使用结构模型时，我们应该确定符号限制的持续时间。通常的做法是，假设限制从影响期开始持续几个月或几个季度（Kilian and Murphy，2014；Baumeister and Peersman，2013a；Lippi and Nobili，2012）。此处，我们规定符号限制的持续期为 1 个月，因为石油现货和期货市场在很大程度上具有信息效率（Tabak and Cajueiro，2007；Wang and Liu，2010；Wang and Wu，2012a；Kristoufek and Vosvrda，2014），油价可以迅速响应结构性冲击。设定如此短的持续期也符合市场参与者在短期内可以通过投机衍生品获得收益的事实。此外，如果我们施加相对较长的符号限制期限，将很难绘制出满足这些限制的脉冲响应。所有脉冲响应的后验分布由 2500 个 $\tilde{A}_0$ 模型计算得出。

三、稳健性分析方法

我们通过以下几种方式进行稳健性分析。首先，我们在 VAR 中替换滞后阶数并再次进行实证分析。在 VAR 中改变滞后阶数会影响参数估计，从而形成不同的脉冲响应。在我们的基准 VAR 中，滞后阶数的选择由 SIC 确定。不同标准所确定的滞后阶数不同，因此我们使用赤池信息准则（Akaike information criterion，AIC）进行稳健性分析。

其次，我们使用期货价格进行稳健性分析。由于期货合约的流动性较高，期货市场的信息效率高于现货市场，因此，期货价格对基本面和投机冲击的反应可能不同于现货价格。

再次，Fry 和 Pagan（2007）（以下简称 FP）指出符号限制方法的主要缺陷是脉冲响应来自不同的结构模型，并且可能违反结构新息正交的核心假设。因此，根据 FP 的建议，我们考虑根据最小距离准则生成最接近中值响应的脉冲响应的单个结构 VAR。

最后，我们研究了油价变化与其决定因素之间的非线性关系。我们的主要结果基于 VAR 模型获得，该模型是将条件均值假设为参数线性的模型。Baek 和 Brock（1992）指出参数线性假设过于严格，且不如某些非线性方法强大，一些研究也已经考虑了油价和经济变量之间的非线性关系（Hamilton，2003，2011）。从这个角度来看，非参数检验更合适，因为它们基于可预测性而不是回归方程的特定形式直接检验因果行为。我们将 Diks 和 Panchenko（2006）（以下简称 DP）的非参数检验应用于 VAR 残差，以检验因果关系是不是严格非线性的。如果非线性不存在，则意味着我们的线性模型足以捕捉油价与其决定因素之间的动态关系。

第二节 油价数据和动态特征

一、石油价格的描述性统计

本节选取三种最具有代表性的油价时间序列，并展示了其变化趋势和描述性统计结果。这三种油价序列分别为美国 WTI 油价、英国布伦特油价、炼油厂进口石油收购成本价（refiner acquisition cost，RAC）。WTI 和布伦特油价经常被用于石油相关的风险管理研究中，因为这两种价格是世界各国石油定价的基准，也是纽约商品交易所（New York Mercantile Exchange，NYMEX）和伦敦洲际交易所（Intercontinental Exchange，ICE）石油期货的基准现货价格。RAC 经常被用于宏观经济研究，因为它能够更好地反映工业生产中的石油成本。图 3-1 中绘制了 WTI 油价、布伦特油价和 RAC 的曲线，其中 WTI 油价和 RAC 的样本为 1986 年 1 月至 2020 年 12 月，而布伦特油价的样本为 1987 年 5 月到 2020 年 12 月，数据从美国能源信息署（Energy Information Administration，EIA）获取（www.eia.gov）。从图 3-1 中可以看到，三种油价曲线的走势非常接近，且 RAC 在大部分样本区间内都略低于另外两种油价，这主要是因为它反映的是成本价格。除此以外，三种油价仅在 2011~2015 年这段样本区间内体现出明显不同，这段时间内布伦特油价要高于 WTI 油价和 RAC，其中的一个原因是地理位置差异导致的供需不同。可以看到，油价在 1991 年和 2003 年都存在一个明显的上升，这主要是因为两次海湾战争影

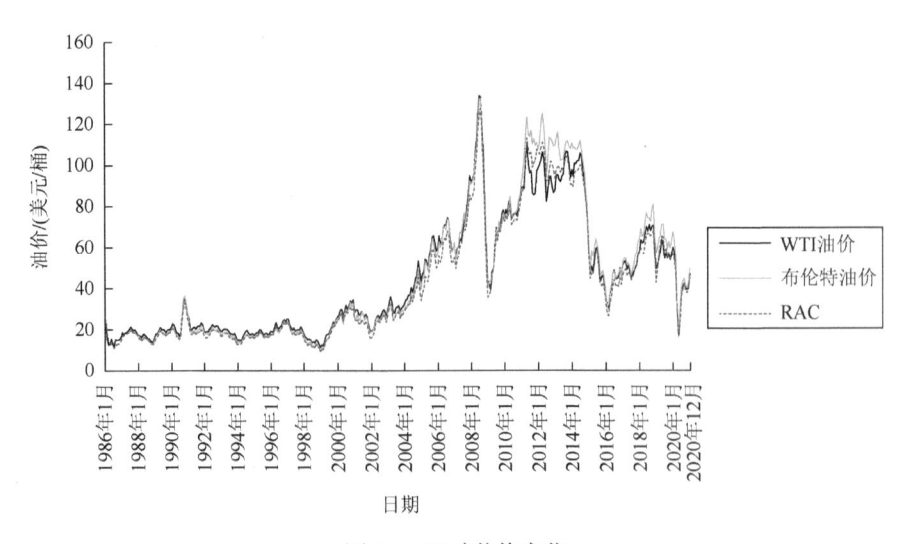

图 3-1 石油价格变化

响了石油供给以及市场对供给的预期。2003 年之后,油价持续攀升,可能的原因有世界经济的迅速发展,以及依托工业的发展中国家的崛起。2015 年油价下跌的主要原因是全球石油的库存膨胀、石油输出国组织(Organization of Petroleum-Exporting Countries, OPEC)持续增产和发展中国家经济增速放缓。由此看来,石油的供需基本面和金融市场的投机因素等都是影响油价变化的主要因素。

接下来,我们在表 3-2 和表 3-3 中分别给出了三种油价收益率的描述性统计结果和相关系数。由于价格变量本身是非平稳的,因此我们取对数收益率,即价格的对数差分别乘以 100 来表示百分比收益率。由表 3-2 可见,WTI 油价、布伦特油价和 RAC 的均值均在 0.2%左右,而中值则明显大于均值,分别为 1.138%、0.837%、1.146%,说明石油收益存在较极端的负收益率,这一点也可以从三种油价的负偏度看出。布伦特油价的标准差相比 WTI 油价和 RAC 要更大,说明布伦特油价存在更大的波动。三种油价的最大值和最小值也都在 50%和–50%左右,说明油价变化的程度相当大,并与图 3-1 中油价的涨幅走势一致。此外,我们对油价进行了雅克-贝拉(Jarque-Bera, JB)检验和增广的迪基-富勒(augmented Dickey-Fuller, ADF)检验。三种油价均拒绝正态分布和单位根的原假设,表明油价收益率平稳,但是不服从正态分布,而是具有"尖峰厚尾"特点。从表 3-3 中可以看出,三种油价之间的相关性非常大,均高于 90%,WTI 油价和布伦特油价以及 WTI 油价和 RAC 的相关性甚至高达 95%及以上。

表 3-2　石油价格描述性统计结果

油价变量	均值/%	中值/%	标准差/%	偏度/%	峰度/%	最大值/%	最小值/%	JB 统计量	ADF 统计量
WTI 油价	0.219	1.138	9.634	−0.650	11.209	54.562	−56.813	1 160.01[***]	−14.98[***]
布伦特油价	0.246	0.837	10.042	−0.636	9.253	46.905	−55.479	683.67[***]	−15.08[***]
RAC	0.236	1.146	8.875	−0.863	9.841	43.413	−51.699	836.00[***]	−12.03[***]

注:本表列出了三种常用油价变量的描述性统计结果。
***表示在 1%的显著性水平上拒绝原假设。

表 3-3　石油价格相关性

油价变量	WTI 油价	布伦特油价	RAC
WTI 油价	1	0.954	0.950
布伦特油价	0.954	1	0.929
RAC	0.950	0.929	1

注:本表列出了三种常用油价变量之间的相关系数。

二、石油实际价格

我们的实证分析使用了 2000 年 1 月至 2014 年 12 月期间 WTI 石油的每日现货和期货价格数据，这些油价数据来自 EIA 网站。期货合约在俄克拉何马州库欣交割，并在 NYMEX 交易，我们使用首个交割日的现货和期货合约的价格[①]。月度油价通过取每个月的每日价格的平均值求得。为了计算实际油价，我们通过从圣路易斯联邦储备银行获得的美国消费者价格指数（consumer price index，CPI）将名义价格平减为实际价格。实际油价的走势如图 3-2 所示。

图 3-2 石油现货和期货的实际价格

三、全球石油产量

石油供给是油价的主要基本面之一。我们使用 GOP 作为石油供给的测度变量，GOP 数据来自 EIA 网站。图 3-3 描绘了 2000 年 1 月至 2014 年 12 月的 GOP 序列。我们发现，2005~2008 年，GOP 停滞在每天约 7500 万桶的水平。这种停滞现象主要由欧佩克的垄断权力、石油出口国家的政治不稳定以及新产油项目的

---

① 对于石油而言，每份合约在交割月前一个月的第 25 个自然日之前的第 3 个工作日到期。如果该月的第 25 个自然日为非营业日，则在第 25 个自然日的前 1 个营业日之前的第 3 个营业日停止交易。合同到期后，该自然月剩余时间的合同为下个月的合同。

匮乏导致[①]。例如，沙特阿拉伯在此期间石油产量的下降被认为是导致 GOP 停滞的重要因素之一。在金融危机之后，GOP 才逐渐随着时间的推移而增加。

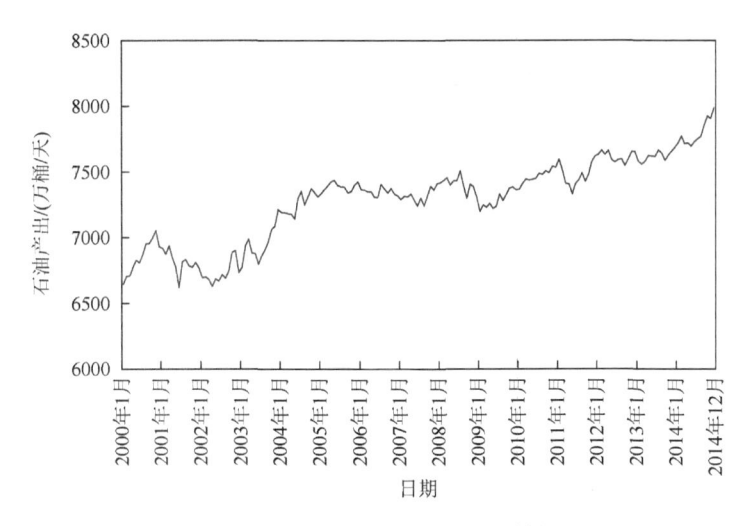

图 3-3　全球石油产量走势（EIA 数据）

四、石油需求

美国和中国是两个主要的石油进口国，消耗的石油多于其他国家。近年来，有一种观点认为，2000 年后的油价变动由中国石油需求主导，而非以美国为代表的发达国家。为了比较它们的需求对油价变化的影响，我们使用两国的工业产量数据，以 USIP 和 CNIAV 分别代表美国工业产量和中国工业附加值。USIP 数据来自圣路易斯联邦储备银行（https://research.stlouisfed.org/fred2），而 CNIAV 数据来自国家统计局（http://www.stats.gov.cn）[②]。我们不使用中国工业生产指数或石油消耗数据是因为这些数据无法获得或仅为频率更低的季度数据[③]。

五、衍生市场投机指数

为了探究衍生品投机行为对油价的影响，我们从 CFTC 的工作人员持仓（commitment of traders，COT）报告中获得了在 NYMEX 交易的石油衍生品（期货和

[①] 关于这些因素为何导致石油供给停滞，请详细参见 Hamilton（2009a）的工作。
[②] 由于 CNIAV 的 1 月数据并不公布，我们将前一年 2 月至 12 月的平均值作为 1 月值。
[③] 工业产量（industrial production，IP）和工业附加值（industrial added value，IAV）考虑的工业产品范围相同。这两种度量都可以反映一个国家的工业活动。其主要区别在于 IAV 不考虑中间产品，而 IP 考虑。但中国官方的 IP 数据无法获得，出于这个原因，我们参照文献（Tang et al.，2010），使用 IAV 数据进行替代。

期权）头寸数据①。为防止操纵行为和获取衍生品市场信息，持仓的市场交易者必须每周报告未平仓头寸。CFTC 收集市场参与者提供的数据，并在每周二发布一份 COT 报告。每份 COT 报告提供有关交易者头寸的信息，并包含至少 20 个交易者头寸。

CFTC 根据报告的期货头寸，直接将市场参与者分为两类：商业交易者和非商业交易者②。因此，参照 Röthig 和 Chiarella（2007）、Schwarz（2012）的方法，我们将商业和非商业交易者分别视作套期保值者和投机者。根据商业和非商业合约的多头和空头头寸数据，我们可以获得四个独立的头寸数据时间序列。CFTC 提供的头寸数据为周度数据，因而我们对每个月的周数据进行平均以获得月度数据。图 3-4 绘制了两种交易者类型的多头和空头头寸。

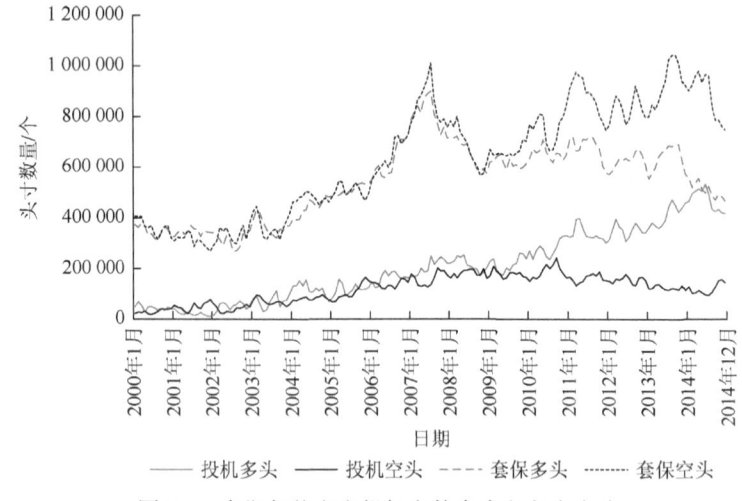

图 3-4 套期保值者和投机者的多头和空头头寸

我们发现，除了 2010 年年中之后的投机空头头寸外，两类交易者的头寸整体上都随着时间的推移稳步增加，这是因为油价的大幅波动导致更多的人需要购买衍生品来对冲油价风险。石油期货和期权价格的波动性也吸引了越来越多的投机者。在获得持仓数据后，我们通过构建投机指数即 SI 来衡量投机多头头寸超过投机空头头寸的程度。SI 具体为多头头寸与空头头寸之差与交易者持仓总数的比值。

第三节 油价变化的成因分析

本节给出了带有符号限制的 SVAR 的主要结果，包括基于脉冲响应和方差分解的研究。我们还进行了一些稳健性检验。

---

① 有关数据和 COT 报告的更多信息，请参见网站：http://www.cftc.gov/MarketReports/CommitmentsofTraders/index.htm。

② 其中也会有未报告的头寸。

一、脉冲响应函数

图 3-5 给出了实际石油现货价格对结构性冲击的脉冲响应中值。我们设定最长期限为 25 个月，因为对于更长的期限，响应收敛为 0。实线表示油价的中值响应，两条虚线分别表示 $\tilde{A}_0$ 模型生成的脉冲响应分布的 16%和 84%显著性水平线，本章后面类似的图形中，线条含义与此相同。

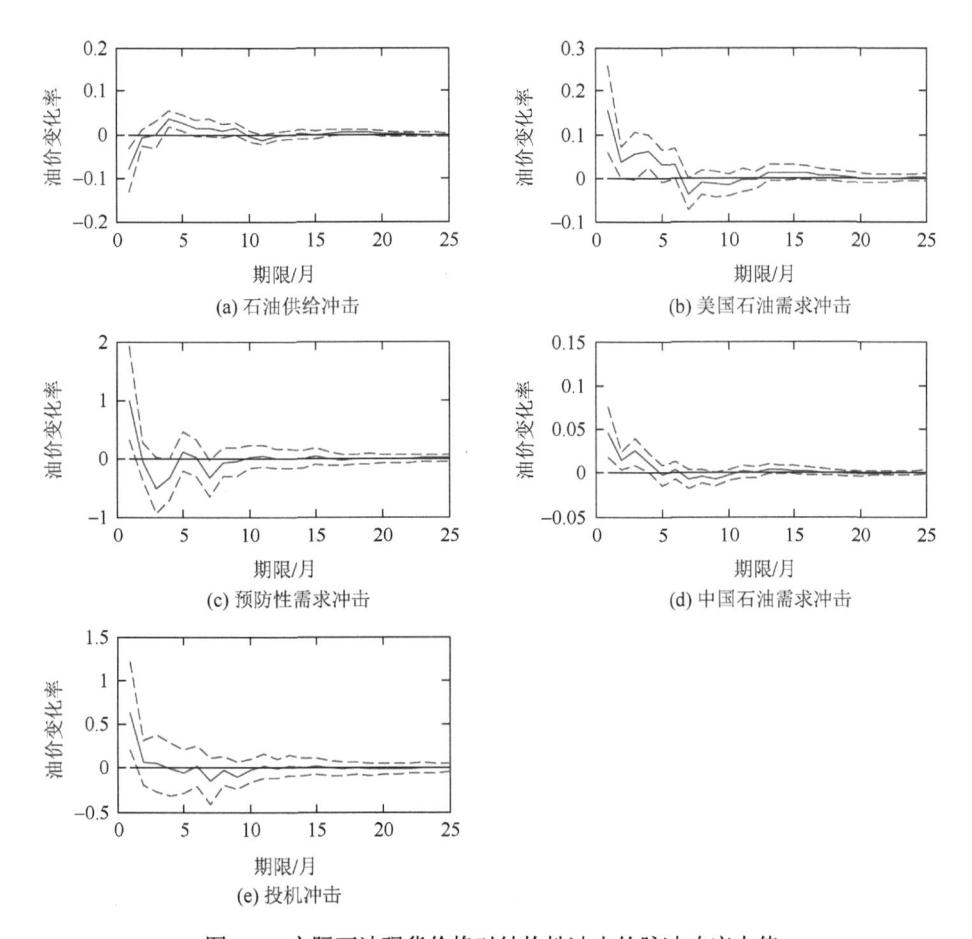

图 3-5 实际石油现货价格对结构性冲击的脉冲响应中值

石油供给冲击的影响被标准化为 GOP 变动 1%时的影响。我们可以看到，石油供给冲击可能导致第 1 个月油价出现大约 0.1%的负向变化。第 1 个月后，反应由不明显到逐渐消失。整体而言，石油供给冲击对油价变动的影响十分小。这是因为在我们的样本期内，世界石油产量的波动性较小。2005～2008 年，GOP 停滞不前，原因是沙特阿拉伯减少了石油产量，并且没有启动新的产油项目。虽然2002年12月和2003年1月发生的委内瑞拉的大规模罢工以及2003年爆发的第二次海湾战争可能导致GOP下降，但这些国家的石油产量仅占全球石油产量的一小部分（Hamilton，2011）。2008年金融危机后，石油产量普遍增加，但增长速度较慢，2011年的产量几乎与2005年相当。

预防性需求冲击和投机冲击都可能导致油价上涨。然而，与石油供给冲击类似，这两类冲击的影响较为短暂，仅持续1个月。同时，我们可以发现，美国石油需求冲击和中国石油需求冲击的显著影响可以持续更长时间。具体而言，美国石油需求冲击的显著正向影响可持续约7个月，而中国石油需求冲击的影响期约为4个月。这一发现与现有文献的论点一致，即2003年之后在油价变化中全球石油需求比石油供给发挥了更重要的作用（Kilian，2009；Hamilton，2009b）。

二、方差分解

这些结构性冲击如何导致油价波动？为了解决这个问题，我们计算了由已识别的结构性冲击引起的h期预测误差的方差百分比。表3-4报告了长达24个月的方差分解结果。我们的方差分解基于唯一的$\tilde{A}_0$计算，以确保结构性冲击的正交性[①]。这个唯一的$\tilde{A}_0$矩阵能够产生最小距离法则下最接近中值响应的脉冲响应[②]。

表3-4 油价冲击的方差分解 （单位：%）

周期	石油供给冲击	美国石油需求冲击	中国石油需求冲击	预防性需求冲击	投机冲击
1	20.448	0.848	51.280	26.646	0.778
3	1.910	3.124	68.937	20.315	5.713
6	19.567	8.731	54.723	7.611	9.368
9	13.377	9.988	68.153	1.612	6.869
12	0.222	26.579	58.023	6.442	8.735
24	15.270	27.974	46.555	1.331	8.871

注：本表列出了5种影响油价变化的因素对未来不同期限的油价变化的方差贡献。

从表3-4中可以看到，石油供给冲击的贡献比例在很大程度上取决于所考虑的时间范围。对于短期（$h=1$），预防性需求冲击和中国石油需求冲击的贡献大于其他冲击的贡献，它们可以分别解释26.646%和51.280%的油价变化。美国石油需求冲击对油价变化的解释力随着时间范围的增加而变得更大，但预防性需求冲

[①] 此外，请参见FP的观点。
[②] 细节可以参见Fry和Pagan（2007）、Lippi和Nobili（2012）的研究中的附录。

击的贡献在长期中则会减少。中国石油需求冲击对油价的影响似乎不受时间范围的影响，且比其他冲击更能解释油价变化，贡献比例达到 46.555%～68.937%。在所有的时间范围内，投机冲击的贡献比例都不高于 10%，而美国和中国石油需求冲击的总贡献比例平均可达 70.82%。总体而言，样本期内，石油需求，尤其是中国石油需求，是油价变化的主要驱动因素。这一发现与文献中关于中国石油需求增加是 2000 年后油价变化的主要决定因素的论点一致，也验证了油价变化应归因于基本面因素而非衍生品市场投机因素的观点（Buyuksahin and Harris，2011；Fattouh et al.，2013）。

三、稳健性检验

（一）不同的滞后准则

一般而言，在 VAR 模型中选择最优滞后阶数至关重要，因为滞后阶数会影响参数估计，因此也可能对脉冲响应的结果产生影响。在稳健性检验中，我们根据 AIC 将最优滞后阶数重新确定为 4，并再次进行实证分析。图 3-6 显示了油价变化对结构性冲击的脉冲响应。与图 3-5 中的基准结果相比，在替换滞后阶数后，脉冲响应更快地收敛到 0。然而，我们仍然可以发现，对石油需求冲击的脉冲反应比对其他冲击的反应更持久。脉冲响应的方向和幅度也非常相似。因此，我们可以得出结论，我们的主要结果在调整滞后阶数后没有发生本质变化。

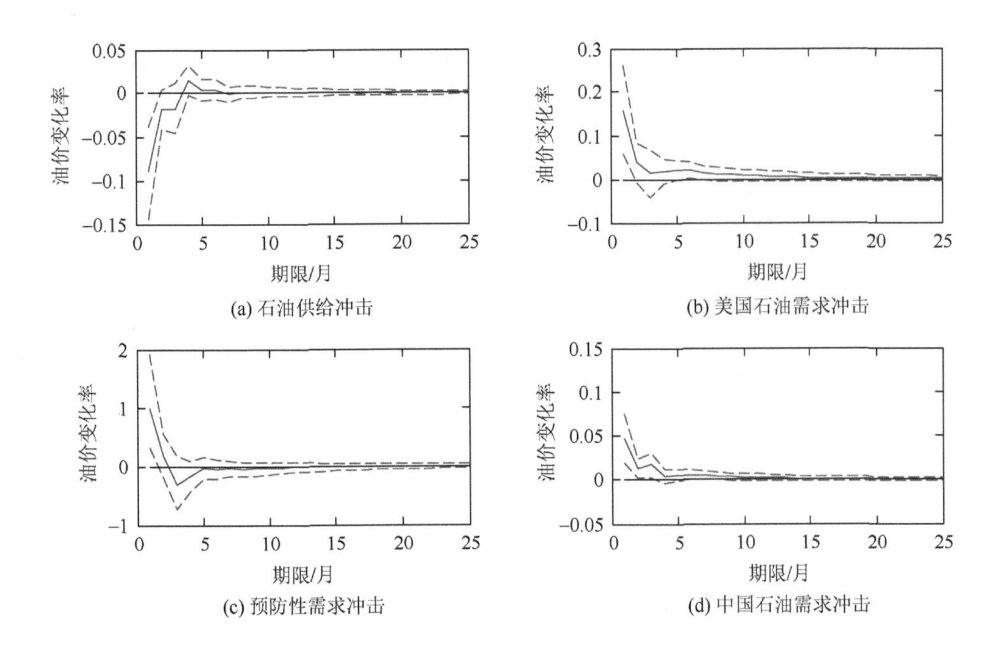

(a) 石油供给冲击

(b) 美国石油需求冲击

(c) 预防性需求冲击

(d) 中国石油需求冲击

(e) 投机冲击

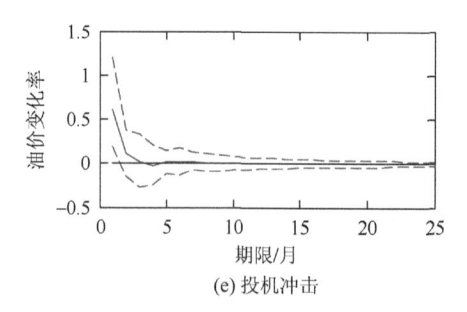

图 3-6　石油价格对结构性冲击的脉冲响应中值（基于 AIC 确定的滞后阶数）

（二）石油产量的度量

在主体实证分析中，我们使用 EIA 的石油生产数据，样本期为 2000～2014 年。EIA 的数据认为石油供给总量包括石油（包括租赁凝析油）、天然气液态产物和其他液体，以及炼油厂加工衍生品。其他液体包括生物柴油，乙醇，由煤、天然气、油页岩和其他碳氢化合物产生的液体。这些数据显示世界石油产量从 2005 年到 2008 年处于停滞状态。本节将使用其他的石油供给数据。事实上，如果考虑石油供给的数据集仅包括石油、致密油、油砂和天然气凝析液，而不包括生物质能、煤炭和天然气衍生物等来自其他途径的液体燃料，我们可能会得到不同的结果。为此，我们使用国际能源署（International Energy Agency，IEA）的产量数据并重新进行实证分析[①]。结果与图 3-5 中非常相似，石油需求冲击比投机冲击和石油供给冲击发挥了更重要的作用。这个结果意味着我们的主要发现没有改变。原因可能是其他来源的液体燃料仅占石油总产量的一小部分，此外，EIA 产量和 IEA 产量也高度相关，相关性高于 0.8。

（三）期货价格的响应

我们之前的结果来自石油现货价格。在本节中，我们将检查这些结果是否也适用于期货价格。期货价格变动对结构性冲击的反应可能与现货价格不同，其中一个原因是衍生品市场的投机冲击与期货价格变化的关系更为密切。由于现货合约在当期交割，而期货合约在未来交割，标的市场中流入的信息可能对现货和期货价格产生不同的影响（Anderson and Danthine，1983；Duong and Kalev，2008）。

图 3-7 给出了石油期货价格变化对结构性冲击的反应。显然，它们与图 3-5 中的结果非常相似，这个可以解释为石油现货和期货价格之间有一个很大的共同组成部分。因此，我们的主要结论对于不同的油价衡量指标是稳健的。根据 den Haan

---

① IEA 产量数据可在石油市场报告表（https://www.iea.org/oilmarketreport/tables）中获得。

（2000）、den Haan 和 Summer（2004）提出的基于脉冲响应估计的条件联动测度，我们可以很容易地得出现货和期货价格几乎完全相关。这种高度联动反映了共同的经济基本面，而不是石油期货市场的金融化（Fattouh et al., 2013）。

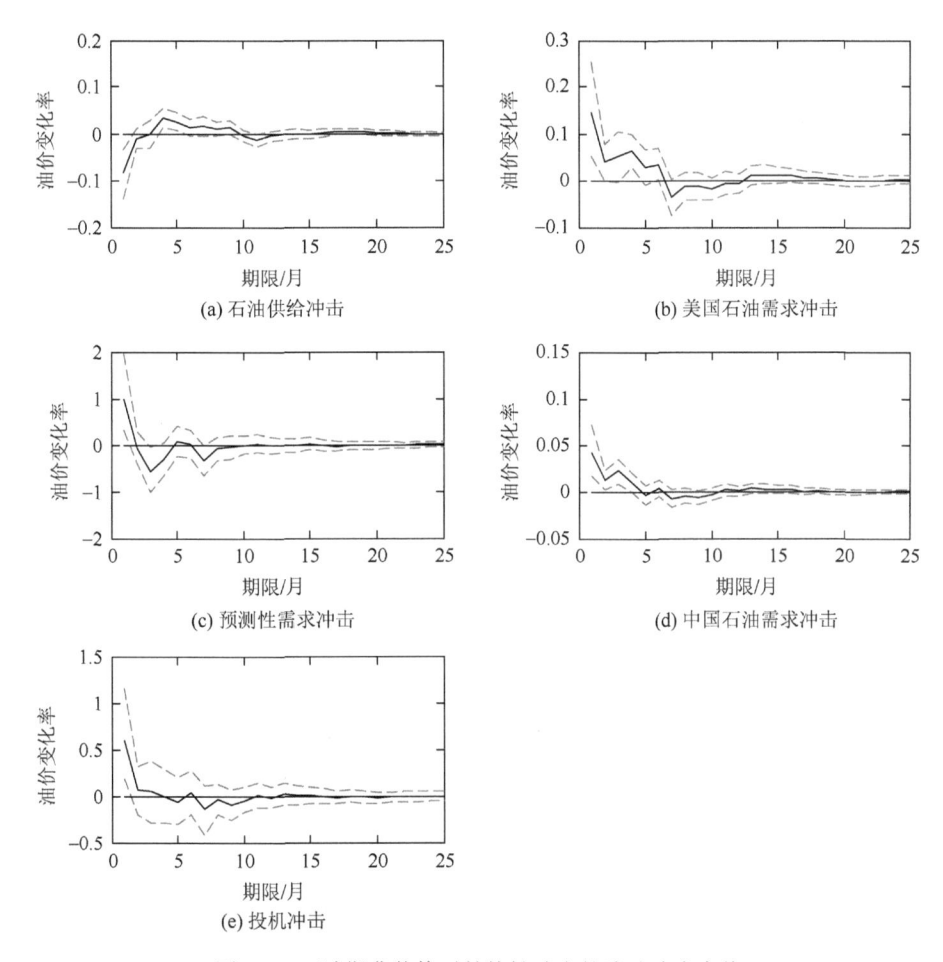

(a) 石油供给冲击

(b) 美国石油需求冲击

(c) 预测性需求冲击

(d) 中国石油需求冲击

(e) 投机冲击

图 3-7　石油期货价格对结构性冲击的脉冲响应中值

（四）Fry 和 Pagan 的评论

FP 指出符号限制的主要缺陷是脉冲响应来自不同的 $\tilde{A}_0$ 模型，并且可能违背结构新息正交性的核心假设。FP 进一步建议，在稳健性检验中，应将它们与单个 $\tilde{A}_0$ 的脉冲响应进行比较，并根据最小距离标准生成最接近中值响应的脉冲响应[①]。在图 3-8

---

① 这里我们不再描述 FP 的方法，具体请见 Fry 和 Pagan（2007）的研究。

中，我们给出了基于 FP 方法的脉冲响应。作为比较，我们还给出了基准 VAR 模型的脉冲响应。可以说，两种方法的脉冲响应在各个周期内都很接近，仅存在一些微小差异。因此，从这个意义上说，我们的主要发现在 FP 观点下也具有稳健性。

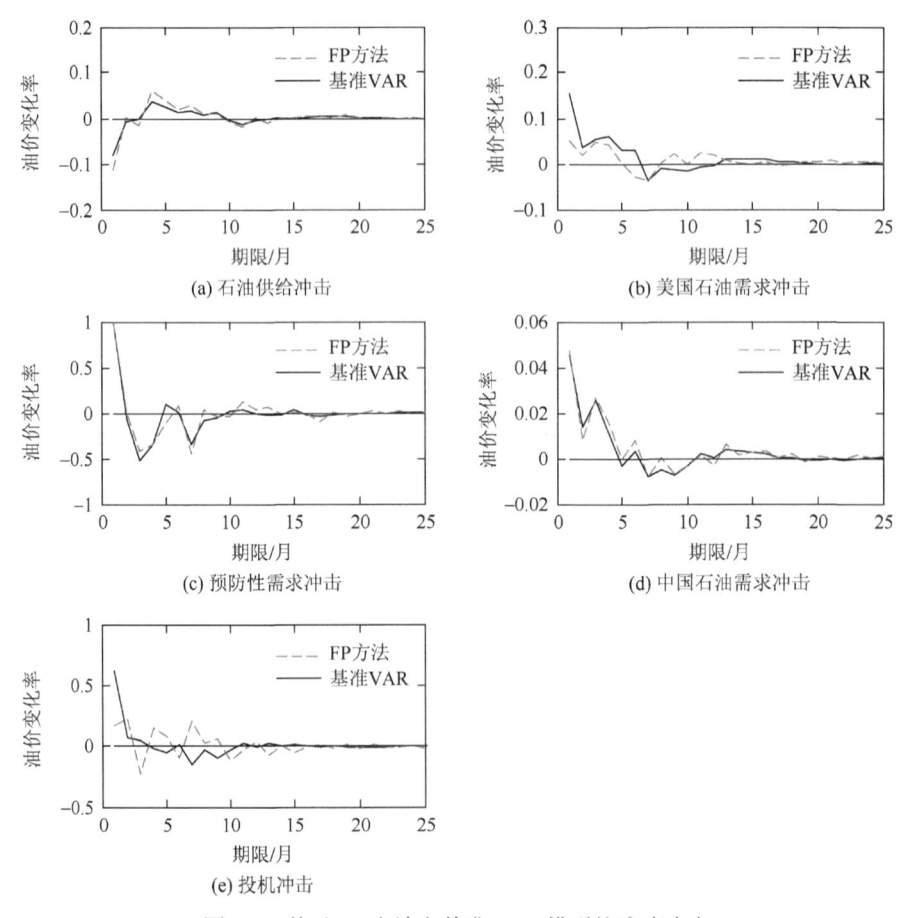

图 3-8　基于 FP 方法和基准 VAR 模型的脉冲响应

（五）非线性因果分析

VAR 模型只考虑变量之间的线性关系。考虑到稳健性，我们需要研究是否存在非线性关系。由于油价与其决定因素之间关系的具体形式事前并不清晰，因而我们使用 DP 提出的非参数检验非线性因果关系的存在性。DP 检验既可以揭示线性因果关系，也可以揭示非线性因果关系。我们对 VAR 过滤的残差进行此非参数因果关系检验，以确定因果关系是否具有严格的非线性[①]。

[①] 这里我们不再介绍 DP 的方法，具体请见 Diks 和 Panchenko（2006）的研究。

在表 3-5 中，我们给出了 4 个价格决定因素与 WTI 石油现货价格之间的非线性因果关系检验的结果，涵盖 1～6 的不同滞后阶数（$l_x = l_y$）。我们发现这些变量与现货价格变化之间均没有拒绝不存在非线性格兰杰因果的原假设，这意味着不存在非线性关系。这一结果本质上与 Kilian 和 Vigfusson（2011b）的发现一致，即线性模型足以捕捉油价变化和宏观经济变量之间的动态关系。总之，没有非线性关系意味着我们之前基于线性规范的 VAR 结果稳健。

表 3-5 非线性因果检验

因果方向	$l_x = l_y = 1$	$l_x = l_y = 2$	$l_x = l_y = 3$	$l_x = l_y = 4$	$l_x = l_y = 5$	$l_x = l_y = 6$
GOP→RP	−0.727	−0.523	0.152	−0.055	0.077	−0.158
	（0.766）	（0.700）	（0.439）	（0.522）	（0.469）	（0.563）
USIP→RP	0.811	0.746	0.415	−0.035	0.050	0.494
	（0.209）	（0.228）	（0.339）	（0.514）	（0.480）	（0.310）
CNIAV→RP	−0.657	−0.637	−0.672	−1.055	−0.722	0.337
	（0.744）	（0.738）	（0.749）	（0.854）	（0.765）	（0.368）
SI→RP	0.225	0.108	0.272	0.565	0.017	−0.437
	（0.411）	（0.457）	（0.393）	（0.286）	（0.493）	（0.669）

注：l_x 和 l_y 分别是变量 x 和 y 的滞后阶数；括号中的数字是对应统计量的 p 值；"$x→y$"表示"x 是 y 的格兰杰原因"。

第四节 汇率和页岩油的影响

前面已经探究了石油供给、需求和投机行为对油价变化的影响。在本节中，我们将讨论汇率和页岩油产量这两个因素的作用。

一、汇率

有一种流行的说法是，油价波动可以归因于美元的升值或贬值，因为石油以美元为交易货币。美元升值使石油对非美国的石油进口国来说更加昂贵，因此减少了它们对石油的需求。从这个意义上说，美元升值似乎对油价变化产生了负面影响。根据 Baumeister 和 Kilian（2015b）的论点，基于汇率来解释油价波动值得怀疑。其原因有三：第一，即使非美国国家可能因为美元升值导致油价上涨而减少石油出口，其非石油出口也受到美元升值的刺激。反过来，这种影响会导致石油需求增加，并部分削弱美元升值的初始影响。第二，这种对汇率的解释也同样适用于以美元交易的其他商品。而食品、材料和金属等商品价格的波动性远低于油价。这一证据表明，汇率不是油价波动的主要来源。第三，美元汇率和油价在一定程度上都由全球经济活动决定，汇率不会对油价产生额外或独立的影响（Baumeister and Kilian，2016）。实际上，汇率对油价波动的解释是基于美元升值或贬值对石油需求有影响的假设，但因为 SVAR 框架内研究了需求的作用，所以没有必要考虑汇率对油价变化的额外影响。

二、页岩油产量

EIA 在 2015 年《年度能源展望》中指出，2014 年美国从致密油（或页岩油）资源中直接生产约 420 万桶石油，约占美国石油总产量的 49%。美国页岩油产量的快速扩张让人怀疑它是否是 2014 年后油价持续下跌的主要驱动力。在我们的 SVAR 框架中，没有特别分析页岩油产量对油价变化的影响程度。这样做的原因有三个：第一，我们在研究全球石油生产对油价的影响时，EIA 提供的全球石油产量就已经包括页岩油产量，因此，美国页岩油生产对价格的影响被覆盖。第二，页岩油生产具有资本密集型特点。美国页岩油的繁荣很难在其他国家复制，因为页岩油产量严重依赖钻井平台和熟练的劳动力。EIA 曾以 2014 年世界石油产量为例进行估计，认为美国页岩油产量仅占世界石油产量的 4.5%左右。这一小部分页岩油产量对国际油价的影响并没有人们普遍认为的那么大。另外，值得注意的是，Kilian（2016）估计，石油供给冲击对油价的影响往往很小，页岩油革命所产生的实际影响几乎为 0。第三，要区分页岩油产量变化引起的供给冲击和常规石油数量变化引起的供给冲击具有挑战性，主要原因之一是无法获得月度页岩油产量的数据。即使可以获得较低频率的生产数据（例如，季度或年度），但数据样本相当小，不足以进行计量经济分析。此外，Kilian（2016）认为，页岩油生产将对未来油价产生重要影响的一些基本假设值得商榷。例如，页岩油产量的增加并不持久，页岩油库存的估计存在重大误差，页岩油的生产水平也取决于油价。由于页岩油生产成本较高，2014 年以后传统石油价格的下滑使页岩油生产利润下降，给页岩油行业带来了较大的负面冲击。

第五节 油价影响因素的相关结论

确定油价变化的决定因素是一个重要的宏观经济问题。在这项研究中，我们定量评估了 2000 年后投机行为和供需基本面对石油现货和期货价格的影响。我们使用带有符号限制的 SVAR 框架来识别石油供给冲击、美国石油需求冲击、中国石油需求冲击、预防性需求冲击和投机冲击。基于对脉冲响应的分析，我们发现石油供给冲击、投机冲击和预防性需求冲击的影响并不持久，仅持续一个月。然而，美国和中国石油需求冲击对油价的影响显著为正，且可能会持续数月。使用方差分解法，我们发现中国和美国的石油需求冲击可以解释大约70.82%的长期油价波动，而投机冲击的贡献比例不超过10%。此外，中国石油需求冲击对油价波动的解释能力也大于美国。也就是说，在我们的样本期内，引起油价变动的主要因素是全球石油需求，特别是来自中国的石油需求，而衍生市场投机在油价动态中只扮演次要角色。

本章的实证结果具有重要的经济意义。例如，由于衍生品市场投机的作用不如供需基本面，因此，对期货交易实施严格监管并不能提高油价的稳定性。供需冲击对油价变化均具有重要影响，且需求的影响更大。由此我们可以得出，2014年之后油价的大幅下跌是沙特阿拉伯、俄罗斯和美国等三个主要国家石油产量的增加，以及中国等新兴国家因经济增长减速引起的石油需求下降所致。由于不同因素对油价波动的贡献不同，预测者和决策者都应该厘清油价冲击的来源。具体而言，油价预测者在构建预测组合时应该对全球石油需求的预测赋予更高的权重，但对投机和全球石油产量的预测赋予较低的权重。

这里，我们总结性地概述一些值得进一步研究的方向来结束本章。首先，可以使用具有时变参数或机制转化的SVAR来观察油价变化对结构性冲击的响应的时变特性。其次，可以进一步研究供需的不同冲击导致的油价变化对经济的影响。再次，考虑不同类型石油冲击下的资产配置和投资组合优化也是一个有趣的话题。最后，应进一步考虑一些事件对油价变化的影响。例如，有人猜测由量化宽松政策释放的"流动"资金在很大程度上会推动原油需求上升，进而导致原油价格上涨。从长期来看，量化宽松还可以通过影响美国产出和石油消费量来影响油价。以上这些问题都是未来值得研究的方向。

第四章 石油价格对企业的影响

石油作为重要的能源物资，其价格及经济影响受到了全世界的密切关注。有关油价对宏观经济（Ferderer, 1996; Bernanke et al., 1997; Hamilton and Herrera, 2004）、消费（Odusami, 2010）和股市活动（Sadorsky, 1999; Kilian and Park, 2009; Wang et al., 2013b）等的影响研究，成果丰富且数量不断增长。在现有文献的坚实基础上，本章就油价变动对企业投资的影响展开研究。

本章的研究不仅丰富了油价与企业投资关系方面的文献，而且解决了与这一关系相关的几个尚待解答的问题。首先，在不同市场情况下，油价如何影响企业投资支出？其次，市场情况、油价和企业投资之间的关系是否随行业竞争而发生变化？最后，这种关系在不同初始投资状态的企业样本中是否具有异质性？这些问题的答案至关重要，因为充分了解油价与企业投资的关系有助于企业这一重要经济实体做出更好的投资决策。

分析一个包含 27 981 个企业年度观察值的综合样本，我们发现无条件回归结果与现金流渠道得出的推论一致，即高油价引致的高生产成本减少了企业投资。当市场情况不利时，这一结果保持不变。然而，当市场情况有利时，企业投资支出往往会随油价上涨而增加。这一结果证实了市场情绪渠道得出的推论，即人们将高油价视为经济繁荣的信号，进而信心大涨而投资增加。

从行业竞争角度来看，当不考虑市场情况时，我们发现无论竞争程度如何，油价上涨均会导致企业投资支出减少，这一结果也同样出现在市场情况不利的背景下。然而，当市场情况有利时，油价上涨与企业投资支出正相关，特别是在高度竞争行业中。这些结果表明，行业竞争刺激了企业投资，而竞争性行业中的企业拥有更高的投资比例。当我们将样本按投资不足和投资过度分为两组时，我们发现市场情况不利时，油价上涨会导致过度投资的企业削减投资支出，但同样的结果并没有出现在投资不足的企业样本中。市场形势向好的情况与我们的推断一致，即无论企业初始投资状态如何，投资支出均会随油价上涨而增加。积极的市场情绪鼓励企业增加投资，即使是投资不足的企业也表现出更大的投资热情。综合考虑市场情况、油价、行业竞争和初始投资状态对企业投资支出的联合效应，可以发现这些因素对企业投资以及油价-投资关系的影响保持不变。

本章的主要结果经过了一系列稳健性检验，实证结果在使用石油期货价格而非现货价格时保持稳健。本章考虑行业竞争度的两个替代测度指标，一种是基于企业总资产的赫芬达尔-赫尔希曼指数（asset Herfindahl-Hirschman index，Asset HHI），另一种是基于边际利润的赫芬达尔-赫尔希曼指数（Price margin HHI），二者的实证结果均表明行业竞争刺激投资支出的结论具有稳健性。此外，初始结果通过了市场情况替代测度、剔除石油和天然气行业的企业观察值后的稳健性检验。

本章从以下几个方面对相关领域做出贡献：第一，有关油价影响企业投资的文献研究通常局限于能源部门（Henriques and Sadorsky，2011；Chesnes，2015），相比之下，本章的研究提供了一个宏观、全行业视角。此外，本章的大型跨行业数据集允许我们将样本分为能源和非能源部门，这有助于深入研究油价对目标行业的影响。例如，在稳健性检验中，我们删除了能源行业数据，并验证了非能源行业企业中油价与投资支出的关系。

第二，尽管已经有文献研究油价与企业投资支出的关系，但它们仅关注油价不确定性的影响，而非油价的直接影响（Compernolle et al.，2017；Phan et al.，2019）。我们的研究不仅填补了这一空白，还通过引入宏观市场情况、行业竞争和初始投资状态等因素，对二者关系进行了更深入的探讨。

第三，现有研究表明，由于不可控的现实因素，企业投资支出经常会偏离最优状态。然而，很少有研究检验这种偏差对后续投资状态的纠正或进一步偏离的影响。通过将样本分为投资不足和投资过度两个组别，并在这两个子样本中研究油价和市场情况对投资支出的影响，我们丰富了相关主题的研究。

本章的结构组织如下：第一节分析油价影响企业投资的理论机制；第二节描述油价与企业投资的数据和变量并提供初步的统计结果；第三节介绍油价影响企业投资的实证分析，展示实证结果、检验稳健性并进行经济学分析；第四节作为对油价-投资关系的拓展分析，研究企业如何调整现金管理政策以应对油价不确定性敞口；第五节总结本章内容。

第一节　油价影响企业投资的理论机制

已有研究表明，宏观经济环境的变化会对企业投资战略产生重大影响（Ivashina and Scharfstein，2010；Campello et al.，2010；Campello et al.，2011）。石油不仅是企业生产的投入要素，也是重要的宏观经济变量（Xu et al.，2019）。在研究油价与企业投资之间的关系时，我们必须同时关注油价的直接影响和它们通过宏观市场情况产生的间接影响。

在研究企业投资的影响因素时，企业投资文献注重现金流的影响（Moyen，2004；Cao et al.，2019；Drobetz et al.，2019），而行为金融学则提供了另一种基于市场情绪的解释（Kaplanski and Levy，2010；Alimov and Mikkelson，2012；Ji et al.，2019；Song et al.，2019）。本章在分析油价对企业投资的影响机制时，综合考虑了以上两种作用渠道。从现金流的角度来看，油价上涨会通过推高财务成本而减少企业投资。油价上涨带来的生产成本上升使利润和企业现金流减少，从而迫使企业放弃部分投资项目。此外，高油价有时与更大的宏观经济风险有关，如通货膨胀、高利率和股市崩盘（Jones and Kaul，1996；Sadorsky，1999；Ratti and Vespignani，2016）。从市场情绪的角度来看，情况则截然不同。一些文献记录了油价和股票收益间的正向关系（Zhu et al.，2016；Silvapulle et al.，2017）。这一现象的可能解释是，高油价预示着经济繁荣（Kilian and Park，2009；Kollias et al.，2013）。在此背景下，高油价引致高股票收益和积极的市场情绪（Mohaddes and Pesaran，2017），而积极的市场情绪刺激企业投资热情（Grundy and Li，2010；Arif and Lee，2014）。综上所述，油价对企业投资的影响较为复杂，需要通过实证设计进行检验。

如前所述，市场情况也会影响油价-投资关系。资产定价理论和现有研究表明，股票市场收益与各种商业周期变量正相关，并且可用于预测经济增长（Fama，1981，1990；Schwert，1990；Choe et al.，1993）。特别地，Korajczyk 和 Levy（2003）使用股市收益来捕捉市场情况。参考这些论点和先例，我们根据股市收益划分样本，并研究熊市和牛市中油价与企业投资之间的关系。当市场情况不利且油价上涨时，企业投资支出预计将减少。这是因为经济衰退和高油价导致外部融资和生产成本同时上升（Bernanke et al.，1996，1999；McLean and Zhao，2014），由此带来的现金流短缺迫使企业减少投资。然而，当宏观市场情况有利且油价上涨时，企业投资支出预计将增加。Bolton 等（2013）发现，当金融市场条件有利时，管理者倾向于开展更多的投资。Bolton 等（2003）还发现，股票价格对企业投资有极强的正向影响。这些结果都与我们的观点一致。

由于行业和企业内部特征的差异，企业投资战略具有差异性（Akdoğu and MacKay，2012；Durnev and Mangen，2020）。除了油价和市场情况外，我们还进一步考虑了行业竞争和初始企业投资状况的影响。当宏观市场情况有利且油价上涨时，企业投资支出预计将增加，特别是处于高度竞争行业中的企业。这些企业要么面临产品方面的替代竞争，要么希望建立和巩固行业领导地位。与之相反，当宏观市场情况不利而油价较高时，各大企业均会减少投资支出，无论竞争程度如何。这是因为外部投资环境的恶化增加了投资的不确定性，而实物期权理论表明一定范围内的不确定性增加将使推迟不可逆投资变得更有价值。各种摩擦和扭曲力可能会阻止企业达到最佳投资状态，例如，财务约束、信息不对称和代理冲突（Chen et al.，2011）。当宏观经济形势看跌而油价上涨时，投资者变得更加谨慎。外部环境恶化和高油价导致生产成本上升的负面影响占据主导地位，投资者会通过加强监管来阻止自利经理的过度投资行为（Philippon，2006）。在这种情况下，各大企业将减少投资，尤其是那些投资过度的企业。当宏观市场情况看涨时，企业投资会随着油价上涨而增加。融资约束是企业面临的一个常见问题，也是投资不足的一个重要成因（Franzoni，2009；Moyen，2004）。因而，存在投资不足问题的企业，其投资增长相对而言可能较少。

第二节 油价与企业投资的数据和变量

一、样本选择和数据来源

本节的样本为2000~2018年期间A股上市企业年度观察值。为了最大限度地保存有效样本，该样本是一个非平衡面板，既包含目前依然活跃的企业，也包含不再运营的企业。按照惯例，金融企业因其投资活动的特殊性而被剔除。我们还根据关键变量和控制变量的缺失值筛选观察值。最终样本由代表2814家上市企业的27 981个企业年度观察数据组成。所有企业财务数据均来自中国证券市场与会计研究数据库（China Stock Market & Accounting Research Database，CSMAR），油价数据来自EIA，国内生产总值（gross domestic product，GDP）数据来自国家统计局网站。

二、变量

（一）企业投资

企业投资支出由两种不同的测度方法衡量，其一是参考Phan等（2019）的方法，使用固定资产净值与年初总资产之比的年度变化（Inv1），其二是参考Jiang等（2018a）的方法，即固定资产净值、折旧和摊销之和除以年初总资产后的年度变化（Inv2）。第一个测度指标用于主体实证分析，第二个测度指标用于稳健性检验。

（二）油价

油价变量由WTI石油现货价格的对数收益（Roil）测度，而稳健性检验中使用一个月期货合约的对数收益进行检验。除此以外，由实物期权理论可知，油价不确定性会通过未来现金流影响企业投资。因此，我们同时引入油价波动（Vol）作为企业投资的解释变量。油价的年化波动为油价日收益的平方按年求和。

（三）市场情况

根据 Korajczyk 和 Levy（2003）的研究，我们使用 A 股上市企业的市场收益率来捕捉市场情况。A 股市场指数收益率为正时，当前处于牛市状态，而当其为负时，当前处于熊市状态。

（四）控制变量

根据相关文献（Carlson et al.，2004；Asker et al.，2015；Arslan-Ayaydin et al.，2014）的研究，我们引入了一些企业特定变量，包括企业增长率（Growth）、规模（Size）、经营性现金流（cash flow from operating，CFO）、长期债务（long-term debts，Longdebt）、资产收益率（return on assets，ROA）和账面市值比（book to market value，BTM）。此外，我们还引入了 GDP 增长率（GDP growth rate，GDPGR），以控制总体经济状况（An et al.，2016）。这些变量的详细信息见表 4-1。

表 4-1 变量定义

变量名	变量定义
Inv1	固定资产净值与年初总资产之比的年度变化
Inv2	固定资产净值、折旧和摊销之和除以年初总资产后的年度变化
Roil	WTI 石油现货价格的对数收益
Vol	日度油价收益的平方按年求和
R_m	综合 A 股和创业板市场收益
Sales HHI	将每家上市企业营业收入的市场份额平方，并按行业相加
Asset HHI	与销售赫芬达尔-赫尔希曼指数计算方法一致，只不过使用总资产替换营业收入
Price margin HHI	与销售赫芬达尔-赫尔希曼指数计算方法一致，只不过使用边际价格（息税前利润与营业收入之比）替换营业收入
Initial investment status	根据 Richardson（2006）的研究，提取预期投资模型的残差，残差小于 0，则企业投资不足，残差大于 0，则企业投资过度
Growth	总资产的年度变化
Size	总资产的自然对数
CFO	经营性现金流与总资产之比
Longdebt	长期负债与总资产之比
ROA	净利润与总资产之比
BTM	所有者权益与企业市值之比
GDPGR	以 1978 年为基期的 GDP 的增长率

三、变量描述性统计

表 4-2 给出了关键变量的汇总统计数据。从中可以发现，Inv1 的最大值为 0.440，是样本均值的约 5 倍。这表明投资支出在企业和年份间不断变化，实证研究应考虑年份和个体差异。Roil 和 Vol 的均值和标准差均表明，年度油价波动巨大。在此背景下，研究油价与企业投资之间的关系具有重要意义。控制变量方面，我们发现与 Size 的差异相比，Growth 差异较大。由 CFO 和 Longdebt 的均值和标准差可知，各样本企业融资能力差异巨大，这势必影响企业的投资决策。从宏观指标来看，GDPGR 的最小值和标准差分别为 0.070 和 0.020，表明中国经济有稳定增长的趋势。总的来说，所有变量都在合理的取值范围内。

表 4-2 变量描述性统计

变量名	N	最小值	均值	中位数	最大值	标准差
Inv1	27 981	0.001	0.090	0.060	0.440	0.080
Roil	27 981	−0.650	0.020	0.090	0.320	0.270
Vol	27 981	−0.770	0.000	0.080	0.580	0.360
Growth	27 981	−0.420	0.180	0.100	3.090	0.420
Size	27 981	18.881	21.817	21.684	25.680	1.280
CFO	27 981	−0.210	0.040	0.040	0.270	0.080
Longdebt	27 981	0.000	0.170	0.110	0.750	0.180
ROA	27 981	−0.280	0.030	0.030	0.220	0.070
BTM	27 981	0.000	0.620	0.640	6.550	0.250
GDPGR	27 981	0.070	0.090	0.080	0.140	0.020

表 4-3 给出了关键变量的相关系数。可以发现，Inv1 与 Roil 之间存在显著的正相关关系。然而，这一结果没有考虑其他变量的组合效应。企业异质性会使二者关系变得难以察觉，仅观察两个变量间的相关系数可能会因遗漏变量问题造成错误判断。其他变量之间相关系数的绝对值不超过 0.5，表明这些变量不太可能存在多重共线性。

表 4-3 变量相关系数统计

变量名	Inv1	Roil	Vol	Growth	Size	CFO	Longdebt	ROA	BTM	GDPGR
Inv1	1									
Roil	0.016***	1								

续表

变量名	Inv1	Roil	Vol	Growth	Size	CFO	Longdebt	ROA	BTM	GDPGR
Vol	0.012*	−0.021***	1							
Growth	0.084***	0.000	−0.026***	1						
Size	0.020***	−0.049***	−0.064***	0.170***	1					
CFO	0.254***	0.027***	0.040***	−0.035***	0.061***	1				
Longdebt	0.139***	−0.020***	−0.019***	0.079***	0.334***	−0.004	1			
ROA	0.179***	−0.006	−0.073***	0.259***	0.165***	0.338***	−0.012**	1		
BTM	−0.008	0.044***	0.085***	0.034***	0.432***	−0.038***	0.170***	−0.121***	1	
GDPGR	0.079***	0.317***	0.297***	−0.081***	−0.278***	0.072***	−0.089***	−0.094***	0.304***	1

注：所有连续变量均经过了上下1%的缩尾处理以消除异常值的影响。

*、**和***分别表示10%、5%和1%水平的统计显著性。

第三节 油价影响企业投资的实证分析

一、基准回归结果

为了检验油价对企业投资的影响，我们构建如下回归模型，形式为

$$\text{Inv}_{i,t} = \alpha_0 + \alpha_1 \text{Roil}_t + \alpha_2 \text{Vol}_t + \sum \alpha_3 \text{Controls} + \varepsilon_{i,t} \tag{4-1}$$

$$\text{Inv}_{i,t} = \alpha_0 + \alpha_1 \text{Roil}_t + \alpha_2 \text{Vol}_t + \sum \alpha_3 \text{Controls} + \varepsilon_{i,t}, \quad R_{m,t} < 0 \tag{4-2}$$

$$\text{Inv}_{i,t} = \alpha_0 + \alpha_1 \text{Roil}_t + \alpha_2 \text{Vol}_t + \sum \alpha_3 \text{Controls} + \varepsilon_{i,t}, \quad R_{m,t} \geq 0 \tag{4-3}$$

式中，$\text{Inv}_{i,t}$为企业i在t年的投资支出；Roil_t和Vol_t分别为WTI石油现货价格在t年的对数收益和波动；$R_{m,t}$为A股上市企业组成的市场指数收益，代表市场情况；Controls为控制变量，行业层面的控制变量均滞后一期以最小化内生性问题；$\varepsilon_{i,t}$为随机误差项；α_0、α_1、α_2、α_3均为待估参数。基于Hausman检验和前期分析，我们使用双向固定效应模型，以控制不可观测因素和企业特征对油价-投资关系的影响。为了剔除异常值的影响，连续变量均经过了上下1%的缩尾处理。

表4-4给出了上述模型的回归结果，其中因变量Inv1和Inv2对应企业投资的两种测度形式，N为观察值个数，R^2为拟合优度。第（1）列的无条件基准回归结果显示Roil系数为−0.029，且在1%水平上显著。这表明油价变化对企业投资支出具有显著负向影响。此外，Vol的系数表明油价不确定性的增加会降低企业投资支出，这与Wang等（2017b）的观点一致。简而言之，无条件回归结果支持现金流渠道而非市场情绪渠道的推论。在控制变量方面，成长型企业、现金流丰富

或融资能力强的企业会开展更多的投资活动。相比之下，大型成熟企业在投资方面似乎更为谨慎。

表 4-4　油价、市场情况和企业投资

变量名	Inv1 基准 (1)	Inv1 市场下跌 (2)	Inv1 市场上涨 (3)	Inv2 基准 (4)	Inv2 市场下跌 (5)	Inv2 市场上涨 (6)
Roil	−0.029*** (0.009)	−0.031*** (0.009)	0.014*** (0.003)	−0.026*** (0.009)	−0.028*** (0.008)	0.014*** (0.003)
Vol	−0.019*** (0.005)	−0.020*** (0.005)	0.004** (0.002)	−0.019*** (0.004)	−0.021*** (0.005)	0.005** (0.002)
Growth	0.014*** (0.001)	0.009*** (0.002)	0.017*** (0.002)	0.015*** (0.001)	0.011*** (0.002)	0.018*** (0.002)
Size	−0.013*** (0.002)	−0.007*** (0.002)	−0.022*** (0.003)	−0.010*** (0.001)	−0.003* (0.002)	−0.019*** (0.002)
CFO	0.052*** (0.007)	0.071*** (0.009)	0.013 (0.011)	0.031*** (0.006)	0.047*** (0.008)	0.001 (0.010)
Longdebt	0.023*** (0.005)	0.028*** (0.006)	0.007 (0.007)	0.021*** (0.004)	0.025*** (0.006)	0.009 (0.006)
ROA	0.145*** (0.010)	0.153*** (0.013)	0.139*** (0.016)	0.153*** (0.009)	0.154*** (0.012)	0.149*** (0.015)
BTM	−0.045*** (0.005)	−0.052*** (0.007)	−0.048*** (0.009)	−0.043*** (0.005)	−0.052*** (0.006)	−0.042*** (0.009)
GDPGR	−0.406 (0.308)	0.172 (0.314)	0.055 (0.086)	−0.162 (0.279)	0.334 (0.284)	0.125 (0.082)
常数项	0.413*** (0.044)	0.227*** (0.052)	0.600*** (0.060)	0.284*** (0.039)	0.111** (0.046)	0.476*** (0.054)
N	27 981	14 834	13 147	27 981	14 834	13 147
R^2	0.103	0.117	0.096	0.107	0.120	0.103
企业固定效应	是	是	是	是	是	是
年份固定效应	是	是	是	是	是	是

注：本表给出了不同市场情况下油价变化对企业投资影响的回归结果。我们使用两种测度衡量因变量，Inv1 中的企业投资被解释变量为固定资产净值的年度变化除以总资产，Inv2 中的企业投资进一步考虑了折旧和摊销的影响。第（2）和第（3）列是按市场情况对样本进行分类的分组回归结果，第（5）和第（6）列重复相同的步骤。除因变量外，所有企业特征变量均滞后一年。括号中的数字为稳健标准误。

*、**和***分别表示 10%、5% 和 1% 水平的统计显著性。

第（2）和第（3）列给出了不同市场情况下油价对企业投资支出的回归结果。当市场情况不佳时，Roil 系数为 –0.031，且在 1% 水平下具有统计显著性。然而，当市场情况较好时，Roil 系数显著为正。在不同的市场情况下，Vol 系数与 Roil 系数具有相同的符号。这些结果表明，市场情况和油价都是影响企业投资支出的重要因素。

在第（4）列至第（6）列中，我们在企业投资支出的测度中考虑了折旧和摊销的影响，并重新进行了实证检验。回归结果与初始结果高度一致。它们均表明油价对企业投资的影响较为复杂。油价上涨可以视作坏消息，因为它导致生产成本上升，但也可以解读为好消息，因为经济繁荣之下供过于求。这两种解释分别对应现金流渠道和市场情绪渠道。当市场情况不佳时，管理者更多地考虑现金流约束，从而倾向于减少企业投资。反之，当市场情况良好时，管理者对企业前景感到乐观，因而更愿意承担风险。在此背景下，油价与企业投资支出正相关，而油价波动与企业投资支出同样呈现正相关关系。

宏观、中观和微观层面因素均会影响企业投资，我们对行业竞争和企业初期投资状况的影响同样感兴趣。这些因素可能影响企业投资，进而可能影响已发现的油价-投资关系。

二、行业竞争的影响

参考 Valta（2012）、Abdoh 和 Varela（2017）的研究，我们使用基于销售收入的 Sales HHI 来衡量行业竞争，具体计算方法是将每家上市企业的市场份额取平方，然后按行业相加。Sales HHI 的取值范围为 0~1，取值越高，表明行业竞争程度越低。为了检验行业竞争的影响，Sales HHI 作为一个新增的虚拟变量被引入回归模型，具体形式如下：

$$\text{Inv}_{i,t} = \alpha_0 + \alpha_{\text{medium}} + \alpha_{\text{high}} + \boldsymbol{\beta}^{\text{T}}(\text{Roil}_t \times \boldsymbol{I}_{j,t}) + \sum \boldsymbol{\gamma}^{\text{T}} \text{Controls} + \varepsilon_{i,t} \qquad (4\text{-}4)$$

式中，$\boldsymbol{I}_{j,t}$ 为行业竞争度虚拟变量组成的 1×3 的向量，根据 Sales HHI，我们将整个样本按行业竞争度分成三个规模大体相当的细分组，Sales HHI 取值最高的组别与竞争程度最低的行业相关，三个细分组分别由处于低竞争（low）、中竞争（medium）和高竞争（high）行业中的企业样本组成；α_{medium} 和 α_{high} 分别代表中度和高度行业竞争对企业投资支出的直接影响；$\boldsymbol{\beta}^{\text{T}}$ 和 $\boldsymbol{\gamma}^{\text{T}}$ 均为待估参数。

表 4-5 给出了模型（4-4）的估计结果。由第（1）列可知，无论行业竞争多么激烈，油价和竞争程度的交互项系数都显著为负。从系数大小来看，竞争程度与企业投资的减少无显著关系。这些回归结果表明，油价上涨不利于企业开展投资活动。即使处于竞争激烈的行业中，企业也会减少投资。第（2）列和第（3）

列给出了引入市场情况后的回归结果，原变量关系在市场情况不利时保持不变，但在市场情况有利时则变得有趣。具体而言，市场情况有利时，所有的企业似乎都选择在油价上涨时增加投资支出，尤其是那些处于高度竞争行业中的企业。high×Roil 的系数为 0.039，稳健标准误为 0.022。该系数的绝对值高于 medium×Roil 和 low×Roil 的系数，medium×Roil 和 low×Roil 的系数分别为 0.016 和 0.008，稳健标准误均为 0.004。根据沃尔德（Wald）检验，交互项系数间的差异具有显著性。这些结果与我们的推论一致，即处于高度竞争行业中的企业面临更多的威胁，需要投资和创新来建立和巩固它们的市场地位（Akdoğu and MacKay，2008）。

表 4-5　考虑行业竞争的油价-投资关系

变量名	（1）基准	（2）市场下跌	（3）市场上涨
high×Roil	−0.038**	−0.046*	0.039*
	(0.018)	(0.023)	(0.022)
medium×Roil	−0.036***	−0.042***	0.016***
	(0.011)	(0.014)	(0.004)
low×Roil	−0.040***	−0.051***	0.008**
	(0.011)	(0.014)	(0.004)
Vol	−0.021***	−0.024***	0.004
	(0.005)	(0.006)	(0.003)
Growth	0.014***	0.009***	0.017***
	(0.001)	(0.002)	(0.002)
Size	−0.013***	−0.007***	−0.022***
	(0.002)	(0.002)	(0.003)
CFO	0.053***	0.071***	0.014
	(0.007)	(0.009)	(0.011)
Longdebt	0.023***	0.028***	0.007
	(0.005)	(0.006)	(0.007)
ROA	0.145***	0.153***	0.138***
	(0.010)	(0.013)	(0.016)
BTM	−0.045***	−0.052***	−0.048***
	(0.005)	(0.007)	(0.009)
GDPGR	−0.536	−0.025	0.065
	(0.352)	(0.394)	(0.089)

续表

变量名	（1）基准	（2）市场下跌	（3）市场上涨
high	0.002	−0.002	0.001
	(0.004)	(0.005)	(0.005)
medium	−0.002	−0.008**	0.000
	(0.003)	(0.004)	(0.003)
常数项	0.424***	0.251***	0.599***
	(0.046)	(0.056)	(0.061)
N	27 981	14 834	13 147
R^2	0.103	0.118	0.097
企业固定效应	是	是	是
年份固定效应	是	是	是

注：除因变量外，所有企业层面的自变量都滞后一年；所有企业特征变量均滞后一年；括号中的数字为稳健标准误。

*、**和***分别表示10%、5%和1%水平的统计显著性。

三、不同初始投资状态的影响

Modigliani 和 Miller（1958）建立了企业投资行为的基准。在完美的资本市场中，企业的投资行为只与投资机会有关，它们会主动捕捉并利用优质的投资机会。然而，由于代理问题、融资约束、信息不对称等现实问题的存在，过度投资或投资不足的低效现象十分普遍。

企业总投资支出可以分为两个部分：一是维持现有资产所需的投资支出；二是新增投资支出。新增投资支出包括预期投资支出和负净现值项目的超额投资支出。过度投资通常对应负净现值项目的超额投资情况，而投资不足是指企业在维持现有资产或正净现值项目上投资不足的情况。值得注意的是，预期投资支出随企业成长机会、融资约束、行业从属关系等因素而变化。一个企业的投资不足或过度投资是一个相对概念，与绝对投资额无关。根据 Richardson（2006）的研究，我们求得预期投资模型的残差，并根据残差将样本企业划分为投资不足和投资过度两个组。投资不足的企业放弃净现值为正的投资项目，而投资过度的企业进行了超额投资，因而这两类企业都没有恰当地利用投资机会。不同市场情况下，油价对企业投资具有不同的影响，而这些影响可能会纠正或加剧企业不适当的初始投资状态。表 4-6 给出了不同初始投资状态下油价变化对企业投资支出影响的条件回归结果。

表 4-6　考虑市场情况和初始投资状态的油价-投资关系

变量名	市场下跌 (1) 投资不足	市场下跌 (2) 投资过度	市场上涨 (3) 投资不足	市场上涨 (4) 投资过度
Roil	−0.003 (0.010)	−0.057** (0.024)	0.010*** (0.003)	0.025*** (0.005)
Vol	−0.011** (0.005)	−0.010 (0.012)	0.003 (0.003)	0.008* (0.005)
Growth	0.002 (0.002)	0.001 (0.003)	0.008*** (0.003)	0.015*** (0.004)
Size	−0.005*** (0.002)	−0.017*** (0.004)	−0.018*** (0.003)	−0.047*** (0.007)
CFO	0.037*** (0.009)	0.110*** (0.021)	−0.011 (0.011)	0.046* (0.028)
Longdebt	0.001 (0.006)	0.024** (0.012)	−0.015** (0.007)	−0.014 (0.014)
ROA	0.077*** (0.012)	0.281*** (0.041)	0.066*** (0.016)	0.267*** (0.041)
BTM	−0.046*** (0.007)	−0.046*** (0.013)	−0.035*** (0.008)	−0.062*** (0.013)
GDPGR	0.649* (0.337)	−0.655 (0.797)	−0.113 (0.090)	−0.267 (0.188)
常数项	0.135*** (0.051)	0.547*** (0.119)	0.489*** (0.062)	1.233*** (0.156)
N	9 738	5 096	8 624	4 523
R^2	0.084	0.166	0.069	0.191
企业固定效应	是	是	是	是
年份固定效应	是	是	是	是

注：除因变量外，所有企业层面变量均滞后一年；括号中的数字为稳健标准误。
*、**和***分别表示10%、5%和1%水平的统计显著性。

可以发现，当市场情况不佳时，高油价对投资过度企业的投资支出有显著负向影响，而对投资不足企业的投资支出无显著影响。这些结果表明，高油价可以改善过度投资，但不会加剧投资不足。当市场情况良好时，油价变化对投资过度和投资不足的影响方向一致。在投资不足和投资过度的样本中，Roil 系数分别为

0.010 和 0.025，后者高于前者的 2 倍。这表明油价上涨和经济状况好转可以刺激市场情绪，提升企业投资意愿。过度投资的企业具有更激进的投资风格，面对市场利好信息甚至会加剧过度投资程度。反之，投资不足的企业面临更多的融资约束，这使它们在开展投资活动时受到限制，表现为对利好投资环境相对不敏感。Vol 系数也证明了过度投资企业的投资支出更具弹性。中国资本市场的不成熟可能是导致低投资效率的一大重要原因。

四、联合效应分析

根据上述实证结果，我们发现油价、市场状况、行业竞争、初始投资状态等因素均会影响企业投资行为。为了进一步了解它们之间的关系，我们将综合回归结果汇总于表 4-7 中。

表 4-7　考虑多影响因子综合效应的油价-企业投资关系

变量名	市场下跌		市场上涨	
	(1) 投资不足	(2) 投资过度	(3) 投资不足	(4) 投资过度
high×Roil	−0.010 (0.026)	−0.100* (0.054)	0.046** (0.023)	0.041 (0.051)
medium×Roil	−0.002 (0.015)	−0.074** (0.033)	0.010** (0.004)	0.030*** (0.008)
low×Roil	−0.012 (0.015)	−0.095*** (0.033)	0.006 (0.004)	0.015* (0.009)
Vol	−0.012* (0.007)	−0.019 (0.015)	0.001 (0.004)	0.009 (0.007)
Growth	0.003 (0.002)	0.000 (0.003)	0.008*** (0.003)	0.015*** (0.004)
Size	−0.005*** (0.002)	−0.017*** (0.004)	−0.018*** (0.003)	−0.047*** (0.007)
CFO	0.036*** (0.009)	0.110*** (0.021)	−0.009 (0.011)	0.049* (0.028)
Longdebt	0.001 (0.006)	0.023* (0.012)	−0.015** (0.007)	−0.014 (0.014)
ROA	0.078*** (0.012)	0.282*** (0.042)	0.064*** (0.016)	0.268*** (0.041)

续表

变量名	市场下跌		市场上涨	
	（1）	（2）	（3）	（4）
	投资不足	投资过度	投资不足	投资过度
BTM	−0.046***	−0.046***	−0.034***	−0.062***
	(0.007)	(0.014)	(0.008)	(0.013)
GDPGR	0.599	−1.123	−0.102	−0.260
	(0.433)	(0.927)	(0.093)	(0.195)
high	−0.007	0.005	−0.006	0.018
	(0.006)	(0.013)	(0.005)	(0.012)
medium	−0.008**	−0.006	−0.007**	0.019**
	(0.004)	(0.009)	(0.003)	(0.009)
常数项	0.150***	0.585***	0.502***	1.218***
	(0.055)	(0.123)	(0.063)	(0.157)
N	9 738	5 096	8 624	4 523
R^2	0.085	0.167	0.071	0.194
企业固定效应	是	是	是	是
年份固定效应	是	是	是	是

注：除因变量外，所有企业层面变量均滞后一年，括号中的数字为稳健标准误。
*、**和***分别表示10%、5%和1%水平的统计显著性。

将样本再次按市场情况不利和市场情况有利分为两组，回归结果分别对应第（1）列至第（2）列和第（3）列至第（4）列。可以发现，综合模型中各因素对企业投资的影响与初始单因素分析的实证结果一致。当市场情况不利时，油价变化对投资不足企业的投资支出没有显著影响。然而，对于过度投资的企业来说，无论行业的竞争程度如何，企业投资支出一致减少。从第（3）列和第（4）列市场情况良好的回归结果来看，无论企业初始投资状态如何，油价的变化对企业的投资支出都具有正向影响。进一步地，观察行业竞争和企业初始投资状态的相互作用时，可以发现一个有趣的结果，即过度投资的企业和处于高度竞争行业中的企业通常比其他企业投资更多。综上所述，行业竞争的压力刺激企业投资和创新，这一特征强化了有利市场情况下高油价在促进企业投资支出方面的作用。值得注意的是，过度投资的企业因具有更激进的投资风格，很容易陷入投资过多的恶性循环，从而在油价上涨和市场向好的背景下加剧过度投资的情形。

五、稳健性检验

为了检验主体实证结果的稳健性，本节进行了一系列测试。我们首先使用石油期货收益作为油价的替代指标复现实证结果，然后采用两种新的行业竞争程度测度指标进行分析，最后实施子样本检验，例如，按照不同区分方法对市场情况进行分类，提取非石油生产行业的企业样本进行检验。

（一）油价的替代测度

投资决策一般建立在对投资机会和企业业绩评估的基础上。投资项目的成本预算过程会通过预估油价等重要外生因素来充分考虑它们的潜在影响。这也是我们在回归模型中仅控制企业层面变量的滞后一期值，而对油价不做相同要求的原因。Elyasiani 等（2011）指出，NYMEX 的石油期货价格受到的随机噪声影响弱于现货价格。期货价格包含了对未来现货价格的预期，而对油价的预期很可能被应用于投资策略的制定过程。为此，我们利用 NYMEX 石油期货价格代替现货价格，进而检验原有的油价-投资关系是否发生变化。相应的回归结果汇总于表 4-8 中。

表 4-8 稳健性检验：油价的替代测度（NYMEX 油价）

变量名	市场下跌 (1) 投资不足	市场下跌 (2) 投资过度	市场上涨 (3) 投资不足	市场上涨 (4) 投资过度
high×Roil	−0.000 03 (0.022)	−0.084* (0.047)	0.045** (0.023)	0.040 (0.051)
medium×Roil	0.007 (0.012)	−0.061** (0.026)	0.010** (0.004)	0.029*** (0.007)
low×Roil	−0.004 (0.012)	−0.082*** (0.025)	0.005 (0.004)	0.015* (0.009)
Vol	−0.009* (0.005)	−0.013 (0.010)	0.001 (0.004)	0.009 (0.008)
Growth	0.003 (0.002)	0.000 (0.003)	0.008*** (0.003)	0.015*** (0.004)
Size	−0.005*** (0.002)	−0.017*** (0.004)	−0.018*** (0.003)	−0.047*** (0.007)
CFO	0.036*** (0.009)	0.110*** (0.021)	−0.009 (0.011)	0.049* (0.028)

续表

变量名	市场下跌		市场上涨	
	（1）	（2）	（3）	（4）
	投资不足	投资过度	投资不足	投资过度
Longdebt	0.001	0.023*	−0.015**	−0.014
	（0.006）	（0.012）	（0.007）	（0.014）
ROA	0.077***	0.282***	0.064***	0.268***
	（0.012）	（0.042）	（0.016）	（0.041）
BTM	−0.046***	−0.046***	−0.034***	−0.062***
	（0.007）	（0.014）	（0.008）	（0.013）
GDPGR	0.938***	−0.557	−0.106	−0.283
	（0.321）	（0.710）	（0.097）	（0.200）
high	−0.007	0.004	−0.006	0.018
	（0.006）	（0.013）	（0.005）	（0.012）
medium	−0.008**	−0.006	−0.007**	0.019**
	（0.004）	（0.009）	（0.003）	（0.009）
常数项	0.126**	0.545***	0.503***	1.219***
	（0.053）	（0.121）	（0.063）	（0.157）
N	9 738	5 096	8 624	4 523
R^2	0.085	0.167	0.071	0.194
企业固定效应	是	是	是	是
年份固定效应	是	是	是	是

注：本表给出了与表 4-7 相同的实证模型回归结果，只是将解释变量替换为 NYMEX 油价数据。除因变量外，所有企业层面变量均滞后一年，括号中的数字为稳健标准误。

*、**和***分别表示 10%、5%和 1%水平的统计显著性。

如前面所述，我们依旧根据市场情况对样本进行分类回归。当市场情况不佳时，不同初始投资状态下的油价对投资支出的影响具有不对称性。油价变化对投资不足企业的投资支出没有显著影响，但对投资过度企业的投资支出有显著的负向影响。当市场情况有利时，高油价会导致投资支出持续增加。从总体上看，投资过度企业的投资增幅大于投资不足的企业。从油价波动情况来看，当市场情况不利时，其影响大多为负，而当市场情况有利时，其影响始终为正。这些回归结果与表 4-7 中给出的结果一致，表明主体实证结果对于以石油期货价格衡量的油价测度指标具有稳健性。

（二）行业竞争的替代测度

我们引入了两种行业竞争的替代测度以检验与行业竞争有关的实证结果。这两个行业竞争替代测度指标分别为 Asset HHI 和 Price margin HHI。Asset HHI 的合理性在于，资产规模能够很好地代表企业规模，进而反映企业竞争力（Graham，2000；Gupta and Krishnamurti，2018）。基于资产数据，我们以与 Sales HHI 相同的方式构建 Asset HHI。Asset HHI 越大，行业竞争程度越低。Price margin HHI 的合理性在于，较高的边际价格代表较低的行业竞争程度（Lindenberg and Ross，1981；Domowitz et al.，1986）。Price margin HHI 的计算方法也与 Sales HHI 相同，只是使用边际价格（息税前利润/销售）替代销售收入。表 4-9 给出了使用行业竞争替代测度指标的稳健性检验结果。

表 4-9 稳健性检验：行业竞争替代测度

变量名	Asset HHI 市场下跌 (1) 投资不足	(2) 投资过度	Asset HHI 市场上涨 (3) 投资不足	(4) 投资过度	Price margin HHI 市场下跌 (5) 投资不足	(6) 投资过度	Price margin HHI 市场上涨 (7) 投资不足	(8) 投资过度
high×Roil	0.013 (0.011)	−0.045* (0.025)	0.009** (0.004)	0.027*** (0.008)	0.019 (0.014)	−0.040 (0.034)	0.001 (0.007)	0.029** (0.015)
medium×Roil	−0.023* (0.014)	−0.051* (0.030)	0.008 (0.006)	0.023* (0.013)	0.001 (0.010)	−0.056** (0.024)	0.011*** (0.004)	0.026*** (0.007)
low×Roil	−0.009 (0.012)	−0.069** (0.028)	0.004 (0.004)	0.015* (0.009)	−0.013 (0.013)	−0.052* (0.029)	0.001 (0.005)	0.010 (0.010)
Vol	−0.006 (0.005)	−0.008 (0.013)	−0.001 (0.004)	0.005 (0.007)	−0.009* (0.005)	−0.009 (0.012)	−0.000 (0.004)	0.004 (0.007)
Growth	0.002 (0.002)	0.000 (0.003)	0.008*** (0.003)	0.015*** (0.003)	0.002 (0.002)	0.001 (0.003)	0.008*** (0.003)	0.015*** (0.004)
Size	−0.005*** (0.002)	−0.017*** (0.004)	−0.018*** (0.003)	−0.047*** (0.007)	−0.005*** (0.002)	−0.017*** (0.004)	−0.018*** (0.003)	−0.047*** (0.007)
CFO	0.037*** (0.009)	0.111*** (0.021)	−0.010 (0.011)	0.049* (0.028)	0.036*** (0.009)	0.111*** (0.021)	−0.010 (0.011)	0.049* (0.028)
Longdebt	0.000 (0.006)	0.024** (0.012)	−0.015** (0.007)	−0.014 (0.014)	0.001 (0.006)	0.025** (0.012)	−0.015** (0.007)	−0.015 (0.014)
ROA	0.076*** (0.012)	0.282*** (0.041)	0.065*** (0.016)	0.271*** (0.040)	0.079*** (0.012)	0.282*** (0.041)	0.065*** (0.016)	0.272*** (0.040)
BTM	−0.047*** (0.007)	−0.046*** (0.014)	−0.035*** (0.009)	−0.062*** (0.013)	−0.046*** (0.007)	−0.046*** (0.014)	−0.035*** (0.009)	−0.061*** (0.013)
GDPGR	0.205 (0.386)	−0.827 (0.857)	−0.133 (0.094)	−0.321* (0.190)	0.450 (0.350)	−0.780 (0.821)	−0.118 (0.094)	−0.354* (0.194)

续表

变量名	Asset HHI				Price margin HHI			
	市场下跌		市场上涨		市场下跌		市场上涨	
	（1）	（2）	（3）	（4）	（5）	（6）	（7）	（8）
	投资不足	投资过度	投资不足	投资过度	投资不足	投资过度	投资不足	投资过度
high	−0.011*	0.003	−0.000	0.044*	−0.011*	0.008	−0.000	0.043*
	（0.006）	（0.012）	（0.008）	（0.025）	（0.006）	（0.012）	（0.008）	（0.025）
medium	0.003	0.010	0.006	0.049**	−0.003	0.013	0.005	0.049**
	（0.005）	（0.012）	（0.007）	（0.025）	（0.005）	（0.011）	（0.007）	（0.025）
常数项	0.172***	0.553***	0.488***	1.202***	0.160***	0.546***	0.489***	1.205***
	（0.055）	（0.122）	（0.063）	（0.158）	（0.053）	（0.121）	（0.063）	（0.158）
N	9 738	5 096	8 624	4 523	9 738	5 096	8 624	4 523
R^2	0.087	0.167	0.070	0.194	0.087	0.167	0.070	0.195
企业固定效应	是	是	是	是	是	是	是	是
年份固定效应	是	是	是	是	是	是	是	是

注：除因变量外，所有企业层面变量均滞后一年，括号中的数字为稳健标准误。

*、**和***分别表示 10%、5%和 1%水平的统计显著性。

表 4-9 中第（1）～（4）列为基于 Asset HHI 的回归结果。其中，第（1）列和第（2）列对应市场环境不利的情形。由结果可知，除中等竞争行业中的企业外，油价变化对其他投资不足企业的投资支出没有显著影响。即使在中等竞争行业中，显著性也仅达到 10%的水平。反之，过度投资企业的投资支出随油价上涨而大幅减少。这些结果与之前的实证结果一致。第（3）列和第（4）列对应市场环境有利的情形。此时，油价上涨会带动积极的投资情绪，样本中的企业普遍倾向于扩大投资规模，而投资过度的企业则扩大更多。交互项 low×Roil 的系数小于其他交互项，且 Wald 检验结果表明其与 high×Roil 的系数差异显著，表明处于低竞争行业中的企业缺乏投资激励。第（5）～（8）列为基于 Price margin HHI 的实证检验结果。这些结果与基于 Asset HHI 的实证结果相似，并与表 4-7 中的主体结果基本一致。也就是说，本章与行业竞争相关的实证结果具有稳健性。

（三）市场情况的替代测度

考虑到根据市场指数收益的符号区分市场情况较为武断，我们采用了两种替代测度方案来检验稳健性。第一种遵循传统的做法，按照±5%截断市场收益，从而将样本过滤为市场形势不利或有利的情形。第二种方法是根据市场指数的长期走势将样本年份分为三段，具体来说，2000～2005 年和 2016～2018 年，指数呈下降趋势，我们据此认为市场情况较差；而 2006~2015 年，指数呈上升趋势，我们据此认为市场情况较好。表 4-10 中的第（1）~（2）列、第（3）~（4）列分别给出了两种方案对应的实证结果。与基准结果一致，我们发现在不利的市场情况下，随着油价的上涨，企业倾向于减少投资；而在有利的市场情况下，随着油价的上涨，企业会增加投资。

表 4-10 稳健性检验：基于市场情况和行业的分析

变量名	剔除极端市场情况（±5%）		长期趋势下的市场情况		剔除石油生产行业	
	（1）	（2）	（3）	（4）	（5）	（6）
	市场下跌	市场上涨	市场下跌	市场上涨	市场下跌	市场上涨
Roil	−0.031***	0.014***	−0.027***	0.015***	−0.031***	0.014***
	（0.009）	（0.003）	（0.009）	（0.003）	（0.009）	（0.003）
Vol	−0.020***	0.005**	−0.015***	0.004**	−0.020***	0.005**
	（0.005）	（0.002）	（0.005）	（0.002）	（0.005）	（0.002）
Growth	0.009***	0.018***	0.003*	0.016***	0.009***	0.017***
	（0.002）	（0.002）	（0.002）	（0.002）	（0.002）	（0.002）
Size	−0.007***	−0.021***	−0.008***	−0.022***	−0.007***	−0.023***
	（0.002）	（0.003）	（0.002）	（0.003）	（0.002）	（0.003）
CFO	0.071***	0.013	0.064***	0.023**	0.072***	0.012
	（0.009）	（0.012）	（0.010）	（0.009）	（0.009）	（0.011）
Longdebt	0.028***	0.007	0.030***	0.006	0.028***	0.007
	（0.006）	（0.007）	（0.007）	（0.006）	（0.006）	（0.007）
ROA	0.153***	0.158***	0.156***	0.127***	0.153***	0.139***
	（0.013）	（0.017）	（0.015）	（0.015）	（0.013）	（0.016）
BTM	−0.052***	−0.046***	−0.043***	−0.052***	−0.052***	−0.047***
	（0.007）	（0.008）	（0.008）	（0.009）	（0.007）	（0.009）
GDPGR	0.172	0.084	0.217	0.073	0.160	0.053
	（0.314）	（0.087）	（0.319）	（0.084）	（0.314）	（0.086）
常数项	0.227***	0.556***	0.236***	0.595***	0.231***	0.604***
	（0.052）	（0.064）	（0.064）	（0.057）	（0.052）	（0.061）
N	14 834	11 565	12 130	15 851	14 786	13 110
R^2	0.117	0.100	0.115	0.091	0.116	0.096
企业固定效应	是	是	是	是	是	是
年份固定效应	是	是	是	是	是	是

注：除因变量外，所有企业层面变量均滞后一年，括号中的数字为稳健标准误。

*、**和***分别表示10%、5%和1%水平的统计显著性。

（四）非石油生产行业的子样本检验

油价上涨一般而言会增加企业成本从而减少利润，但对于石油生产行业来说，油价上涨并不是一件坏事。因此，我们将石油生产行业排除在样本之外，以检验油价对企业投资的影响。表4-10中的第（5）～（6）列给出了相应的回归结果，且这些结果与初始结果一致。

（五）石油供求的影响

本章的目的是研究油价对企业投资的影响，但是相关研究表明供求等不同原因造成的油价变化对经济具有不同的影响（Kilian，2009；Kilian and Park，2009）。因而，我们从油价波动中分解出供给和需求因素，并作为控制变量添加到基准回归模型中，从而检验初始实证结果的稳健性。表4-11给出了基于两种油价测度指标的回归结果。

表4-11　石油供给和需求的影响

变量名	（1）WTI	（2）NYMEX
Roil	−0.014*	−0.016*
	(0.007)	(0.009)
Vol	−0.011	−0.017
	(0.008)	(0.012)
Prod	−0.157	−0.362
	(0.232)	(0.367)
Rea	0.000	0.000
	(0.000)	(0.000)
Growth	0.014***	0.014***
	(0.001)	(0.001)
Size	−0.013***	−0.013***
	(0.002)	(0.002)
CFO	0.052***	0.052***
	(0.007)	(0.007)
Longdebt	0.023***	0.023***
	(0.005)	(0.005)

续表

变量名	(1) WTI	(2) NYMEX
ROA	0.145***	0.145***
	(0.010)	(0.010)
BTM	−0.045***	−0.045***
	(0.005)	(0.005)
GDPGR	0.710	0.541
	(0.453)	(0.556)
Inflation	0.011***	0.012***
	(0.004)	(0.004)
常数项	0.319***	0.333***
	(0.052)	(0.057)
N	27 981	27 981
R^2	0.103	0.103
企业固定效应	是	是
年份固定效应	是	是

注：第（1）列使用 WTI 石油现货价格，而第（2）列使用 NYMEX 石油期货价格。Prod 是世界石油年供给量的对数变化。Rea 是 Kilian（2009）的全球实体经济活动指数的年平均值。通货膨胀（Inflation）数据来自国家统计局网站。除因变量外，所有企业层面变量均滞后一年，括号中的数字为稳健标准误。

*和***分别表示10%和1%水平的统计显著性。

可以发现，即使在控制了供求因素的影响后，油价对企业投资的影响依旧显著。换言之，供求因素并不能完全解释油价对企业投资的影响。因而，我们引入市场情况变量并进行分组回归，以从一个全新的视角研究油价-投资关系。我们发现，当市场情况较差时，管理者投资更加谨慎。此时，油价主要通过现金流渠道影响企业投资。当市场情况良好时，管理者对投资前景更加乐观。此时，油价主要通过市场情绪渠道影响企业投资。简而言之，油价变化的真正驱动因素并不是本章关注的方向，本章旨在研究企业管理者在不同市场情况下对油价的不同看法以及制订的相应投资计划。这一逻辑与 Gupta 和 Krishnamurti（2018）一致，他们通过对不同宏观市场情况进行分组回归来研究宏观经济因素对油价和企业风险承担关系的影响。

第四节　企业现金持有视角的油价效应

考虑到油价变化会对企业投资造成显著影响，特别是不利影响，我们好奇企业是否会采取行动抵御这些不利影响。作为一个拓展分析,我们将油价波动导致的公司价值减少风险定义为负油价不确定性敞口,进而研究企业如何调整现金持有政策以抵御这一风险敞口。

本节选定制造业企业为研究对象,采用数理推导与实证分析相结合的方法进行研究。全过程分为三步:第一步,基于 Kim 等(1998)和 Palazzo(2012)的框架,引入油价不确定性风险的影响以构建三阶段跨期投资模型,从而推导出公司现金持有与油价不确定性敞口的内在关系;第二步,选取 2008~2018 年中国证券交易所 A 股制造业非国有上市公司的样本对数理推导结果进行实证检验;第三步,对上述结果进行简要的经济学分析。

一、数理推导

对未来公司投资可能使用的石油相关现金流的价值进行建模是分析的首要步骤。我们的基础模型简单地描述了公司跨期投资问题的动态过程。来自现有资产且与油价相关的现金流因受油价冲击的影响,可能不足以为所有正净现值投资机会提供资金。相应地,公司需要承担高昂的外部融资成本或错失投资机会的损失。在外部市场不完美的情况下,公司能够以相对较低的成本储存一定额度的现金以满足未来的投资需求。我们的主要目标是在跨期经营的情况下,分析油价不确定性敞口与公司现金持有量之间的关系。

(一)定价核和油价相关现金流估值

我们拟采用净现值(net present value,NPV)法评估公司价值。其中,确定贴现率是实施 NPV 法的关键。参考 Berk 等(1999)的方法,我们将随机贴现因子(stochastic discount factor,SDF)设置为如下形式:

$$M_{t+1} = e^{m_{t+1}} = \exp\left[-r(t) - \frac{1}{2}\sigma_z^2 - \sigma_z v_{z,t+1}\right] \quad (4-5)$$

隐含假定,在 0 时刻,SDF 的条件均值 $E_0[M_1] = e^{-r}$,即为无风险利率 R 的倒数($e^{-r} = \frac{1}{R}$)。$-\frac{1}{2}\sigma_z^2 - \sigma_z v_{z,t+1}$ 表示来自不确定性的风险贴现部分。我们将 $t+1$ 时刻的总体冲击 $v_{z,t+1} \sim N(0,1)$ 分解为相互独立的油价不确定性冲击和其他冲击两个部分:$v_{z,t+1} = v_{\text{oil},t+1} + v_{\text{other},t+1}$。

类似地,假定有一项资产,它会在 1 时刻产生 e^{x_1} 的现金流,其中:

$$x_1 = \mu - \frac{1}{2}\sigma_x^2 + \sigma_x v_{x,1} \quad (4-6)$$

$v_{x,1}$ 服从标准正态分布且与 $v_{z,1}$ 相关,即这一项资产是风险资产。我们可以将 $v_{x,1}$ 和 $v_{z,1}$ 的协方差表示为

$$\mathrm{Cov}(v_{x,1}, v_{z,1}) = \mathrm{Cov}(v_{\mathrm{oil},1} + v_{\mathrm{other},1}, v_{x,1}) = \sigma_{x,\mathrm{oil}} + \sigma_{x,\mathrm{other}} \qquad (4-7)$$

进而有

$$\mathrm{Cov}(x_1, m_1) = -\sigma_z \sigma_x \sigma_{x,\mathrm{oil}} - \sigma_z \sigma_x \sigma_{x,\mathrm{other}} = -\beta_{\mathrm{oil}} - \beta_{\mathrm{other}} \qquad (4-8)$$

如此,我们将不确定性现金流的风险分解为油价不确定性风险 β_{oil} 和其他风险 β_{other} 两个部分。资产在 1 时刻产生的现金流的现值可以表示为

$$\begin{aligned} E_0[M_1 \mathrm{e}^{x_1}] &= E_0 \left[\exp\left(-r - \frac{1}{2}\sigma_z^2 - \sigma_z v_{\mathrm{oil},1} + v_{\mathrm{other},1} + \mu - \frac{1}{2}\sigma_x^2 - \sigma_x v_{x,1} \right) \right] \\ &= \mathrm{e}^{-r + \mu - \beta_{\mathrm{other}} - \beta_{\mathrm{oil}}} \end{aligned} \qquad (4-9)$$

显然,不确定性现金流与油价风险之间的关系越密切,不确定性现金流的价值就越低。

(二)油价不确定性敞口与现金持有

为了简化分析,我们假定有一家公司,存续期仅为 2 期,用 $t = 0, 1, 2$ 来表示。图 4-1 给出了模型的时间线。

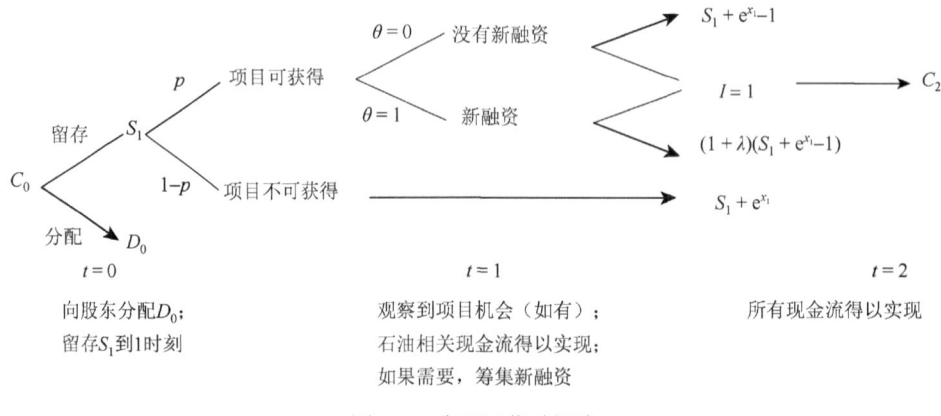

图 4-1 公司运营时间线

0 时刻公司有初始资金 C_0 和一项仅在 1 时刻能够产生不确定性现金流 e^{x_1} 的资产。1 时刻公司有 p 的概率获得一个无风险投资机会($p \in [0,1]$),该投资机会需要 1 单位的固定投资成本,并能够在 2 时刻产生确定性现金流 C_2。需要注意的是,这一投资机会不可分批或按比例执行。公司可以按照内部利率 $\tilde{R}$ 保留一定比例的初始资本,以确保跨期投资的执行,但内部利率低于无风险利率 R。公司由储蓄所得的

利息需缴纳公司税，这也意味着持有现金需要付出成本。然而，这一成本低于外部融资成本。我们假设，当公司内部资金不足以支持投资计划时，公司必须支付 λ 的外部融资成本。考虑到未来的投资需求和融资成本，0 时刻公司需要合理确定初始资金 C_0 的留存数量。在 0 时刻，我们假定 S_1 为初始资金留存部分，D_0 为分红。

根据上述设定，公司价值可以采用净现值法计算。公司的目标是实现股东财富最大化。由于我们的模型不考虑现有负债，因而股权价值等于公司价值：

$$\text{EquityValue} = \text{FirmValue} = D_0 + E_0(M_1(D_1 + E_1(M_2 D_2))) \quad (4\text{-}10)$$

式中

$$D_0 = C_0 - \frac{S_1}{\tilde{R}}$$

$$D_1 = \begin{cases} (1+\lambda\theta)S_1 + e^{x_1} - 1, & p \text{ 的概率} \\ S_1 + e^{x_1}, & 1-p \text{ 的概率} \end{cases}$$

$$D_2 = \begin{cases} C_2, & p \text{ 的概率} \\ 0, & 1-p \text{ 的概率} \end{cases}$$

E_t 为第 t 期的期望算子；M_t 为第 t 期的随机贴现因子；θ 为指示函数，当公司需要外部融资时（$S_1 + e^{x_1} < 1$），有 $\theta = 1$。经过计算和化简，式（4-10）可以重新表示为

$$C_0 - \frac{S_1}{\tilde{R}} + \frac{1}{R}(e^{\mu - \beta_{\text{other}} - \beta_{\text{oil}}} + S_1)$$
$$+ \frac{p}{R}\left(\lambda(e^{\mu - \beta_{\text{other}} - \beta_{\text{oil}}}\Phi(\eta - \sigma_x) + S_1\Phi(\eta)) - (1 + \lambda\Phi(\eta)) + \frac{C_2}{R}\right) \quad (4\text{-}11)$$

式中，$\Phi(\cdot)$ 为标准正态分布函数；$\eta = \dfrac{\ln(1 - S_1) - \mu + \frac{1}{2}\sigma_x^2 + \beta_{\text{other}} + \beta_{\text{oil}}}{\sigma_x}$。为了确定油价不确定性风险对股权价值的影响，我们将式（4-11）对 $\sigma_{x,\text{oil}}$ 求偏导数。由于 $\Phi'(\eta - \sigma_x) = \Phi'(\eta)e^{-\sigma_x^2 + \sigma_x\eta}$，该偏导数可以化简为

$$\text{Vbeta} = \frac{\partial \text{FirmValue}}{\partial \sigma_{x,\text{oil}}} = -\frac{1}{R}\sigma_z\sigma_x e^{\mu - \beta_{\text{other}} - \beta_{\text{oil}}}(1 + p\lambda\Phi(\eta - \sigma_x)) < 0 \quad (4\text{-}12)$$

式中，Vbeta 为油价不确定性风险敞口，反映了股权价值对油价不确定性风险的敏感性。Vbeta<0 的结果与基于式（4-9）的推论一致，即不确定性现金流与油价风险之间的关系越密切，不确定性现金流的价值越低，进而公司价值就越低。具体而言，油价不确定性风险将通过两种方式损害股东财富：第一种是当投资机会不可得时，它会降低 D_0 的价值；第二种是当投资机会可得时，它会带来额外的外部融资成本。根据优序融资理论，我们推测持有现金可以通过降低融资成本来缓解油价不确定性风险对股东财富的危害。将式（4-12）对 S_1 求导：

$$\frac{\mathrm{dVbeta}}{\mathrm{d}S_1} = \frac{p\lambda}{R}\frac{\sigma_z}{1-S_1}e^{\mu-\beta_{\mathrm{other}}-\beta_{\mathrm{oil}}}\Phi'(\eta-\sigma_x) > 0 \tag{4-13}$$

$\dfrac{\mathrm{dVbeta}}{\mathrm{d}S_1}$ 始终为正,因为公司永远不会选择大于或等于 1 的 S_1。这一结果验证了我们的推断,即现金持有可以控制油价不确定性风险。由于 Vbeta 在理论意义上为负,正的 $\dfrac{\mathrm{dVbeta}}{\mathrm{d}S_1}$ 意味着现金持有量越高,油价不确定性风险敞口的绝对值越小。

考虑到公司层面异质性,我们的三阶段模型中的一些假定过于严格,例如,固定的外部融资成本 λ。事实上,公司受到不同程度的融资约束,其融资能力不尽相同。融资约束对公司行为和财务管理的影响是公司金融的重要研究课题。如果一家公司可以不受限制地进入外部资本市场融资,那么它便不需要为保障未来投资而储蓄现金。反之,如果一家公司存在融资约束,流动性管理就变得至关重要(Keynes,1936)。

我们放宽了固定融资成本的假定,以研究融资约束的影响。换句话说,λ 是一个变量,而非常数。将式(4-13)对 λ 求导可以发现:

$$\frac{\mathrm{dVbeta}}{\mathrm{d}S_1\mathrm{d}\lambda} = \frac{p}{R}\frac{\sigma_z}{1-S_1}e^{\mu-\beta_{\mathrm{other}}-\beta_{\mathrm{oil}}}\Phi'(\eta-\sigma_x) > 0 \tag{4-14}$$

油价不确定性敞口对现金持有的敏感性随着外部融资成本的增加而上升。这一结果表明,对于融资受限的公司而言,现金持有在控制负向油价不确定性敞口方面的作用更大。对融资不受约束的公司而言,外部融资成本趋向于内部融资成本。在这种情况下,现金持有与油价不确定性敞口无关。然而,融资受限公司的外部融资成本较高,极端情况下甚至高于目标项目的投资利润。因此,油价相关的风险现金流价值降低时,如果公司没有储蓄预备资金,那么它们将支付高昂的外部融资成本,甚至错失投资机会。在此背景下,油价不确定性风险将导致公司价值和股东财富大幅下降。

在我们的模型中,另一个过于严格的假定是股权价值等于公司价值。这相当于要求样本公司不存在负债,但现实情况通常无法达到这一要求。通过考虑现有负债的影响,我们放松了这一假定。当一家公司存在负债时,股权价值等于公司价值减去债务价值。

Stoll(1969)提出了期权平价定理:

$$\mathrm{Put}_{\mathrm{BS}}(V_t,B,r,T-t,\sigma) = Be^{-r(T-t)} - V_t + \mathrm{Call}_{\mathrm{BS}}(V_t,B,r,T-t,\sigma) \tag{4-15}$$

式中,$\mathrm{Put}_{\mathrm{BS}}$ 函数表示看跌期权价值;$\mathrm{Call}_{\mathrm{BS}}$ 函数表示看涨期权价值;V_t 为标的资产价值;B 为履约价格;T 为到期日;r 为年度无风险利率;σ 为资产收益率的标准差。Merton（1974）将这一关系式运用于公司股权价值和债务价值的评估。假定股东在 $t=0$ 时刻借入一笔资金，在 T 时刻需要偿还 B。因为有限法偿，债权人 T 时刻能够收到的不确定性支付为

$$D(V_t,T) = \min(V_t, B) \tag{4-16}$$

公司价值可以表示为

$$\text{FirmValue} = V_t = \text{Call}_{\text{BS}}(V_t, B, r, T-t, \sigma) + Be^{-r(T-t)} - \text{Put}_{\text{BS}}(V_t, B, r, T-t, \sigma) \tag{4-17}$$

股权价值为

$$E(V_t, T) = \text{Call}_{\text{BS}}(V_t, B, r, T-t, \sigma) \tag{4-18}$$

债务价值为

$$D(V_t,T) = Be^{-r(T-t)} - \text{Put}_{\text{BS}}(V_t, B, r, T-t, \sigma) = \text{FirmValue} - E(V_t, T) \tag{4-19}$$

我们集中观察看涨期权表示的股权价值，并且计算 Δ 的值：

$$\Delta = \frac{\partial \text{EquityValue}}{\partial \text{FirmValue}} = N(d_1) \tag{4-20}$$

式中，N 为标准正态分布的累积密度函数；d_1 用于描述期权对股价的敏感程度。

将 Δ 对 B 求偏导数可以发现：

$$\frac{\partial \Delta}{\partial B} = -\frac{d_1}{\sqrt{2\pi}\sigma\sqrt{T-t}} \frac{V_t}{B} e^{-\frac{d_1^2}{2}} < 0 \tag{4-21}$$

这一结果意味着债务越高，公司价值就越多地流向债权人。对于高杠杆的公司来说，几乎所有的公司价值都掌握在债权人手中。

根据式（4-20）和式（4-21），我们可以求得

$$\text{EquityValue} = (1 - bB)\text{FirmValue} \tag{4-22}$$

式中，$b = -\frac{\partial \Delta}{\partial B} > 0$。现有研究表明，现金持有的边际收益随着杠杆率的增加而降低（Black and Scholes, 1973; Merton, 1973; Faulkender and Wang, 2006）。受此启发，我们计算了杠杆对现金持有量和油价不确定性敞口之间关系的影响，并发现：

$$\frac{d\text{Vbeta}}{dS_1 dB} = -b\frac{d\text{Vbeta}}{dS_1} < 0 \tag{4-23}$$

随着负债的增加，额外持有 1 单位现金用于控制油价不确定性敞口创造的价值更多地归属于债务价值，而非股权价值。因此，从股东财富的角度来看，油价不确定性敞口对现金持有的敏感性随着既有负债的增加而下降。

（三）启示

该模型得出了有关现金持有与油价不确定性敞口的三个主要启示[①]，我们以命题的形式陈述它们，具体如下所示。

命题一：持有现金可以对冲负向油价不确定性敞口（$\frac{\mathrm{dVbeta}}{\mathrm{d}S_1}>0$）。

命题二：持有额外 1 单位现金对于控制融资受限公司的负向油价不确定性敞口而言更具价值（$\frac{\mathrm{dVbeta}}{\mathrm{d}S_1\mathrm{d}\lambda}>0$）。

命题三：持有额外 1 单位现金对于控制既有负债较小的公司的负向油价不确定性敞口而言更具价值（$\frac{\mathrm{dVbeta}}{\mathrm{d}S_1\mathrm{d}B}<0$）。

从实证角度来看，上述命题意味着公司可以增加其现金持有，以对冲油价不确定性敞口。然而，油价不确定性敞口对现金持有的敏感性具有公司层面异质性。对于融资受限的公司和债务较低的公司来说，持有额外 1 单位现金更具价值。具体实证检验分为两部分，第一部分考察现金持有与油价不确定性敞口的关系，第二部分检验这种关系的异质性，即比较融资约束和既有负债不同的情况下，现金持有对油价不确定性敞口的敏感性差异。

二、实证检验

（一）基准回归

数理模型假定公司寻求股东财富最大化，但这并不符合国有企业的经营理念。国有企业是中国的经济命脉，与国家财政密切相关。一般来说，它们持有现金作为预防措施的动机较低。因此，我们选取 2008～2018 年中国证券交易所 A 股制造业非国有上市企业的样本进行实证检验。基础实证模型如下：

$$\mathrm{Vbeta}_t = \beta_0 + \beta_1 \mathrm{Cash1}_{it} + \sum_k \beta_k \mathrm{Control}_{it}^k + \varepsilon_{it} \tag{4-24}$$

式中，因变量 Vbeta 是市场模型引入油价与油价波动后，回归所得的油价波动系数；Cash1 为现金持有量；Control 为控制变量；ε_{it} 为随机误差项；β_0、β_1、β_k 为

[①] 由于公司的目标是股东财富最大化，我们的主题是研究现金持有与基于股东财富的油价不确定性敞口之间的关系。除非另有说明，"油价不确定性敞口"实际上均指基于股东财富的油价不确定性敞口，而非基于公司价值或债务价值。

待估参数。我们使用估计系数作为因变量，因而必须考虑异方差问题。根据 Lewis 和 Linzer（2005）、Hong 和 Li（2017）的研究，我们在模型设定中使用带有 Eicker-White 标准误的 OLS 回归[①]。表 4-12 给出了相应实证结果，第（1）列为单变量混合 OLS 回归结果，第（2）列包含了个体固定效应，第（3）列进一步引入控制变量，第（4）列在第（3）列的基础上控制年份影响。

表 4-12　油价不确定性敞口与现金持有：基准回归

变量名	（1）	（2）	（3）	（4）
Cash1	0.026***	0.061***	0.024***	0.016***
	（0.003）	（0.005）	（0.006）	（0.006）
Size			−0.006***	−0.002
			（0.001）	（0.001）
Age			−0.009***	−0.009***
			（0.002）	（0.002）
CFO			0.014*	0.001
			（0.008）	（0.008）
BTM			0.040***	0.006
			（0.003）	（0.004）
SHIBOR			−0.002***	0.001**
			（0.000）	（0.000）
GDPGR			0.009**	0.015***
			（0.004）	（0.004）
常数项	−0.009***	−0.016***	0.097***	0.033
	（0.001）	（0.001）	（0.027）	（0.026）
N	6 292	6 292	6 292	6 292
R^2	0.010	0.027	0.078	0.238
年份固定效应	否	否	否	是
公司固定效应	否	是	是	是

注：连续变量均经过上下 1%缩尾处理以消除异常值影响，括号中的数字为稳健标准误。
*、**和***分别表示 10%、5%和 1%水平的统计显著性。

表 4-12 给出了油价不确定性敞口对现金持有的回归结果，基准模型如下：

[①] 根据 Saxonhouse（1976）的研究，加权最小二乘法通常用于这种情况。然而，Lewis 和 Linzer（2005）发现加权最小二乘法往往表现不佳。它不仅会产生低效的估计，而且会低估标准误。他们提出了一种可行的广义最小二乘（generalized least square, GLS）方法，该方法能够产生适当大小的标准误，在某些情况下更为有效（由抽样误差引起的高比例回归总方差），但他们也表明，具有 Eicker-White 标准误的 OLS 不会带来置信度过高或过低的问题。此外，Caron 等（2014）也发现了支持使用 Eicker-White 标准误的 OLS 法的实证证据。

$$\text{Vbeta}_t = \beta_0 + \beta_1 \text{Cash1}_{it} + \sum_k \beta_k \text{Control}_{it}^k + \varepsilon_{it}$$

式中，Cash1 为解释变量，其余为控制变量，依次是公司规模（Size）、公司年龄（Age）、现金流（CFO）、账面市值比（BTM）、7 日上海银行间同业拆借利率（SHIBOR）和年度 GDP 增长率（GDPGR）。我们采用四种模型设定以确保结果稳健。样本涵盖了 2008～2018 年 A 股上市的所有非国有制造业公司。

可以发现，所有模型的结果都表明，现金持有与油价不确定性敞口呈正相关关系。负的 Vbeta 值表示油价不确定性会对公司产生不利影响。Cash1 系数为正表明现金持有可以对冲这种油价不确定性风险。从第（4）列的回归结果可以看出，增加 1 单位的现金持有可以缓解油价不确定性风险造成的 0.9% 的股票收益损失。这一结果与命题一一致。

（二）异质性检验

根据数理推导，融资约束和现有负债会对现金持有和油价不确定性敞口之间的关系产生影响。Size 被广泛用作公司融资约束的代理指标（Gilchrist and Himmelberg，1995；Almeida et al.，2004；Hahn and Lee，2009）。此外，我们还引入了托宾 Q（Q）和净资产收益率（return on equity，ROE）来提高稳健性。Q 被定义为股份的市场价值与资产账面价值之比。拥有高 Q 值的公司通常会受到更大的融资约束（Kaplan and Zingales，1997；Korajczyk and Levy，2003；Whited and Wu，2006；Livdan et al.，2009）。需要注意的是，Q 作为公司市值的函数，不可避免地会受到噪声干扰。ROE 能够客观反映公司的赢利能力，而赢利能力对公司融资有重要影响。为了保护中小股东的利益，进而维护市场稳定，中国证券监督管理委员会对上市公司再融资做出了严格的规定。其中，ROE 标准是最基本、最关键的标准之一。这使 ROE 对公司融资而言至关重要[①]。我们依次根据 Size、Q 和 ROE 这三个指标对样本进行排序和分组。Size 值小、Q 值高、ROE 低与高融资约束相关。根据命题二，现金持有和油价不确定性风险敞口之间的关系在这些高融资约束组中应该更强。

表 4-13 给出了考虑融资约束的油价不确定性敞口对现金持有的回归结果。为了节省篇幅，我们仅给出了 Cash1 的系数。第（1）列为单变量混合 OLS 回归结果，第（2）列包含了个体固定效应，第（3）列进一步引入控制变量，第（4）列在第（3）列的基础上控制年份影响。样本涵盖了 2008～2018 年 A 股上市的所有非国有制造业公司。连续变量均经过上下 1% 缩尾处理以消除异常值影响。从资产

---

① 中国证券监督管理委员会规定，主板或中小板上市公司再融资发行可转换债券或公开发行股票时，最近 3 个会计年度的加权平均净资产收益率不得低于 6%。然而，在创业板上市的公司却没有这样的要求。

规模来看，小 Size 组的 Cash1 系数显著大于大 Size 组。例如，在第（4）列中，小 Size 组的 Cash1 系数为 0.021，且在统计上显著，大 Size 组的 Cash1 系数为 0.001，且在统计上不显著。除第（1）列外，按 ROE 分组的回归结果与按 Size 分组的回归结果相似。由第（1）列可知，低 ROE 组的 Cash1 系数略小于高 ROE 组的 Cash1 系数，但是 Wald 检验显示二者差异并不显著。从第（4）列看，在三个财务约束指标中，基于 Q 分组的两个子样本的多元双向固定效应模型回归结果不显著。就系数大小而言，高 Q 组的 Cash1 系数略大。这些结果符合我们的预期。当融资受限的公司面临油价不确定性风险时，现金持有可以通过避免高昂的外部融资成本和保障未来投资顺利进行来增加股东财富。

表 4-13 异质性分析：融资约束的影响

样本	（1）	（2）	（3）	（4）
小 Size	**0.033***	**0.080***	**0.034***	**0.021**
（N=3150）	**(0.004)**	**(0.007)**	**(0.009)**	**(0.008)**
大 Size	0.011**	0.036***	0.007	0.001
（N=3412）	(0.005)	(0.009)	(0.010)	(0.009)
低 Q	0.033***	0.055***	0.020**	0.008
（N=3150）	(0.004)	(0.008)	(0.010)	(0.009)
高 Q	**0.019***	**0.057***	**0.022**	**0.012**
（N=3412）	**(0.005)**	**(0.008)**	**(0.009)**	**(0.008)**
低 ROE	**0.025***	**0.072***	**0.030***	**0.021**
（N=3150）	**(0.005)**	**(0.009)**	**(0.010)**	**(0.009)**
高 ROE	0.026***	0.055***	0.016*	0.009
（N=3412）	(0.005)	(0.008)	(0.009)	(0.009)
年份固定效应	否	否	否	是
公司固定效应	否	是	是	是

注：本表给出的回归结果旨在反映融资约束对油价不确定性敞口与现金持有之间关系的影响。其中，各公司的融资约束由 Size、Q 和 ROE 来衡量。表中粗体对应高融资约束组，括号中的数字为稳健标准误。

*、**和***分别表示 10%、5%和 1%水平的统计显著性。

为了检验既有负债对现金持有和油价不确定性敞口之间关系的影响，我们遵循同样的逻辑，将样本公司按照资产负债率分成两组，并进行分组回归。表 4-14 给出了相应的实证结果。为了便于比较，表 4-14 共分为四列，同一模型的分组回归结果报告于同一列中。第（1）列为单变量混合 OLS 回归结果，第（2）列包含了个体固定效应，第（3）列进一步引入控制变量，第（4）列在第（3）列的基础上控制年份影响。样本涵盖了 2008～2018 年 A 股上市的所有非国有制造业公司。连续变量均经过上下 1%缩尾处理以消除异常值影响。实证结果显示，无论如何改变模型设定，低杠杆组的 Cash1 系数始终高于高杠杆组的 Cash1 系数，并且显著性更高。以第（4）列为例，Cash1 系数在高杠杆组中为 0.008（稳健标准误为 0.012），而低杠杆组中为 0.017（稳健标准误为 0.008），达到前者的两倍之多。这些结果表明债权人分享了公司价值。在负债累累的公司中，债权人的优先地位意味着公司价值的增加更多地流向债权人而非股东。因此，持有现金以对冲负向油价不确定性敞口对债权人而言更为有利。

表 4-14 异质性分析：既有负债的影响

变量名	(1) 低杠杆	(1) 高杠杆	(2) 低杠杆	(2) 高杠杆	(3) 低杠杆	(3) 高杠杆	(4) 低杠杆	(4) 高杠杆
Cash1	0.030***	0.018***	0.064***	0.049***	0.028***	0.019	0.017**	0.008
	(0.004)	(0.007)	(0.007)	(0.015)	(0.008)	(0.014)	(0.008)	(0.012)
Size					−0.009***	−0.006***	−0.005**	−0.003
					(0.002)	(0.002)	(0.002)	(0.002)
Age					−0.006*	−0.018***	−0.010***	−0.014***
					(0.004)	(0.004)	(0.004)	(0.004)
CFO					0.016	0.023**	−0.008	0.015
					(0.013)	(0.011)	(0.013)	(0.011)
BTM					0.043***	0.038***	−0.002	0.011*
					(0.004)	(0.005)	(0.006)	(0.007)
SHIBOR					−0.002***	−0.002***	0.001**	0.001
					(0.001)	(0.001)	(0.001)	(0.001)
GDPGR					0.011**	0.011**	0.022***	0.018***
					(0.006)	(0.006)	(0.006)	(0.006)
常数项	−0.010***	−0.007***	−0.019***	−0.012***	0.142***	0.123***	0.093**	0.048
	(0.001)	(0.001)	(0.002)	(0.002)	(0.046)	(0.038)	(0.045)	(0.038)
N	3 150	3 142	3 150	3 142	3 150	3 142	3 150	3 142
R^2	0.017	0.002	0.044	0.006	0.097	0.066	0.271	0.217
年份固定效应	否	否	否	否	否	否	是	是
公司固定效应	否	否	是	是	是	是	是	是

注：括号中的数字为稳健标准误。
*、**和***分别表示 10%、5%和 1%水平的统计显著性。

三、经济学分析

本节对现金持有与油价不确定性敞口的关系进行建模和实证分析，包括基础检验和异质性分析。首先，通过假设较高的外部融资成本，我们发现现金持有与负向油价不确定性敞口之间存在正向关系。当公司拥有与石油相关的资产时，它们必须持有现金，以对冲油价不确定性造成的资金短缺风险。由于内部融资成本低于外部融资成本，现金持有可以通过避免融资成本和支持未来投资来控制负向油价不确定性风险。

其次，现金持有对油价不确定性风险敞口的影响与融资约束呈负相关关系。融资受限的公司面临更高的外部融资成本，这些外部融资成本在极端情况下甚至高于目标项目的预期投资收益。当与石油相关的风险现金流贬值而出现资金短缺问题时，这些公司必须承担失去投资机会的损失。因此，现金持有对于控制融资受限公司的负向油价不确定性敞口更具价值。

最后，现金持有对油价不确定性风险敞口的影响与既有负债负相关。股东只享有公司剩余价值，因而公司价值会随着负债的增加而更多地流向债权人。同理，额外持有现金以对冲油价不确定性风险的收益也会向债权人分流。就低既有负债公司而言，现金持有对于控制负向油价不确定性敞口更为重要。

第五节　油价影响的企业层面相关结论

本章对油价与企业投资关系展开直接研究，从公司对冲油价不确定性敞口的现金持有政策角度侧面验证油价对企业生产的显著影响。企业在制订投资计划时会考虑市场情况，因为市场情况是企业生产运作的经济环境。作为推动经济活动的主要能源要素，油价影响着各大企业的投资活动。从微观层面看，石油及其衍生品被广泛应用于交通运输和制造等行业，进而直接或间接地左右各行业企业的生产成本。从宏观层面看，油价影响经济增长，进而影响企业投资。在综合考虑市场情况、行业竞争和企业初始投资状态的影响后，油价与企业投资之间的关系变得更加复杂。基于上述因素，本章就油价-投资关系展开了深入研究。

研究发现，在不考虑其他因素的情况下，油价对企业投资支出具有负向影响。引入市场情况因素后，油价与投资的关系发生了一定的变化。具体而言，当市场情况不利时，油价与企业投资的负相关关系保持不变，但当市场情况有利时，即使油价上升，企业也愿意加大投资。前一种情况是现金流渠道的表现，即不利的市场情况叠加油价成本的上升收紧了企业现金流，从而迫使企业减少投资支出。

后一种情况是投资者情绪渠道的表现,即有利的市场情况刺激投资者情绪高涨,并将油价上涨解读为市场繁荣的信号,从而促进企业投资规模扩大。

本章还考虑了行业竞争和初始投资状态对油价-投资关系的影响。结果表明,行业竞争会刺激企业增加投资。当经济情况良好时,高行业竞争度强化了高油价对企业投资的刺激作用。投资不足的企业因融资约束而缺乏投资灵活性。这一特征在油价-投资关系中体现为投资过度企业的投资支出受油价的刺激影响更大。当市场情况不佳而油价上涨时,投资过度企业的投资支出向正常水平回归,而投资不足企业的投资支出变化并不明显。当市场情况良好而油价上涨时,企业大多增加投资支出,但是投资过度企业的增幅大于投资不足企业。

毫无疑问,除本章讨论的因素以外,还有很多影响企业投资的因素。例如,从行业层面来看,有些行业是劳动密集型,而有些则是研发密集型,这些行业对投资风险的容忍度大不相同。同时,它们对石油的需求也各不相同。所有这些因素也都可能对油价-投资关系产生影响,因而对于二者关系的研究仍然存在很大的深入空间。

第五章 国际石油价格预测

油价冲击对实体经济和金融市场都有重要影响（Baumeister and Peersman，2013a；Hou et al.，2016；Kilian，2009；Kilian and Lewis，2011；Kilian and Park，2009；Kilian and Vigfusson，2011b，2013，2017）。中央银行、政府和石油相关行业等众多部门都需要准确的油价预测（Alquist et al.，2013）。因此，近年来出现了许多关于如何提高实际油价可预测性的研究（Alquist et al.，2013；Baumeister and Kilian，2012，2014a，2014b，2015；Baumeister et al.，2014，2015，2018；Yin and Yang，2016；Zhang et al.，2015）。

相关研究中使用的实际油价预测因子包括一些基本面变量，如全球石油产量、实际经济活动、石油库存和金融市场变量。价格不变预测是最常用的预测基准，即假设未来油价的最佳预测值等于当前价格。然而，研究中普遍发现，这个简单的基准很难在所有预测水平内被任何单独的预测回归模型所超越。最近，学者使用一些处理多变量信息的方法成功揭示了油价可预测性，包括石油 VAR 模型（Baumeister and Kilian，2012，2014b）、预测组合（Baumeister and Kilian，2015；Baumeister et al.，2014）、因子模型（Naser，2016；Yin and Yang，2016）和混合频率数据采样模型（Baumeister et al.，2015）。

本章设计了一个基于 TVP 模型的预测组合来检测实际油价的可预测性。应用 TVP 模型的动机是，在不同时期和（或）不同市场条件下，每个决定因素对油价的重要性可能不一样（Kilian and Park，2009）。例如，Kilian（2008a，2009）认为，由于全球石油生产停滞，2003~2008 年期间石油生产对油价的影响没有过去几年那么大。Baumeister 和 Kilian（2016）发现，石油供给冲击的作用在 2014 年一直很重要。从这个意义上说，基于常系数（constant coefficient，CC）模型在捕捉油价决定因素的重要性变化方面，不如基于时变系数的模型有效。

本章采用的预测模型中，除了截距项之外，只包括一个基本变量。使用这种单变量模型进行预测的好处是，其模型设定很简单，因此可以避免预测模型中参数过多导致预测结果差异过大的现象。然而，单变量模型也有可能因为遗漏变量问题招致模型错误设定，进而预测表现较差。出于这一考虑，我们采用不同的单变量模型组合来尽可能充分利用所有的有用信息。正如 Baumeister 和 Kilian（2015）所指出的，预测组合为潜在的模型错误设定提供了解决办法。

此外，预测组合的应用也是基于对 Baumeister 和 Kilian（2015）的研究中所提到的两个观点的考虑,这两点都与模型不确定性问题有关。其一,单一预测模型不可能始终表现优异。Baumeister 和 Kilian（2015）认为,只有当所包含的经济基本面呈现出持续变化时,油价预测模型才会运作良好。在 20 世纪的最后二十年里,欧佩克垄断行为等导致了石油产量的持续变化。在 2003~2008 年,世界石油价格经历了显著上涨,但主要驱动因素是全球经济活动增加,而不是石油产量停滞。因此,一个模型中正确的预测因子集可能会随着时间的推移而改变。纳入"不相关"变量可能会导致过度拟合,即样本内的性能得到改善,但样本外的性能变得更糟。其二,一些预测模型在短期水平上表现良好,而另一些模型在长期水平上表现良好。例如,Baumeister 和 Kilian（2012）发现,基于石油期货的预测在 3 个月、9 个月和 12 个月的预测水平上比无变化预测更准确,而基于商品价格的预测在 1 个月和 3 个月的预测水平上更准确。

本章主要关注实际 RAC 和 WTI 实际油价。我们使用了总计 8 个基于实时数据的基本面变量来预测实际油价,并评估了 1992 年 1 月至 2015 年 12 月期间油价预测的准确性。结果发现,单一模型的预测性能在很大程度上取决于预测水平。没有一个单一预测模型能够在所有的短期和长期预测水平上都优于基准模型,这与文献中的普遍观点相一致。本章还比较了 TVP 模型和 CC 模型的预测准确性。结果表明,TVP 模型并不一定比 CC 模型表现得更好,它们的相对表现在不同的预测水平和预测因子中会发生变化。这一结果与 Baumeister 和 Kilian（2014b）的发现一致,即由于过度参数化,油价的 TVP-VAR 模型不能替代 CC-VAR 模型。

本章还基于单变量模型考虑了 8 个不同的预测组合模型。在 1~24 个月的预测水平上,我们评估了 TVP 模型的预测组合（forecast combinations over TVP model,FC-TVP）和 CC 模型的预测组合（forecast combinations over CC model,FC-CC）的预测性能。结果发现,FC-TVP 策略在所考虑的所有预测水平上都揭示了实际油价的可预测性。最大的预测提升来自 Timmermann（2006）的基于排列的三角加权（triangular weighting,TW）组合。在 12 个月的预测水平上,与无变化模型相比,其 MSPE 下降了高达 17.1%。这个数值高于 Baumeister 和 Kilian（2015）（以下简称 BK）、Baumeister 等（2014）（以下简称 BKL）这两篇重要的论文所报告的预测提升。最大的方向准确性高达 0.645,等于 BK 的报告值（0.645）,但略低于 BKL 的方向准确性（0.682）。有趣的是,在几乎所有情况下,FC-TVP 的预测都比 FC-CC 的预测更准确。原因是尽管 TVP 模型导致了较高的预测误差变化,但两个 TVP 模型的预测误差之间的相关性总是低于两个 CC 模型的预测误差之间的相关性,从而减少了组合方法的预测误差方差。

本章进一步进行了密度预测分析,其动机来自 Gneiting（2011）的论点,即点预测的评价结果取决于损失函数,而密度预测的评价则更为本质。与油价的均值预测相比,密度预测对政策制定更具有重要意义。如果决策者的损失函数不是二次函数,他就不会只依赖可能结果的一阶预测(点预测)。因此,中央银行必须提供合适的不确定性特征的预测,以衡量最优政策决策。密度预测给出了预测概率分布的适当估计(Aastveit et al.,2014)。关于宏观经济变量密度预测的文献越来越多(Diebold et al.,1999;Hall and Mitchell,2009;Timmermann,2000b),但是油价密度预测的研究还很少(Høg and Tsiaras,2011;Ielpo and Sévi,2013)。实证结果显示,预测密度非常困难,没有一种组合方法可以在所有的预测水平上都显著地优于无变化预测模型。令人欣慰的是,TW 与 TVP 模型的组合在超过 3 个月的预测水平上产生的密度预测显著优于无变化模型。另外,本章的结果一致表明,在密度预测的框架下,FC-TVP 比 FC-CC 表现更好。

基于密度预测,本章预测了石油生产商或消费者关注的实际油价风险。使用 Kilian 和 Manganelli(2007,2008)提出的油价风险测度方法,分析了油价风险的演变。结果表明,2008 年发生的金融危机给油价带来了高下行风险。然而,值得注意的是,尽管 Aiolfi 和 Timmermann(2004)提出的组合(简称 AT 组合)在预测真实油价方面比无变化模型表现得更好,但根据过去的数据似乎仍然无法预测 2008 年的油价崩溃。这与 Alquist 等(2013)的发现一致。

本章还基于投资者视角对油价预测进行了扩展分析。与现货市场相比,期货交易成本低、流动性强,投资者更偏好在期货市场进行交易。因此,投资者可能更关注期货市场而非现货市场。此外,与政策制定者不同,投资者关心的是投资石油期货的收益,而不是现货价格本身的变化。在基于投资者视角的研究中,本章继续从密度预测的角度进行研究。此外,除了常用的宏观经济变量和单一预测模型,我们还考虑了技术指标和组合方法,并从统计意义和经济意义两个角度对预测结果进行评价。

本章的结构安排如下:第一节介绍预测回归与预测组合,研究方法包括 CC 模型和 TVP 模型以及组合方法;第二节描述油价与预测变量数据;第三节展示不同模型的预测表现,主要包括单变量模型和组合方法的预测表现;第四节从投资者的视角开展拓展分析;第五节总结本章内容。

第一节 预测回归与预测组合

一、预测回归

本章考虑 CC 模型和 TVP 模型对实际油价变化的回归。预测水平为 h 时,CC 模型的具体形式如下:

$$r_{t+h} = x_t\theta + \varepsilon_{t+h} \tag{5-1}$$

式中，$\varepsilon_{t+h} \sim \text{iid } N(0,H)$，即 ε_{t+h} 独立同分布；θ 为待估参数；$r_{t+h} = y_{t+h} - y_t$ 为预测水平为 h 时的实际油价变化量，y_{t+h} 为实际油价；$x_t = [1, z_t]$ 为用于预测 y_{t+h} 的解释变量向量，包括截距项和一个解释变量。

本章使用的 TVP 回归假设参数遵循随机游走过程：

$$r_{t+h} = x_t\theta_{t+h} + \varepsilon_{t+h}, \quad \theta_t = \theta_{t-1} + \eta_t \tag{5-2}$$

式中，$\eta_t \sim \text{iid } N(0,Q)$。

二、预测组合

在每一个预测回归中，只包含一个基本变量。这是为了避免过多的无关解释变量引起的过度拟合问题。但是，由于油价基本面随时间而变，所以各解释变量的预测能力相当不稳定。预测模型中遗漏变量导致的模型错误设定也会影响预测效果。为了解决模型不确定性问题，本章使用预测组合来加权各模型的预测结果，从而尽可能结合不同变量所提供的预测信息。由组合方法得到的预测如下：

$$\hat{r}_{t,\text{comb}} = \sum_{i=1}^{N} w_{i,t} \hat{r}_{i,t} \tag{5-3}$$

式中，$\hat{r}_{i,t}$ 为模型 i 对油价变化的预测；N 为模型数量；$w_{i,t}$ 为权重系数。

本章考虑了 8 种基于不同加权方案的预测组合。第一个是等权重平均组合（equal-weighted mean combination，EWMC），它使用单一模型预测的加权平均值（即 $w_{i,t} = 1/N$）。尽管 EWMC 的加权形式较为简单，但最近的实证研究表明，很难找到一个复杂的组合可以超越 EWMC（Claeskens et al., 2016; Stock and Watson, 2004）。第二个是截尾均值组合（trimmed mean combination，TMC），在剔除过去表现最差的模型（即 $t-1$ 时刻的最高 MSPE）后，使用各模型预测的等权平均值。

第三种和第四种方法建立在 Stock 和 Watson（2004）提出的折现 MSPE（discounted MSPE，DMSPE）的基础上，每个模型的权重由式（5-4）给出：

$$w_{i,t} = \phi_{i,t-1}^{-1} / \sum_{j=1}^{N} \phi_{j,t-1}^{-1} \tag{5-4}$$

式中，N 为模型数量；$\phi_{i,t} = \sum_{j=1}^{t} \delta^{t-j}(r_t - \hat{r}_{i,t})^2$。当 $\delta = 1$ 时，该方法与 BK 提出的逆

MSPE（inverse MSPE，IMSPE）等价。除 IMSPE 外，我们还使用了折现因子 $\delta = 0.9$ 的 DMSPE 方法。

第五种方法建立在实际油价和预测油价之间的回归模型上。与 Granger 和 Ramanathan（1984）的研究一致，本章考虑以下有约束的回归：

$$r_t = \boldsymbol{w}_t^T \hat{\boldsymbol{r}}_t + \varepsilon_t, \quad \text{s.t.} \ \boldsymbol{w}_t^T \boldsymbol{1} = 1 \tag{5-5}$$

式中，r_t 为实际的油价变化；$\hat{\boldsymbol{r}}_t$ 为不同方法预测的油价变化所构成的列向量；$\boldsymbol{w}_t^T$ 为权重系数构成的行向量，$\boldsymbol{w}_t^T \boldsymbol{1} = 1$ 为约束条件，$\boldsymbol{1}$ 是维数合适且元素全为 1 的列向量，简而言之，约束条件要求权重系数之和为 1。这个回归省略了截距项，可以通过约束最小二乘（constrained least squares，CLS）估计。

第六种组合的动机来自 Yang（2004）的研究，他证明了线性预测组合可能会比单一最佳预测模型的表现差很多，因为组合权重的估计存在很大的变化。为此，本章采用 Yang（2004）提出的非线性组合策略：

$$w_{i,t} = \frac{\pi_i \exp\left(-\lambda \sum_{k=1}^{t-1}(r_k - \hat{r}_{i,k})^2\right)}{\sum_{j=1}^{N} \pi_j \exp\left(-\lambda \sum_{k=1}^{t-1}(r_k - \hat{r}_{j,k})^2\right)} \tag{5-6}$$

为了简单起见，设定加权参数 $\pi = \lambda = 1$。

最后两种方法是非参数组合法，它们的形式为 $w_{i,t} = f(R_{i,t-1})$，其中 $R_{i,t-1}$ 是模型 i 截至 $t-1$ 时期预测表现的排名。Timmermann（2006）提出了 TW 组合，使组合权重与模型的秩成反比：

$$w_{i,t} = R_{i,t-1}^{-1} \bigg/ \sum_{i=1}^{N} R_{i,t-1}^{-1} \tag{5-7}$$

TW 组合忽略了预测误差之间的相关性，但这种基于排序的方法对离群值不太敏感。

另一种非参数方法 AT，以 Aiolfi 和 Timmermann 的首字母命名，其权重为

$$w_{i,t} = \begin{cases} \dfrac{1+\overline{w}}{\alpha N}, & R_{i,t-1} \leq \alpha N \\ 0, & \alpha N < R_{i,t-1} < (1-\alpha)N \\ \dfrac{-\overline{w}}{\alpha N}, & R_{i,t-1} \geq (1-\alpha)N \end{cases} \tag{5-8}$$

根据截至 t–1 时期的表现，一些模型成为权重达到 $\frac{1+\overline{w}}{\alpha N}$ 的顶部模型，α 是这些顶部模型所占的比例，$\overline{w}$ 为预设参数。类似地，α 比例的一些模型被赋予 $\frac{-\overline{w}}{\alpha N}$ 的权重。α 值越高，意味着越多的顶部和底部模型被组合使用。在本章中，设定 $\alpha=0.5$ 来考虑所有的模型。

总之，本章基于 CC 模型和 TVP 模型，总共使用了 8 个预测组合模型预测实际油价。

第二节　油价与预测变量数据

一、因变量

由于本章的目的是预测油价，所以油价自然被当作因变量。我们考虑了文献中广泛采用的两个油价代理指标，即 RAC 和 WTI 油价。RAC 在许多宏观经济研究中被使用，因为它是全球石油市场中油价波动一个很好的代理（Kilian，2009）。WTI 油价被广泛用作其他国家的石油定价基准，它是 NYMEX 交易的石油期货合约的基础资产。1986 年 1 月至 2015 年 12 月期间的月度油价数据来自 EIA。我们使用 CPI 对名义价格进行处理以求得实际价格。

二、解释变量

本章使用以下 8 个变量来预测实际油价。

石油期货价格（WTI futures prices，WF）：价格发现理论认为期货价格反映了人们对（未来）现货价格的预期（Working，1948），我们使用在 NYMEX 交易的 WTI 期货合约 1 的价格。与实际现货价格类似，用 CPI 对名义期货价格进行处理，以获得实际期货价格。

全球石油产量的变化（changes in global oil production，CGOP）：石油供给无疑是油价的主要基本面之一，本章把全球石油产量作为石油供给的代理。考虑到时间序列的平稳性，我们使用的是全球石油产量的百分比变化序列。

实际全球经济活动（real global economic activity，Rea）：全球经济活动推动石油需求，因此对油价有重要影响。Rea 被认为是导致 2003～2008 年年中世界石油价格持续上涨的主要因素（Kilian，2009）。在本章中，采用 Kilian（2009）构建的 Rea 指数来反映全球工业商品需求的变化。

石油库存的变化（changes in oil inventory，COI）：石油库存水平的增加通常被认为是投机信号。一些研究使用石油库存数据来研究石油市场中投机行为的作用（Kilian and Lee, 2014; Kilian and Murphy, 2014）。在最近的一些研究中，石油库存也被用来预测油价（Baumeister and Kilian, 2012）。本章使用包括战略储备在内的美国石油总库存。考虑到数据的平稳性，我们使用美国石油总库存的变化序列。

石油进口的百分比变化（percent changes of oil import, PCOI）：由于缺乏其他国家的石油贸易数据，特别是新兴经济体的数据，本章选择美国的石油进口数据。

石油消费的百分比变化（percent changes of petroleum consumption, PPC）：由于数据的可得性，我们收集了美国的石油产品消费数据，并计算石油消费的百分比变化。PCOI 和 PPC 都可以反映石油需求。

非能源商品指数（non-energy commodity index, NECI）：这个指数可以反映商品市场的一些常见因素，如金融化和指数投资，这些因素对油价也有重要影响。本章使用从世界银行获得的每月 NECI 数据。

实际利率（real interest rate, RIR）：根据标准储蓄理论，实际利率决定了石油的储存成本。本章使用 3 个月国库券利率作为短期名义利率。实际利率为名义利率和通货膨胀率（即 CPI 的百分比变化）之间的差额。

三、实时数据和即时预测

就油价预测数据而言，有些数据实时可用，如 WTI 石油现货和期货价格、波罗的海干散货指数（Baltic dry index, BDI）和 NECI，而有些则不是。例如，每月的石油产量数据往往在一个月或几个月后才可获取。因此，为了进行实时预测，我们必须生成那些不能实时获得的数据。生成的数据被称为即时预测。我们使用 Baumeister 和 Kilian（2012）的方法，对 RAC、石油产量、石油库存以及美国石油进口和石油消费进行预测。这些预测随后被新发布的数值所取代，这些数值可能会被进一步修正。这意味着，过去的数据被不断修正。我们把某个特定日期的数据集称为"特定年份（Vintage）"，并把"特定年份"数据的集合称为"实时"数据集。我们的实时数据集包含了 1991 年 11 月至 2016 年 6 月的"特定年份"，每一个都涵盖了能够往前追溯到 1986 年 1 月的数据，即每个数据集都从 1986 年 1 月开始。所有的实时数据都收集自 EIA 的电子版《每月能源评论》。

根据 1988 年 1 月至 2014 年 12 月的样本数据，本章预测了 1992 年 1 月至 2015 年 12 月期间的实际油价。最后 6 个月的油价未被考虑在内，因为它们仍有可能受到进一步的修正。图 5-1 展示了在我们的样本期间两个事后油价指标（对数价格）的变化情况。显然，实际 RAC 和 WTI 实际油价表现出非常接近的动态变化。

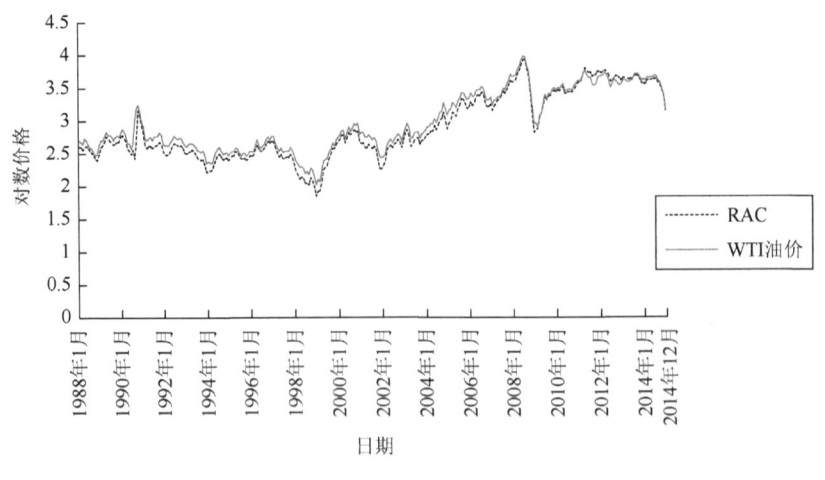

图 5-1　实际石油价格

第三节　不同模型的预测表现

一、单一模型的预测表现

本章考虑从 1992 年 1 月开始，在 1～24 个月的预测水平上进行递归预测。利用不同策略的 MSPE 来评估其预测精度。无变化预测被认为是一个严格的基准，因为当前价格通常是对实际油价的最佳预测（Baumeister and Kilian，2012）。我们计算给定模型 MSPE 与基准模型 MSPE 之比，当比率小于 1 时表明给定模型比无变化基准模型产生了更准确的预测。本章没有检验基准模型与给定模型预测准确性的高低，原因是现有研究中的测试都不适合本章情形（Diebold and Mariano，1995；Clark and West，2007）。问题是基础的时间序列不稳定，因为实时数据已经被不同程度地修正（Baumeister and Kilian，2012；Clements and Galvão，2010；Croushore，2011）。Clark 和 McCracken（2009b）（以下简称 CM）提出了一个针对实时数据的交叉检验，它可以应用于非嵌套和嵌套回归模型的直接、多步骤预测。然而，由于一些原因，他们的检验方法不能应用于我们的研究。例如，CM 方法的一个关键假设是预测模型的参数由 OLS 估计法求得，但我们的 TVP 模型使用了最大似然估计（maximum likelihood estimation，MLE）。此外，我们分析了组合方法的预测性能，而 CM 方法仅限于评估单一预测模型。

表 5-1 展示了由 MSPE 比率评价的单个模型预测实际 RAC 的表现。结果表明，各模型的预测性能在不同预测水平下存在较大差异。例如，在 1 个月的预测水平上，CC 模型和 TVP 模型对实际 WF 和 NECI 的预测表现均优于无变化预测模型，表现为 MSPE 比率小于 1。Alquist 和 Kilian（2010）认为作为石油现货价格的预

测因子，WF 往往不如无变化预测模型准确。我们的发现与他们的观点并不一致，合理的解释是 Alquist 和 Kilian（2010）关注的是名义油价，而我们考虑的是实际油价，即经 CPI 处理后的名义油价。在超过 6 个月的预测水平上，WF 和 NECI 的表现都比无变化预测模型差。RIR 仅在 12 个月和 18 个月的预测水平上优于无变化预测模型，而在其他预测水平上弱于后者。

表 5-1 由 MSPE 比率评价的单个模型预测实际 RAC 的表现

变量	$h=1$ CC	$h=1$ TVP	$h=3$ CC	$h=3$ TVP	$h=6$ CC	$h=6$ TVP	$h=12$ CC	$h=12$ TVP	$h=18$ CC	$h=18$ TVP	$h=24$ CC	$h=24$ TVP
WF	**0.879**	**0.937**	**0.977**	1.077	1.032	1.145	1.016	1.042	1.006	1.039	1.017	1.062
CGOP	1.006	1.010	1.012	1.020	1.019	1.027	1.005	1.027	1.011	1.051	1.021	1.078
COI	1.007	1.011	1.005	1.018	1.004	1.019	1.008	1.036	**0.990**	1.016	**0.995**	1.014
Rea	1.023	**0.995**	1.022	1.554	1.032	1.070	1.018	1.046	1.020	1.035	1.031	1.115
RIR	1.013	1.012	1.016	1.142	**0.994**	1.150	**0.990**	**0.927**	**0.998**	**0.910**	1.016	1.013
NECI	**0.923**	**0.915**	**0.936**	1.118	**0.994**	1.117	1.014	1.205	1.012	1.092	1.014	1.024
PPC	1.047	1.060	1.038	1.035	1.025	1.037	1.004	1.013	1.015	1.024	1.016	1.025
PCOI	1.004	1.008	1.016	1.023	1.023	1.073	1.012	1.032	1.011	1.054	1.023	1.055

注：该表给出了单个预测模型相对于无变化预测模型的 MSPE 比率。当 MSPE 比率值大于 1 时，表明该模型预测的 MSPE 值大于无变化预测的 MSPE 值。加粗的数字表示对基准模型的预测能力的提高。

比较 CC 模型和 TVP 模型可以发现，二者的相对性能取决于预测水平和预测变量。例如，基于 Rea 的 TVP 模型在 1 个月的预测水平上优于基准模型，而基于相同变量的 CC 模型表现较差。在 3 个月的预测水平上，基于 WF 和 NCEI 的 CC 模型得到的 MSPE 比率分别为 0.977 和 0.936，但 TVP 模型无法成功预测油价，相应的 MSPE 比率均高于 1。

表 5-2 给出了对 WTI 实际油价的预测结果。我们发现了相似的结果，即预测表现随预测水平而变化。单一变量无法在所有考虑的预测水平上优于无变化的预测模型。TVP 模型并不一定比相应的 CC 模型表现更好，尽管它考虑了预测关系随时间的变化。

表 5-2 基于 MSPE 比率评价单个模型对 WTI 实际油价的预测表现

变量	$h=1$ CC	$h=1$ TVP	$h=3$ CC	$h=3$ TVP	$h=6$ CC	$h=6$ TVP	$h=12$ CC	$h=12$ TVP	$h=18$ CC	$h=18$ TVP	$h=24$ CC	$h=24$ TVP
WF	**0.946**	**0.991**	**0.991**	1.060	1.036	1.151	1.014	1.038	1.007	1.040	1.019	1.064
CGOP	1.006	1.009	1.011	1.020	1.022	1.029	1.007	1.034	1.016	1.064	1.028	1.089

续表

变量	h = 1		h = 3		h = 6		h = 12		h = 18		h = 24	
	CC	TVP	CC	TVP	CC	TVP	CC	TVP	CC	TVP	CC	TVP
COI	1.007	1.010	1.009	1.023	1.008	1.022	1.011	1.041	**0.996**	1.021	1.003	1.020
Rea	1.019	1.009	1.014	1.611	1.030	1.093	1.017	1.047	1.022	1.039	1.033	1.093
RIR	1.017	1.021	1.023	1.149	1.000	1.194	**0.990**	1.018	**0.999**	**0.868**	1.020	**0.962**
NECI	**0.963**	**0.952**	**0.961**	1.096	**0.996**	1.122	1.016	1.201	1.018	1.108	1.022	1.051
PPC	1.066	1.090	1.055	1.049	1.024	1.046	1.004	1.012	1.017	1.027	1.020	1.030
PCOI	1.007	1.009	1.017	1.023	1.025	1.082	1.012	1.034	1.017	1.079	1.030	1.072

注：本表给出了单个预测模型相对于无变化预测模型的 MSPE 比率。当 MSPE 比率值大于 1 时，表明该模型预测的 MSPE 值大于无变化预测的 MSPE 值。加粗的数字表示对基准模型的预测能力的提高。

二、预测组合表现

前面的实证结果表明，预测 RAC 和 WTI 实际油价时，无法找到能够在所有的预测水平上均显著优于无变化预测模型的方法。这一结果与现有文献的主流观点一致。本节决定使用上述模型的组合重新进行尝试。表 5-3 给出了由 MSPE 比率评价的 8 种组合方法对实际 RAC 的预测表现。我们可以发现，除了 CLS 方法在 3 个月预测水平上的特殊情况外，所有 FC-TVP 的 MSPE 比率都小于 1。基于 TVP 模型的组合方法所揭示的实际油价可预测性对预测水平的变化具有稳健性。与此形成鲜明对比的是， FC-CC 表现相对较差。无论使用哪种组合策略，在几乎所有的预测水平上，FC-TVP 的 MSPE 比率都小于 FC-CC 的 MSPE 比率。基于 CC 模型，我们发现只有两种组合策略（TW 和 AT）在所有的预测水平上能稳定地揭示实际油价可预测性。因此，我们的证据表明，FC-TVP 优于基准模型，并且总是能够比 FC-CC 产生更准确的油价预测。

表 5-3　基于 MSPE 比率评价组合方法对实际 RAC 的预测表现

组合方法	h = 1		h = 3		h = 6		h = 12		h = 18		h = 24	
	CC	TVP	CC	TVP	CC	TVP	CC	TVP	CC	TVP	CC	TVP
EWMC	**0.956**	**0.939**	**0.987**	**0.961**	1.001	**0.975**	**0.999**	**0.939**	1.000	**0.962**	1.007	**0.978**
TMC	**0.959**	**0.945**	**0.990**	**0.956**	**0.997**	**0.976**	**0.993**	**0.931**	**0.996**	**0.953**	1.003	**0.969**
IMSPE	**0.953**	**0.938**	**0.987**	**0.959**	1.000	**0.973**	**0.999**	**0.922**	1.000	**0.958**	1.007	**0.973**
DMSPE	**0.950**	**0.934**	**0.986**	**0.956**	1.000	**0.972**	**0.997**	**0.903**	**0.999**	**0.943**	1.007	**0.963**
CLS	**0.963**	**0.939**	1.159	1.417	1.022	**0.966**	1.010	**0.888**	1.022	**0.901**	1.025	**0.969**

续表

组合方法	h=1 CC	h=1 TVP	h=3 CC	h=3 TVP	h=6 CC	h=6 TVP	h=12 CC	h=12 TVP	h=18 CC	h=18 TVP	h=24 CC	h=24 TVP
YWC	**0.953**	**0.938**	**0.983**	**0.959**	1.000	**0.983**	**0.999**	**0.941**	1.000	**0.907**	1.006	**0.975**
TW	**0.935**	**0.915**	**0.980**	**0.952**	**0.977**	**0.937**	**0.982**	**0.829**	**0.984**	**0.881**	**0.999**	**0.909**
AT	**0.939**	**0.922**	**0.986**	**0.959**	**0.976**	**0.943**	**0.981**	**0.859**	**0.985**	**0.896**	**0.996**	**0.931**

注：本表给出了预测组合相对于无变化预测模型的 MSPE 比率。当 MSPE 比率值大于 1 时，表明该模型预测的 MSPE 值大于无变化预测的 MSPE 值。加粗的数字表示对基准模型的预测能力的提高。

在 FC-TVP 策略中，我们发现 TW 比其竞争模型表现更好。在 1 个月的预测水平上，TW 策略的 MSPE 相对无变化预测模型降低 8.5%。这个 MSPE 降低的百分比接近 BK（7.8%）、Baumeister 等（2014）（8.8%）的报告值[①]。对于更长的预测水平，我们对预测精度的改进优于 BK 和 BKL。例如，在 6 个月预测水平上，MSPE 降低了 6.3%，而 BK 和 BKL 报告的数值分别为 4.3%和 4.0%。最大的预测改进是在 12 个月预测水平上，MSPE 降低的百分比高达 17.1%，高于这两篇文献中的 10.6%和 8.8%。

表 5-4 给出了对 WTI 实际油价的预测表现。总的来说，预测结果与实际 RAC 预测结果相似。我们基于 FC-TVP 发现了油价可预测性的证据。FC-TVP 的预测性能比 FC-CC 更优异且更稳健。以 MSPE 的降低衡量的预测增益高达 17.4%，高于 BK（9.4%）和 BKL 的（11.6%）论文中的结果。

表 5-4　基于 MSPE 比率评价组合方法对 WTI 实际油价的预测表现

组合方法	h=1 CC	h=1 TVP	h=3 CC	h=3 TVP	h=6 CC	h=6 TVP	h=12 CC	h=12 TVP	h=18 CC	h=18 TVP	h=24 CC	h=24 TVP
EWMC	**0.984**	**0.968**	**0.994**	**0.945**	1.003	**0.981**	**0.999**	**0.934**	1.004	**0.960**	1.012	**0.973**
TMC	**0.983**	**0.968**	**0.995**	**0.947**	**0.999**	**0.982**	**0.993**	**0.928**	**0.998**	**0.950**	1.006	**0.956**
IMSPE	**0.983**	**0.968**	**0.994**	**0.944**	**0.997**	**0.979**	**0.999**	**0.923**	1.003	**0.951**	1.012	**0.961**
DMSPE	**0.982**	**0.968**	**0.994**	**0.941**	**0.997**	**0.979**	**0.997**	**0.900**	1.002	**0.931**	1.011	**0.943**
CLS	1.032	**0.994**	1.122	1.385	1.033	**0.994**	1.014	**0.879**	1.033	**0.883**	1.027	**0.934**
YWC	**0.983**	**0.968**	**0.992**	**0.944**	1.002	**0.985**	**0.999**	**0.987**	1.003	**0.856**	1.011	**0.957**
TW	**0.976**	**0.961**	**0.992**	**0.955**	**0.984**	**0.958**	**0.980**	**0.826**	**0.987**	**0.869**	1.002	**0.887**
AT	**0.978**	**0.982**	**0.996**	**0.978**	**0.986**	**0.953**	**0.981**	**0.852**	**0.988**	**0.886**	**0.996**	**0.898**

注：本表给出了预测组合相对于无变化预测模型的 MSPE 比率。当 MSPE 比率值大于 1 时，表明该模型预测的 MSPE 值大于无变化预测的 MSPE 值。加粗的数字表示对基准模型的预测能力的提高。

---

① 参见 BKL 文献表 1 的第 2 列和 BK 文献的 2~3 列。

考虑到 MSPE 对异常值的敏感性，我们也检验了预测方向的准确性。一般而言，模型预测真实油价变化方向的成功概率应该是 0.5，即抛硬币的概率。因此，如果一个策略的成功率高于 0.5，我们可以得出它优于无变化预测的结论。我们使用 Pesaran 和 Timmermann（2009）的方法对无方向准确性的零假设进行了统计检验。

表 5-5 和表 5-6 分别给出了基于成功率标准的实际 RAC 和 WTI 实际油价的预测表现的评估结果。我们发现，几乎所有 FC-TVP 模型的成功率在每个预测水平上都显著高于 0.5，而 FC-CC 模型预测的方向准确性严重依赖于预测水平。值得注意的是，没有一个组合策略在所有预测水平上都优于其他策略。当预测实际 RAC 时，最大的成功率是 0.612，产生于基于排列的 TW 策略。在预测 WTI 实际油价时，这个数值达到了 0.645。我们发现的成功率结果与 BK 的数值接近，他们在预测实际 RAC 和 WTI 实际油价时，最大的成功率分别为 0.645 和 0.612。

表 5-5　基于成功率评价组合方法对实际 RAC 的预测表现

组合方法	$h=1$ CC	$h=1$ TVP	$h=3$ CC	$h=3$ TVP	$h=6$ CC	$h=6$ TVP	$h=12$ CC	$h=12$ TVP	$h=18$ CC	$h=18$ TVP	$h=24$ CC	$h=24$ TVP
EWMC	0.559**	0.585***	0.552**	0.575**	0.569***	0.565**	0.542*	0.548*	0.505	0.535	0.535	0.545*
TMC	0.555**	0.572***	0.555**	0.572**	0.559**	0.575***	0.538*	0.555**	0.518	0.555**	0.548**	0.562**
IMSPE	0.565**	0.569**	0.548**	0.592***	0.572***	0.579***	0.535	0.545*	0.508	0.545**	0.532	0.545*
DMSPE	0.552**	0.565**	0.542**	0.579***	0.555**	0.575***	0.532	0.559**	0.512	0.545*	0.542*	0.548*
CLS	0.582***	0.579**	0.535	0.535	0.495	0.512	0.535	0.595***	0.528	0.589***	0.528	0.575***
YWC	0.565**	0.565**	0.548**	0.579***	0.552**	0.582***	0.535	0.582***	0.515	0.569**	0.525	0.535
TW	0.532	0.555**	0.508	0.562**	0.572**	0.612***	0.542*	0.589***	0.535	0.552**	0.552**	0.585***
AT	0.528	0.532	0.518	0.562**	0.562**	0.599***	0.548**	0.602***	0.528	0.565**	0.548**	0.575***

注：本表给出了相应组合方法能够成功预测油价变化方向的概率。当组合方法的成功率大于 0.5 时，表明其优于无变化预测。加粗的数字表示相应组合方法的预测能力高于基准模型。

*、**、***分别表示 10%、5%和 1%水平的显著性。

表 5-6　基于成功率评价组合方法对 WTI 实际油价的预测表现

组合方法	$h=1$ CC	$h=1$ TVP	$h=3$ CC	$h=3$ TVP	$h=6$ CC	$h=6$ TVP	$h=12$ CC	$h=12$ TVP	$h=18$ CC	$h=18$ TVP	$h=24$ CC	$h=24$ TVP
EWMC	0.505	0.538*	0.538*	0.572***	0.545*	0.612***	0.555**	0.592***	0.562**	0.592***	0.555**	0.585***
TMC	0.505	0.522	0.562**	0.548**	0.562**	0.605***	0.579***	0.605***	0.562**	0.595***	0.562**	0.602***
IMSPE	0.505	0.542*	0.532	0.575***	0.552**	0.602***	0.552**	0.585***	0.565**	0.609***	0.555**	0.582***
DMSPE	0.502	0.535	0.535	0.569***	0.542*	0.605***	0.559**	0.595***	0.569**	0.619***	0.555**	0.589***
CLS	0.495	0.525	0.572***	0.559**	0.482	0.552**	0.538*	0.615***	0.542*	0.625***	0.538*	0.589***

续表

组合方法	h=1 CC	h=1 TVP	h=3 CC	h=3 TVP	h=6 CC	h=6 TVP	h=12 CC	h=12 TVP	h=18 CC	h=18 TVP	h=24 CC	h=24 TVP
YWC	0.505	0.538*	0.538*	0.565**	0.545*	0.589***	0.552**	0.585***	0.559**	0.605***	0.552**	0.585***
TW	0.535	0.522	0.508	0.548**	0.569***	0.609***	0.582***	0.645***	0.565**	0.622***	0.565**	0.619***
AT	0.528	0.512	0.528	0.538*	0.585***	0.582***	0.599***	0.635***	0.575***	0.642***	0.562**	0.609***

注：本表给出了相应组合方法能够成功预测油价变化方向的概率。当组合方法的成功率大于 0.5 时，表明其优于无变化预测。加粗的数字表示相应组合方法的预测能力高于基准模型。

*、**、***分别表示 10%、5%和 1%水平的显著性。

三、可预测性随时间的变化

油价预测中的一个重要问题是，预测提升是否受到一个或两个特定异常时期的影响。为了解决这个问题，我们绘制了自 1997 年 1 月以来的评估期的每个预测水平上递归的 MSPE 比率。图 5-2 展示了实际 RAC 预测的等权平均组合和两个基

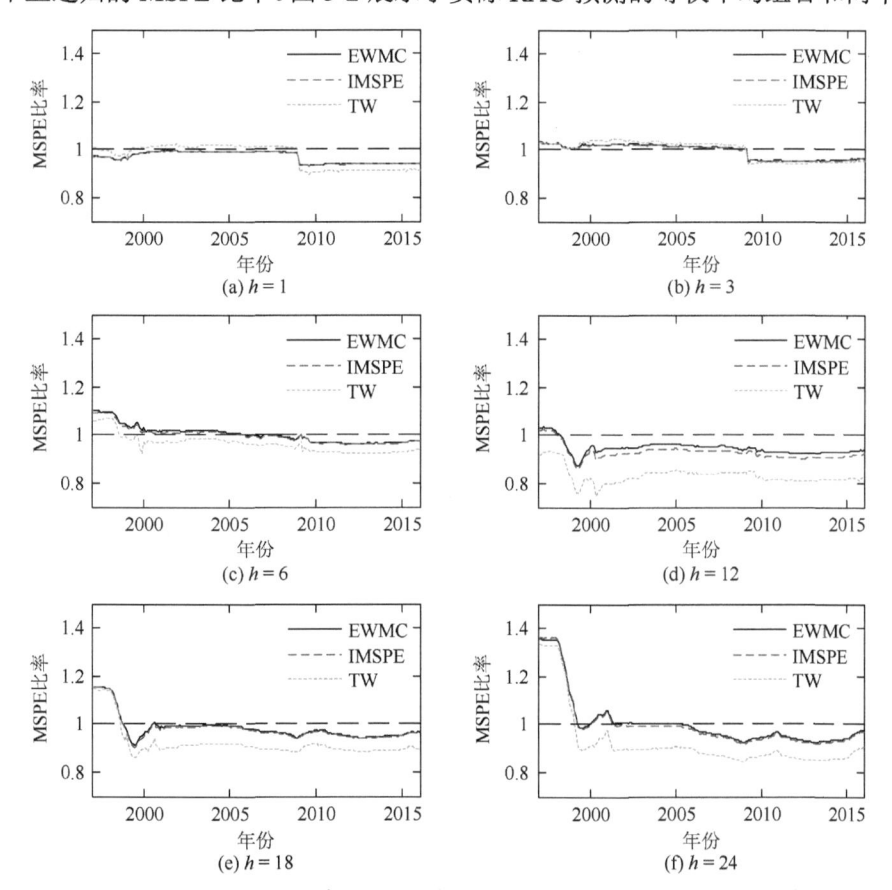

图 5-2 1997 年 1 月以来 FC-TVP 相对于无变化模型的递归 MSPE 比率

于排列的组合在时变参数模型上递归的 MSPE 比率。由此，我们发现这些策略表现较为良好。对于 1 个月和 3 个月的预测水平，在 2008 年年中之前，这些预测组合的表现与无变化预测模型同样优秀。在金融危机期间，MSPE 比率经历了一个突然的下降，在 2009 年之后仍然稳定地低于 1。在 12 个月的预测水平上，三种组合策略的 MSPE 比率相对稳定，大部分时间都保持在 1 以下的水平。在 6 个月、18 个月和 24 个月的预测水平上，MSPE 比率在 2005 年之后都低于 1。TW 方法的表现相对稳定。EWMC 和 IMSPE 方法的 MSPE 比率高于 TW 方法，但一般都显示出随时间推移而下降的趋势，这表明最近几年的实际油价有更大的可预测性。总的来说，我们发现的证据表明，三种组合方法所揭示的实际油价可预测性稳健，特别是对较长时间的预测水平而言。这进一步验证了表 5-3 中的总体结果。

为了比较 FC-TVP 和 FC-CC 的预测性能随时间的变化，我们还计算了 FC-TVP 的 MSPE 相对于 FC-CC 的 MSPE 的递归比率。直观地说，MSPE 比率低于 1，意味着 TVP 模型的预测组合比 CC 模型的相同预测组合产生了更准确的油价预测。

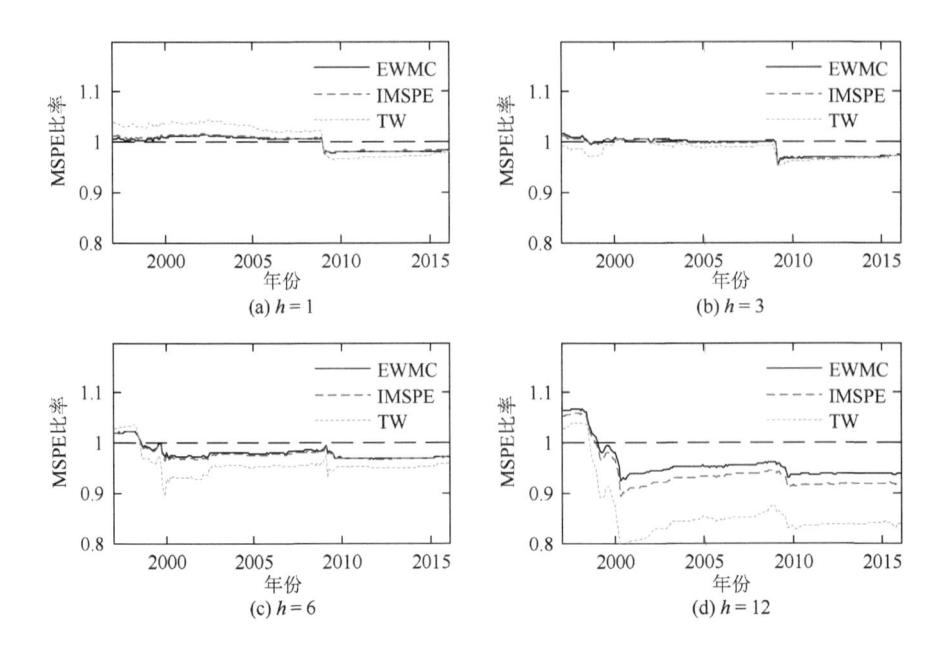

图 5-3 显示了 FC-TVP 相对于 FC-CC 策略的 MSPE 比率的变化。我们发现，在 1 个月的预测水平上，FC-TVP 在 2008 年中期之前的表现比 FC-CC 差，在金融危机之后，情况发生了逆转。在 3 个月的预测水平上，两类模型的预测组合在金融危机前表现同样好，而 FC-TVP 在这段时间后表现更好。对于更长时间的预测水平，FC-TVP 的预测在样本外时期的前 3 年后总是比 FC-CC 的预测更准确，因为 MSPE 比率一直低于 1。总之，我们的结果表明，FC-TVP 策略相对于 FC-CC 策略的优越性具有时间稳健性，特别是对于较长时间的预测水平。

(a) $h = 1$

(b) $h = 3$

(c) $h = 6$

(d) $h = 12$

(e) $h=18$ (f) $h=24$

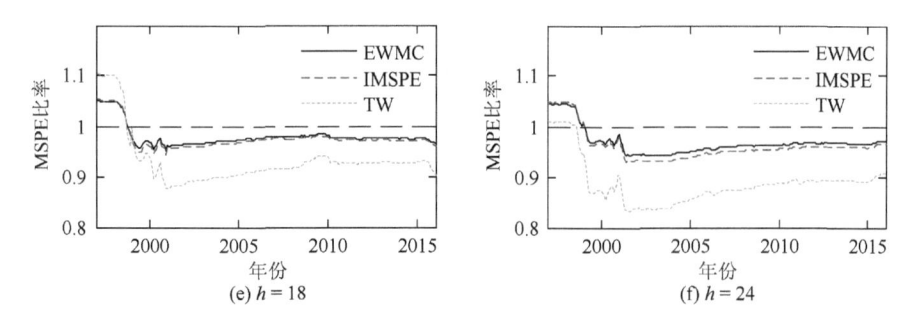

图 5-3   1997 年 1 月以来 FC-TVP 相对于 FC-CC 的递归 MSPE 比率

四、FC-TVP 和 FC-CC 的相对表现：一个简单的分解

我们发现单一 TVP 模型的表现不一定比 CC 模型好，但 FC-TVP 策略的表现却一直优于 FC-CC 策略。为了找到合理的解释，我们将 MSPE 分解为两个部分，即平均预测误差平方和预测误差方差。表 5-7 给出了预测误差的均值和方差，预测误差的定义是油价变化的预测值和真实值之间的差异。我们发现，FC-TVP 和 FC-CC 之间的平均预测误差平方的相对大小在给定的策略和预测水平内会发生变化，但 FC-TVP 的预测误差方差始终低于 FC-CC。此外，方差远远大于均值，说明 FC-TVP 和 FC-CC 的相对性能主要由预测误差方差决定。由于组合方法的预测误差相当于各模型预测误差的加权平均值，其方差与各预测误差的方差及其相关度呈正相关关系。单一 TVP 模型的预测误差方差与 CC 模型接近，但两个 TVP 模型的预测误差之间的相关性却低于具有相同预测因子的 CC 模型的相关性。因此，FC-TVP 优于 FC-CC 的主要原因是单一 TVP 模型的性能差异更大，导致预测误差的相关性更低。

表 5-7   预测误差的均值和方差

组合方法	$h=1$ CC	$h=1$ TVP	$h=3$ CC	$h=3$ TVP	$h=6$ CC	$h=6$ TVP	$h=12$ CC	$h=12$ TVP	$h=18$ CC	$h=18$ TVP	$h=24$ CC	$h=24$ TVP
面板 A：均值											
EWMC	0.000	0.000	0.388	0.082	1.794	2.524	1.173	1.187	0.305	0.705	2.003	2.383
TMC	0.000	0.000	0.412	0.123	1.954	2.254	1.042	0.850	0.330	0.454	1.906	2.205
IMSPE	0.000	0.000	0.385	0.066	1.755	2.401	1.221	1.444	0.313	0.825	2.034	2.436
DMSPE	0.000	0.000	0.382	0.053	1.763	2.462	1.278	1.721	0.324	1.208	2.024	2.694
CLS	0.062	0.003	0.146	0.157	0.272	2.589	1.511	7.120	0.178	6.530	1.623	1.278
YWC	0.000	0.000	0.370	0.064	1.683	2.165	1.210	8.530	0.315	3.824	2.116	1.700
TW	0.002	0.001	0.295	0.024	1.725	2.931	1.390	1.310	0.450	1.251	1.875	2.386
AT	0.000	0.000	0.360	0.169	1.759	2.870	1.096	1.001	0.359	0.685	1.968	1.693

续表

组合方法	h=1 CC	h=1 TVP	h=3 CC	h=3 TVP	h=6 CC	h=6 TVP	h=12 CC	h=12 TVP	h=18 CC	h=18 TVP	h=24 CC	h=24 TVP
面板 B：方差											
EWMC	60.29	59.19	312.5	304.4	683.7	664.7	1 139	1 070	1 483	1 425	1 619	1 572
TMC	60.48	59.58	313.5	302.9	680.2	665.5	1 132	1 062	1 476	1 413	1 612	1 557
IMSPE	60.12	59.14	312.4	304.0	683.0	663.6	1 139	1 051	1 482	1 420	1 619	1 563
DMSPE	59.90	58.91	312.2	302.8	682.6	662.9	1 137	1 028	1 481	1 397	1 618	1 547
CLS	60.65	59.22	367.4	449.0	699.1	658.6	1 151	1 006	1 515	1 329	1 648	1 558
YWC	60.11	59.14	311.2	303.9	682.7	671.0	1 139	1 065	1 482	1 341	1 617	1 567
TW	58.92	57.68	310.2	301.7	666.9	638.6	1 119	945	1 458	1 305	1 605	1 460
AT	59.21	58.13	312.1	303.7	666.3	642.3	1 118	979	1 459	1 328	1 601	1 497

注：本表给出了预测误差的均值和方差，该误差定义为油价变化的预测值和真实值之间的差异，表中将这个差异乘以 100 以方便显示。

五、密度预测

前面的研究已经评价了实际油价点预测的准确性，本节重点讨论密度预测。实际上，经济模型提供了很多关于经济变量均值趋势的信息。特别地，它们提供了关于某些事件发生可能性的信息。中央银行最近开始使用密度预测来传达宏观经济政策结果的不确定性。此外，Gneiting（2011）讨论了计算取决于损失函数的点预测是多么困难，而计算密度预测则是多么自然。

我们使用不同的均值组合预测和主流的 GARCH（1，1）模型的相同波动率预测来构建密度预测。这样一来，密度预测的相对性能就由均值预测的准确性来唯一决定。我们使用基于著名的 Kullback-Leibler 信息准则（Kullback-Leibler information criterion，KLIC）的措施来评估密度预测的准确性。它衡量真实密度和预测密度之间的差距，可以用以下公式计算：

$$\text{KLIC}_i = E[\ln f(y_t) - \ln f_i(y_t)] \qquad (5\text{-}9)$$

式中，E 为期望算子；f 和 f_i 分别为模型 i 的真实密度和预测密度，其中 $i=1,2,\cdots N$，N 为模型 $[f(y_t)>0, f_i(y_t)>0]$ 的总数；y_t 为实际油价。KLIC 是衡量准确度的合理标准，因为它选择的模型平均而言给实际发生的事件赋予了更高的概率。因此，KLIC 越大，意味着模型 i 密度预测的准确性越低。为了比较不同模型（f_i）密度预测的 KLIC，我们只需要评估式（5-9）中期望的最后一项，即期望对数得分（$\ln S_i$）：

$$E[\ln S_i] = E[\ln f_i(y_t)] \qquad (5\text{-}10)$$

很容易推导出，$E[\ln S_i] > E[\ln S_j]$ 意味着 $KLIC_i < KLIC_j$。在某些条件下，可以从样本 $\ln S$ 的平均值中得到 $E[\ln S_i]$ 的一致估计：

$$\ln S_i = \frac{1}{T}\sum_{t=1}^{T} \ln f_{i,t}(y_t) \tag{5-11}$$

式中，T 为样本外观察的总数。为了从统计上确定两个不同模型的密度预测的准确性是否有显著不同，我们采用了 Mitchell 和 Hall（2005）给出的检验方法。

表 5-8 给出了组合方法的密度预测结果。我们计算了组合方法的密度预测与基准模型的平均样本 $\ln S$ 之间的差异（$\Delta \ln S$）。因此，一个正的 $\Delta \ln S$ 意味着组合方法产生了更准确的密度预测。我们发现，在 1 个月和 3 个月的预测水平上，没有一个组合策略能够在预测油价密度方面显著优于基准模型。在 6 个月、12 个月、18 个月和 24 个月的较长时间预测水平上，我们发现了一致结果，即基于 TVP 模型的 AT 和 TW 组合方法产生的密度预测显著优于无变化模型的基准。这两种组合的 $\Delta \ln S$ 值也高于其竞争模型。此外，我们可以看到每个 FC-TVP 策略都产生了比对应的 FC-CC 更高的 $\Delta \ln S$，表明 FC-TVP 策略产生了更准确的密度预测。

表 5-8 组合方法的密度预测结果

模型	$h=1$ CC	$h=1$ TVP	$h=3$ CC	$h=3$ TVP	$h=6$ CC	$h=6$ TVP	$h=12$ CC	$h=12$ TVP	$h=18$ CC	$h=18$ TVP	$h=24$ CC	$h=24$ TVP
EWMC	0.007*	0.014	0.003	0.027*	0.000	0.012	0.002	0.046***	−0.006	0.024*	−0.019	0.010
TMC	0.008*	0.014	0.003	0.027	0.001	0.013	0.007	0.053***	−0.002	0.033**	−0.015	0.021
IMSPE	0.008*	0.014	0.003	0.027*	0.003	0.013	0.003	0.055***	−0.006	0.031**	−0.019	0.018
DMSPE	0.008*	0.014	0.004	0.029*	0.003	0.013	0.004	0.071***	−0.005	0.045***	−0.019	0.034*
CLS	−0.010	0.005	−0.061	−0.180	−0.022	0.005	−0.012	0.094**	−0.030	0.085**	−0.028	0.053
YWC	0.008*	0.014	0.004	0.028	0.003	0.013	0.003	0.025	−0.006	0.098**	−0.018	0.035
TW	0.011	0.019	0.004	0.024	0.009	0.027*	0.016*	0.124***	0.009	0.092***	−0.015	0.078***
AT	0.010	0.009	0.002	0.014	0.008*	0.029*	0.015*	0.106***	0.006	0.080***	−0.009	0.066***

注：*、**和***分别表示在 10%、5% 和 1% 的显著性水平下拒绝原假设。

六、风险分析

本节分析了实际油价的风险。根据 Alquist 等（2013）的论点，尽管油价波动在讨论油价冲击的影响时起着重要作用，但波动性并不是衡量石油生产者或消费者所面临的风险的合适指标。在实践中，一个石油生产商可能面临两种风险。一种风险是，如果油价低于某个阈值（也许是边际成本），它就会倒闭。另一种风险是，油价超过一个较高的阈值后，会促使人们大规模使用其他技术，从而对石油的长期价格产生不利影响。因此，我们参考 Alquist 等（2013）的做法，使用上升和下降风险：

$$\mathrm{DR}_\alpha \equiv -\int_{-\infty}^{\underline{R}} (\underline{R} - R_{t+h})^\alpha \, \mathrm{d}F(R_{t+h}), \quad \alpha \geqslant 0$$
$$\mathrm{DR}_\beta \equiv -\int_{\overline{R}}^{\infty} (\overline{R} - R_{t+h})^\beta \, \mathrm{d}F(R_{t+h}), \quad \beta \geqslant 0$$

（5-12）

这种风险的定义包含了与金融文献相似的各种风险定义。式中，$\alpha \geqslant 0$ 和 $\beta \geqslant 0$，具体由投资者的风险规避程度决定，$\overline{R}$ 为上阈值，$\underline{R}$ 为下阈值，F 为函数，R_{t+h} 为油价。我们遵循 Alquist 等（2013）的观点，考虑两种特殊情况。第一种情况中，$\alpha = \beta = 0$，这些表达式等同于目标概率 $\mathrm{DR}_0 = -\Pr(R_{t+h} < \underline{R})$ 和 $\mathrm{UR}_0 = \Pr(R_{t+h} > \overline{R})$，$\mathrm{DR}_0$ 为下行风险，UR_0 为上行风险。第二种情况使用 $\alpha = \beta = 1$，则 $\mathrm{DR}_1 = E(R_{t+h} - \underline{R} \mid R_{t+h} < \underline{R}) \Pr(R_{t+h} < \underline{R})$，以及 $\mathrm{UR}_1 = E(R_{t+h} - \overline{R} \mid R_{t+h} > \overline{R}) \cdot \Pr(R_{t+h} > \overline{R})$，它们还原为尾部条件期望。这种风险的衡量标准也被称为预期短缺。

我们在 12 个月的水平上预测实际 RAC 和 WTI 实际油价的风险，因为基于 TVP 模型的 TW 组合比其他策略更准确。为了说明问题，我们使用向上的阈值 $\overline{R} = 80$ 以及向下的阈值 $\underline{R} = 45$。图 5-4 绘制了实际 RAC 一年后超过 80 美元的风险和一年后低于 45 美元的风险。WTI 实际油价的风险绘制在图 5-5 中。我们发现，在 2005 年之前和 2014 年之后，实际油价一年后超过 80 美元的概率很小。上涨风险在 2005~2008 年期间普遍显示出上升的模式，经历了金融危机带来的崩溃

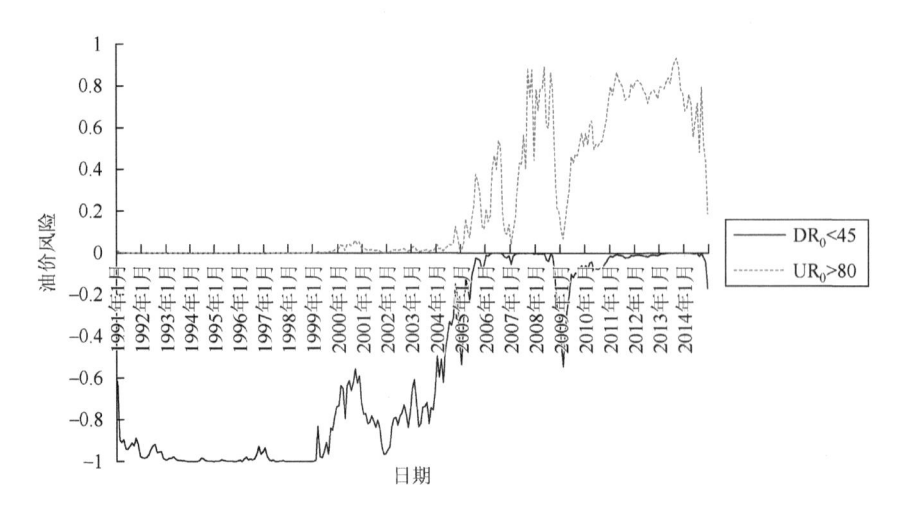

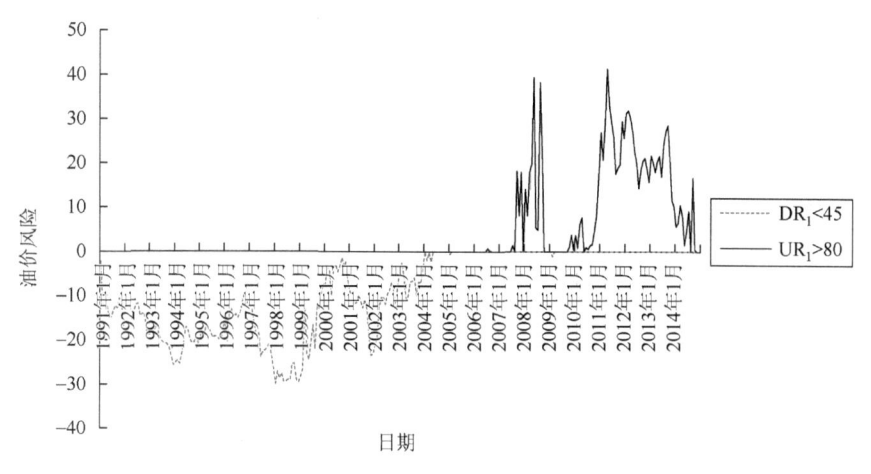

图 5-4　实际 RAC 的上行和下行风险

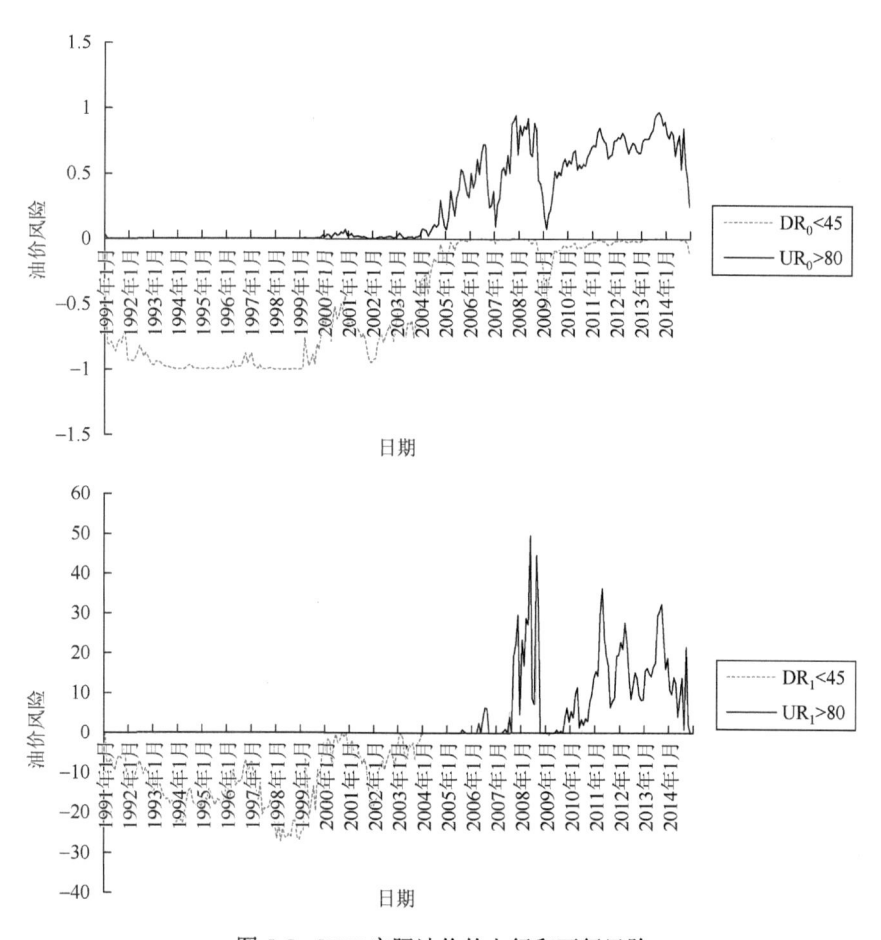

图 5-5　WTI 实际油价的上行和下行风险

后，风险保持在一个较高的水平上。实际油价跌破 45 美元的高概率发生在 1991~2004 年期间和 2008~2009 年中期的金融危机期间。图的下半部分显示了 $\alpha=\beta=1$ 的风险。2007~2008 年期间的上行风险非常高，2011~2013 年的上行风险也与当时相当。高下行风险出现在 2004 年之前。需要注意的是，尽管 AT 组合在真实油价的点和密度预测中比无变化模型表现更好，但 2008 年的油价崩溃似乎仍然无法根据过去的数据来预测，这与 Alquist 等（2013）的发现一致。

第四节 投资者视角的油价预测

一、投资者视角

通过前面的研究，我们发现基于 TVP 模型的预测组合能够提高油价的可预测性。然而，与现货市场相比，期货市场的交易成本低，流动性强，投资者最有可能在期货市场进行交易。直到现在，石油期货合约仍是世界上最活跃的衍生品之一。因此，投资者可能更关注期货而非现货市场。此外，与政策制定者不同，投资者更关心的是投资石油期货的收益，而不是现货价格本身的变化。因此，本节进行了一个拓展实证分析。具体地，我们从投资者的角度来研究油价可预测性，从以下几个方面对相关研究做出贡献。

首先，相关研究关注的是点预测，而我们关注的是密度预测，这是因为均值和波动率的预测对于风险厌恶型的投资者来说同等重要，他们在做投资决策时需要在风险和收益之间进行权衡。一个模型产生准确的均值预测并不意味着它可以很好地预测波动率或密度。据我们所知，只有少数研究关注石油期货收益密度预测（Høg and Tsiaras，2011；Ielpo and Sévi，2013；Wang et al.，2017b）。

其次，以前的研究大都使用宏观经济基本面，如石油生产、需求和库存，金融资产价格，与石油有关的股票价格和汇率作为预测因子。与现有文献不同，我们通过使用基本面和技术指标来进行预测研究。这是因为投资者不仅采用基本面分析，而且通过观察历史价格动态进行技术分析。技术分析在股票交易中的作用已被广泛发现（Grundy and Martin，2001；Hong and Stein，1999；Moskowitz and Grinblatt，1999；Novy-Marx，2012），但其在石油市场中的应用只出现在少数研究中（Moskowitz et al.，2012；Yin and Yang，2016）。

再次，我们使用的是预测组合，而不是单一模型的预测。其动机来自这样一个事实：投资者对模型不确定性感到厌恶，因此在做投资决策时更可能考虑来自不同模型而非单一模型的预测。模型不确定性说明最佳预测模型对预测者来说事先未知。现有的资产定价理论并没有明确说明哪些变量应该被纳入预测模型中。

如果模型中包含了太多潜在预测因子，不相关预测因子将导致样本内的过度拟合问题。在这种情况下，虽然改善了模型的样本内表现，但却降低了样本外预测表现。此外，由于不同基本面对石油市场的相对重要性随时间变化，所以最佳预测模型有可能也随时间变化。相关文献中，由于模型不确定性的影响，单一模型的预测能力随时间的变化而表现得非常不稳定（Stock and Watson, 2004）。单一模型的密度预测组合提供了一个合适的方法来缓解模型不确定性问题。

最后，我们从统计学和经济学角度评估预测表现。在预测油价的文献中，预测的准确性总是基于损失函数进行统计评估，如 MSPE 或 MAPE。然而，投资者也关注预测准确性的经济意义。因此，我们首先使用 $\ln S$ 和概率积分转换值（probability integral transformation value，PIT）这些流行的统计指标来评估密度预测的准确性。为了比较不同模型在经济意义上的预测表现，我们用石油期货和国库券构建了一个投资组合。以均值-方差效用投资者为例，他的每种资产的权重根据石油期货超额收益的密度预测事前确定。我们通过夏普比率和 CER 来评估这个投资组合的表现。

二、研究方法

基准模型的选择对于预测分析而言至关重要，因为一个不合适的基准很可能会导致我们得出虚假可预测性结论。在进行密度预测时，我们需要进行均值和方差预测。我们使用 GARCH 模型来产生所有模型的条件波动率预测。这样一来，密度预测的表现就依赖于均值预测的准确性。在预测石油现货价格（条件均值）的文献中，基准模型通常假定未来价格的最佳预测即为当前价格的无变化预测模型。在本节中，基于三个方面的考虑，我们使用历史平均模型作为石油期货收益预测的基准模型。首先，商品期货中风险溢价的存在（Basu and Miffre, 2013）意味着超额收益的条件均值不是 0。因此，假设均值为 0 的预测模型在理论上不适合评价超额收益预测。其次，如果一个给定的单变量模型的回归结果优于历史平均基准，我们可以认为模型中纳入的预测因子确实提供了石油收益的预测信息（Neely et al., 2014）。最后，我们想把目前的文献与金融资产超额收益的预测联系起来。在关于金融收益预测的文献中，历史均值也经常作为预测基准（Campbell and Thompson, 2008; Rapach et al., 2010）。

我们使用了允许参数和条件波动率随时间变化的预测回归。具体而言，假设我们有 N 个预测回归，它们有不同的解释变量集 $x^{(n)}$。每一组解释变量包括一个常数和一个预测变量。我们把这组模型写成：

$$y_t = x_{t-1}^{(n)} \theta_t^{(n)} + \varepsilon_t^{(n)}, \quad \theta_{t+1}^{(n)} = \theta_t^{(n)} + \eta_t^{(n)} \tag{5-13}$$

式中，$\varepsilon_t^{(n)} \sim N(0, H_t^{(n)})$ 和 $\eta_t^{(n)} \sim N(0, Q_t^{(n)})$。式（5-13）代表了当 $Q^{(n)} > 0$ 时 TVP 模型的一般表达式。TVP 模型已被广泛应用于宏观经济学研究中（Cogley et al.，2005；Cogley and Sargent，2005；Dangl and Halling，2012；Koop and Korobilis，2012；Koop et al.，2009；Koop and Tole，2013；Primiceri，2005）。

显然，参数估计以波动率过程 $H_t^{(n)}$ 为条件。我们使用标准的 GARCH 模型（Bollerslev，1986）建立条件波动率的动态模型。为了简单起见，我们省略上标 (n)，将波动率模型写成如下形式：

$$H_t = \omega + \alpha \varepsilon_t^2 + \beta H_{t-1} \qquad (5-14)$$

参数估计值应该满足 $\omega > 0$、$\alpha > 0$ 以及 $\beta > 0$ 的条件，以确保正的波动率。GARCH 的二阶矩存在的充分条件是 $\alpha + \beta < 1$。我们通过标准的最大似然估计法得到 TVP 模型的参数估计值（Hamilton and Susmel，1994）。

我们分别用式（5-13）和式（5-14）产生收益率均值和波动率的预测。通过这种方式，可以自然地得到正态分布的期货超额收益的密度（或分布）预测。此外，我们使用已实现的收益来评估预测分布的准确性。背后的原理是，更准确的密度预测平均而言会给实际发生的事件赋予更高的概率。

由于模型不确定性的影响，单一模型的预测性能非常不稳定（Avramov，2002；Rapach et al.，2010；Stock and Watson，2004）。预测组合被认为是处理模型不确定性的一个有效方法。最近的研究中出现了密度预测组合（Aastveit et al.，2014；Bache et al.，2011），对于密度预测的每种组合形式，我们考虑最简单的等权重（equal-weighted，EW）策略，虽然这种组合方法很简单，但最近的实证研究表明，很难找到一个优于 EWMC 的复杂组合（Claeskens et al.，2016；Stock and Watson，2004）。

三、数据

在构建期货收益时，我们与相关文献保持一致，假设期货头寸被充分担保，以使其与股票等传统资产的收益相似（De Roon et al.，2000；Gorton et al.，2013；Hong and Yogo，2012）。具体来说，当一个投资者以 100 美元的价格买入一份期货合约时，他应该同时投资 100 美元国库券。其一定时期内的收益是期货价格的变化和 100 美元的利息。因此，商品收益的百分比由式（5-15）给出：

$$r_{t,o} = 100 \times (\ln(F_{t,T}) - \ln(F_{t-1,T}) + r_{f,t}) \qquad (5-15)$$

式中，$F_{t,T}$ 为在第 t 个月持有的石油期货合约的价格，到期月份为 T；$r_{f,t}$ 为无风险国库券利率。从式（5-15）的右边减去无风险利率，我们得到石油期货的超额收益如下：

$$R_{t,o} = 100 \times (\ln(F_t) - \ln(F_{t-1})) \tag{5-16}$$

我们主要对期货合约的超额收益进行预测。

为了构建收益,我们选择了 EIA 中的 WTI 石油期货价格数据。我们选取了三种不同的石油合约的价格,即 NYMEX 定义的合约 2、合约 3 和合约 4。样本数据跨度为 1986 年 1 月到 2015 年 12 月。

我们使用基本面和技术指标来预测石油超额收益。基本面变量可以分为四类。第一类基本面变量反映了石油的供给,我们使用全球石油产量作为供给的代表。考虑到数据的平稳性,我们使用 CGOP;第二类变量是石油需求的信号。这些预测变量包括 Rea、PCOI 和 PPC;第三类预测变量衡量了石油市场的投机行为。我们遵循 Kilian 和 Murphy(2014)的观点,将石油库存作为投机需求的代表。考虑到数据平稳性,我们使用 COI。为了量化石油期货市场的投机活动,我们使用 Working(1960)提出的 SI。这个指数的计算方式如下:

$$SI = \begin{cases} 1 + \dfrac{SS}{HL + HS}, & HS \geqslant HL \\ 1 + \dfrac{SL}{HL + HS}, & HS < HL \end{cases} \tag{5-17}$$

式中,SS 为空头投机者头寸;SL 为多头投机者头寸;HS 为空头对冲头寸;HL 为多头对冲头寸。第四类基本面预测变量提供了价格方面的信息。这类预测变量包括短期利率(short-term interest rate,SIR)、美国 CPI 通胀率(inflation,INFL)和 NECI[①]。我们使用美国 3 个月的存款利率作为短期利率。这些数据从月度货币和金融统计(monthly monetary and financial statistics,MEI)下载。我们将 CPI 的对数变化作为通货膨胀率[②]。CPI 数据收集自圣路易斯联邦储备银行。NECI 数据可在世界银行的网站上获得[③]。

本章使用基于移动平均(moving average,MA)规则构建的技术变量。这个规则的总体思路是,当前 K 期资产价格的快速移动平均线高于(低于)前 L 期的慢速移动平均线时,给出买入(卖出)信号,即

$$S_t = \begin{cases} 1, & MA_{K,t} \geqslant MA_{L,t} \\ 0, & MA_{K,t} < MA_{L,t} \end{cases} \tag{5-18}$$

式中,对于 $j = K, L$,$MA_{j,t} = \left(\dfrac{1}{j}\right) \sum_{i=0}^{j-1} P_{t-i}$,$P_{t-i}$ 为油价水平。据此,具有 K 和 L

[①] http://stats.oecd.org/Index.aspx。

[②] http://research.stlouisfed.org/fred2/。

[③] http://www.worldbank.org/en/research/commodity-markets。

长度的 MA 指标可表示为 MA(K,L)。直观地说，MA 规则能捕捉到价格趋势的变化，因为短 MA 比长 MA 对最近的价格变动更敏感。我们使用 K、L=1,3,6,9,12 以及 K<L 的 MA，因此得到了 10 个石油收益的技术指标。MA 规则有点像时间序列动量策略。稍有不同的是，MA 规则是通过比较最近的短期和长期平均价格来得出信号的，而动量则是通过寻找当前价格是否高于几个时期前的水平来得出信号的。

综上所述，我们总共采用了 9 个宏观经济变量和 10 个技术指标来预测石油期货的收益。

四、实证结果

我们使用实时数据来进行预测研究。在每个时期，我们使用所有可用的数据来生成样本外预测，类似于递归估计窗口。评估期从 1992 年 2 月开始，到 2015 年 12 月结束。我们继续使用 KLIC 的方法来评估密度预测的准确性。

表 5-9 给出了由 $\ln S$ 标准评价的单一模型及其权重组合的预测结果。我们首先看一下各模型的表现。结果表明在预测 3 个期货合约的收益时，很难找到一个能够产生 $\ln S$ 密度预测，进而优于基准模型的单一模型。例如，CC CGOP 模型和 INFL 模型在预测合约 1 的收益时，可以显著超过基准模型，而在预测其他两个合约的收益时，其表现并不突出。对于技术预测指标 MA（9，12）也有类似的结果。在所有的 3 个合约中，带有 SI 的 CC 回归比基准模型表现得更好，但 $\ln S$ 值的差异并不明显。当使用技术变量 MA（3，9）、MA（3，12）和 MA（6，9）时，这一结果也成立。虽然 TVP 模型考虑了预测关系中的结构中断，但它们不一定比对应的 CC 模型表现得更好。一个合理的解释是，TVP 模型的过度参数化导致样本外预测高估偏差。这一结果与 Baumeister 和 Kilian（2014a，2014b）的发现一致，即油价的 TVP-VAR 模型因为过度参数化而无法替代 CC-VAR 模型。

表 5-9 密度预测对数得分

模型	合约 1		合约 2		合约 3	
	TVP	CC	TVP	CC	TVP	CC
基准	1.187	1.187	1.244	1.244	1.301	1.301
双变量预测回归结果——宏观经济变量						
CGOP	1.181	**1.192**[*]	1.196	**1.249**	1.240	**1.306**
COI	1.167	1.183	1.195	1.241	1.273	1.298

续表

模型	合约1 TVP	合约1 CC	合约2 TVP	合约2 CC	合约3 TVP	合约3 CC
Rea	1.119	1.170	1.202	1.222	1.258	1.281
SIR	1.151	1.180	**1.245**	1.241	1.254	**1.301**
NECI	1.185	**1.187**	1.231	**1.247**	**1.309**	1.298
PPC	**1.198**	1.156	1.237	1.215	1.264	1.275
PCOI	1.174	1.184	1.223	1.244	1.278	**1.301**
INFL	1.175	**1.198***	1.236	**1.254**	1.290	**1.306**
SI	1.155	**1.191**	1.211	**1.246**	1.286	**1.309**
双变量预测回归结果——技术指标变量						
MA (1, 3)	**1.198****	**1.195**	**1.256**	1.244	1.290	1.300
MA (1, 6)	**1.193**	**1.194**	**1.250**	1.244	1.273	1.290
MA (1, 9)	**1.189**	1.184	1.242	**1.246**	1.298	1.299
MA (1, 12)	1.184	**1.191**	**1.245**	1.239	1.287	**1.302**
MA (3, 6)	1.181	1.182	1.235	1.241	1.283	1.297
MA (3, 9)	1.177	**1.192**	1.239	**1.248**	1.293	1.301
MA (3, 12)	1.186	**1.191**	1.231	**1.251**	1.290	**1.304**
MA (6, 9)	**1.192**	**1.191**	1.236	**1.248**	1.282	**1.303**
MA (6, 12)	1.157	1.183	1.231	**1.249**	1.281	**1.309**
MA (9, 12)	1.164	**1.193****	1.212	**1.249**	1.250	**1.306**
密度预测组合						
EW-ALL	**1.192**	**1.194**,***	**1.248**	**1.252**,***	**1.305**	**1.308**,**
EW-MACRO	**1.188**	**1.192***	**1.244**	**1.249***	**1.305**	**1.307***
EW-TECH	**1.188**	**1.195**,***	**1.247**	**1.252**,***	1.291	**1.308**,**

注：本表给出了石油期货收益密度预测的lnS。粗体表示相应的模型优于常数预测基准。
*、**和***分别表示在10%、5%和1%的显著性水平下，拒绝预测精度相等的原假设。

对于预测组合，我们考虑了宏观经济变量信息等权组合（equal-weighted combination for macroeconomic variable information，EW-MACRO）、技术指标信息等权组合（equal-weighted combination for technical variable information，EW-TECH）和所有变量信息等权组合（equal-weighted combination for all variable information，EW-ALL）。可以发现，预测组合取得了比大多数单一模型更高的 lnS，这说明综合信息在密度预测中的优势。与此一致，无论预测回归中包括技术指标还是宏观变量，对 CC 模型的预测组合都比对 TVP 模型的组合表现更好。CC 模型的 EW-MACRO、EW-TECH 和 EW-ALL 也明显优于主流均值基准，揭示了各期货合约石油收益密度的可预测性，此外，EW-ALL 预测的 lnS 高于 EW-TECH 和 EW-MACRO，意味着综合技术指标拥有比宏观变量更多的预测信息。

评估密度预测的常用方法还有 PIT（Aastveit et al., 2014；Mitchell and Wallis, 2011）。如果 PIT 均匀且独立，那么预测结果就被认为经过了良好的校准。图 5-6 和图 5-7 分别展示了 TVP 和 CC 模型的等权预测组合的 PIT 柱状图。我们发现，EW-TECH 预测的 PIT 比 EW-MACRO 预测更接近于均匀分布。

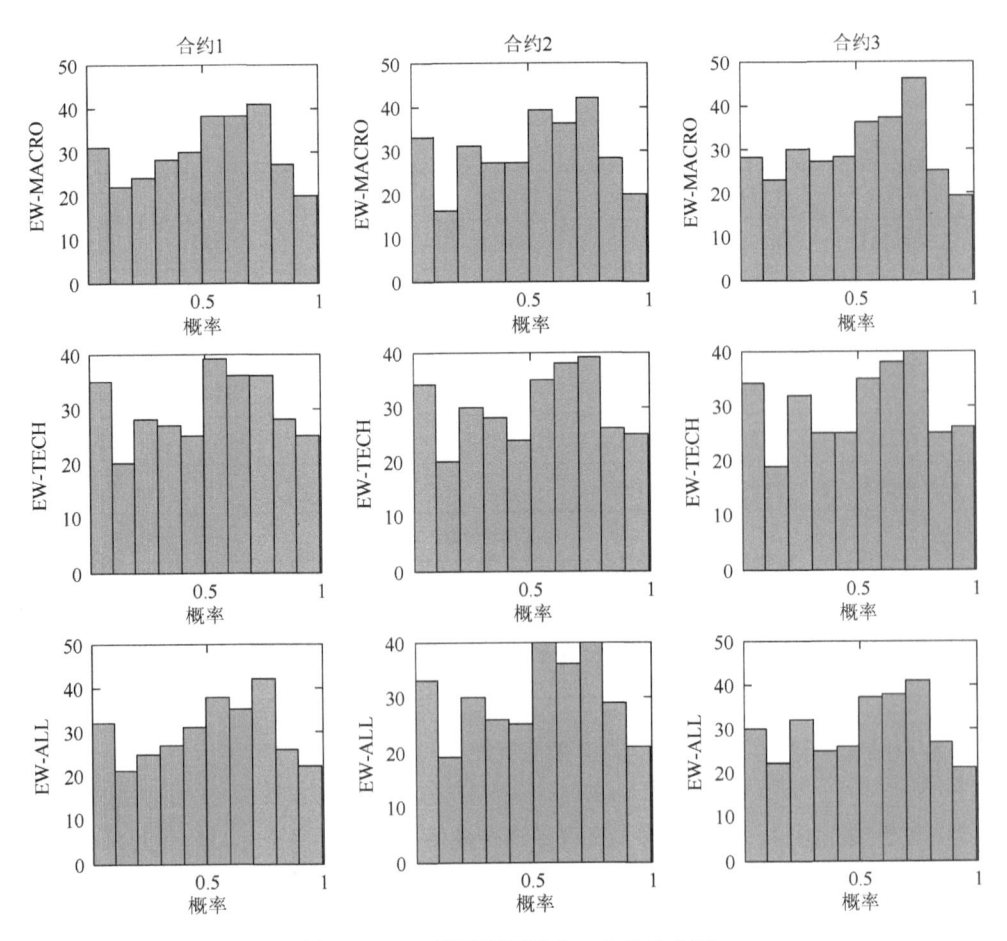

图 5-6 TVP 模型预测组合 PIT 的直方图

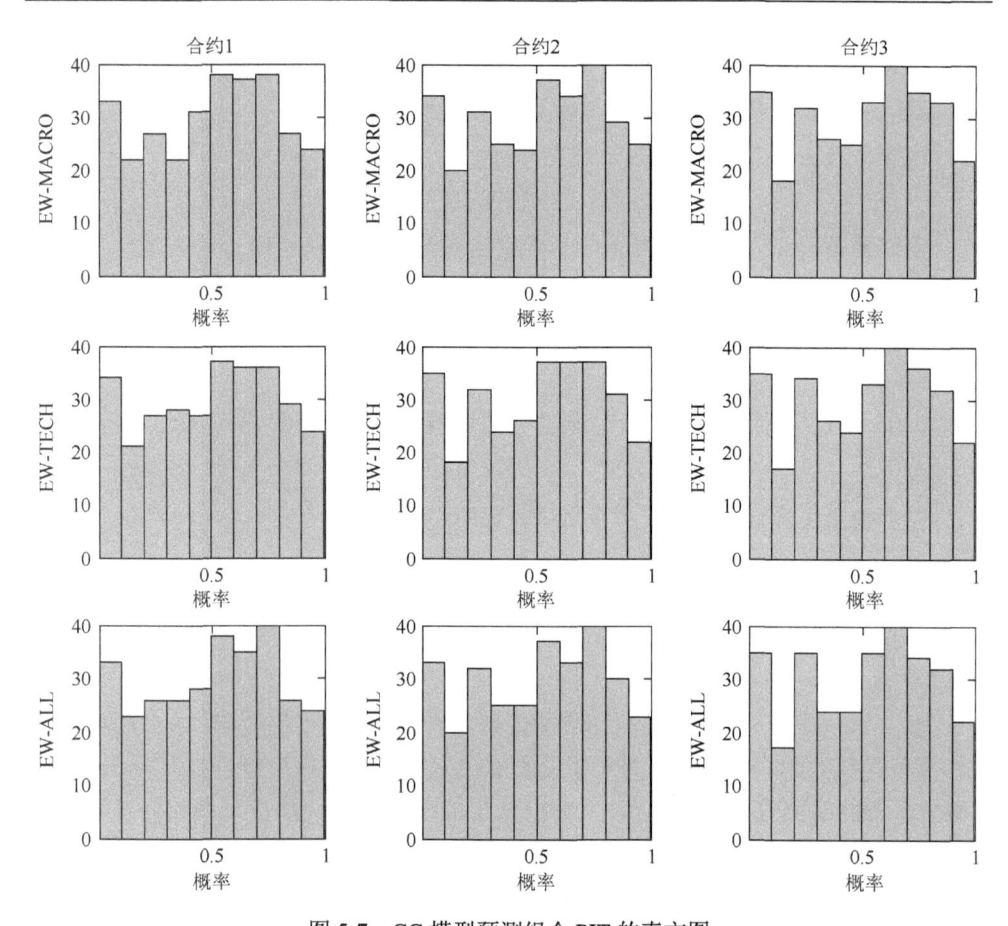

图 5-7 CC 模型预测组合 PIT 的直方图

为了评估经济意义上的预测表现，我们考虑一个均值-方差效用投资者。他的资金在石油期货和银行存款这两种资产中分配。投资这个组合的效用为

$$U_t = E(\omega_t R_{t,o} + r_{t,f}) - \frac{1}{2}\gamma \operatorname{var}(\omega_t R_{t,o} + r_{t,f}) \tag{5-19}$$

式中，ω_t 为石油期货在投资组合中的权重；$R_{t,o}$ 为石油期货的收益；$r_{t,f}$ 为无风险票据利率；γ 为衡量投资者对风险资产（即石油期货）厌恶程度的系数。参考 Rapach 等（2010）和 Neely 等（2014）的研究，我们令 $\gamma = 3$。

根据式（5-19），可以很容易地推导出，投资者在 t 月底确定的 $t+1$ 月的石油期货的最佳权重为

$$\omega_t^* = \frac{1}{\gamma}\left(\frac{\hat{R}_{t+1,o}}{\hat{\sigma}_{t+1}^2}\right) \tag{5-20}$$

式中，$\hat{R}_{t+1,o}$ 和 $\hat{\sigma}_{t+1}^2$ 分别为预测的石油超额收益的均值和波动率。直观地说，较高的风险厌恶系数 γ 意味着分配给风险资产的最佳权重较低。

这样，第 $t+1$ 月的投资组合收益率为

$$R_{t+1,p} = \omega_t^* R_{t+1,o} + r_{t+1,f} \quad (5\text{-}21)$$

我们采用两个主流标准来评估基于密度预测构建的投资组合的表现。第一个是夏普比率，即 SR：

$$\text{SR} = \frac{\bar{\mu}_p}{\bar{\sigma}_p} \quad (5\text{-}22)$$

式中，$\bar{\mu}_p$ 和 $\bar{\sigma}_p$ 分别为投资组合超额收益的均值和标准差。我们将 SR 乘以 $\sqrt{12}$ 来表示年化值。

评价投资组合表现的第二个标准是 CER，即

$$\text{CER}_p = \hat{\mu}_p - \frac{\gamma}{2} \hat{\sigma}_p^2 \quad (5\text{-}23)$$

式中，$\hat{\mu}_p$ 和 $\hat{\sigma}_p^2$ 分别为样本外时期投资组合收益的均值和方差。我们把 CER 乘以 1200 来表示年化百分比值。

表 5-10 给出了由密度预测形成的投资组合的 SR。不管使用 TVP 模型还是 CC 模型进行回归，所有带有技术变量的单一模型产生的投资组合都具有正 SR 值（相当于正的超额收益）。基于技术分析获得的增益与石油期货市场的弱式有效假说（Fama，1970）相矛盾。这一发现与最近几项研究的结果一致（Elder and Serletis，2008；Fernandez，2010；Serletis and Rosenberg，2007；Wang and Wu，2013）。TVP 模型和它们对应的 CC 模型之间的相对表现相当不一致，这进一步支持了之前的发现，即 TVP 模型不能替代 CC 模型。此外，在技术指标方面，CC 模型的 SR 高于对应的 TVP 模型，这表明 CC 模型更适合于技术指标。我们发现大多数单变量模型的投资组合的 SR 比基准模型低。例外的情况是，无论采用 CC 模型还是 TVP 模型，NECI 和 MA（1,3）的投资组合在所有三个合约中都呈现出比基准组合更高的 SR。在采用 CC 模型时，MA（1,6）投资组合也优于基准组合。

表 5-10　基于 SR 评价密度预测形成的投资组合的表现

模型	合约 1		合约 2		合约 3	
	TVP	CC	TVP	CC	TVP	CC
基准	0.417		0.421		0.412	
双变量预测回归结果——宏观经济变量						
CGOP	0.274	0.390	0.236	0.407	0.227	**0.419**
COI	0.184	**0.456**	0.162	**0.423**	0.211	0.407

续表

模型	合约1 TVP	合约1 CC	合约2 TVP	合约2 CC	合约3 TVP	合约3 CC
Rea	−0.032	0.079	0.104	0.076	0.037	0.087
SIR	−0.007	0.323	0.246	0.341	0.047	0.370
NECI	**0.493**	**0.547**	**0.543**	**0.602**	**0.525**	**0.591**
PPC	0.214	0.152	0.221	0.163	0.178	0.176
PCOI	0.297	0.241	0.388	0.321	**0.424**	0.341
INFL	0.114	0.347	0.140	0.367	0.136	0.348
SI	0.283	0.361	0.241	0.340	0.303	0.372
双变量预测回归结果——技术指标变量							
MA(1,3)	**0.465**	**0.488**	**0.573**	**0.617**	**0.588**	**0.664**
MA(1,6)	0.303	**0.420**	0.261	**0.429**	0.351	**0.476**
MA(1,9)	0.252	0.355	0.275	0.420	0.301	**0.439**
MA(1,12)	0.268	0.399	0.322	**0.425**	0.328	**0.457**
MA(3,6)	0.075	0.242	0.062	0.246	0.060	0.233
MA(3,9)	0.084	0.270	0.149	0.327	0.208	0.367
MA(3,12)	0.164	0.260	0.198	0.332	0.185	0.373
MA(6,9)	0.205	0.288	0.210	0.320	0.150	0.363
MA(6,12)	0.140	0.187	0.186	0.340	0.142	0.362
MA(9,12)	0.184	0.234	0.263	0.274	0.164	0.278
密度预测组合							
EW-ALL	0.295	**0.453**	0.353	**0.489**	0.363	**0.502**
EW-MACRO	0.252	**0.419**	0.336	**0.424**	0.314	**0.427**
EW-TECH	0.271	**0.449**	0.343	**0.507**	0.320	**0.534**

注：粗体表示相应的模型优于预测回归基准。

我们发现，根据预测组合构建的投资组合产生的 SR 高于大多数根据单变量模型构建的投资组合。这一证据表明，使用组合信息可以提高密度预测的经济价值。更重要的是，所有三个组合在 CC 模型上的表现都超过了基准模型，揭示了密度可预测性的经济意义。此外，它们也比 TVP 模型的组合效果更好，EW-TECH 策略显示出比 EW-MACRO 更出色的表现，这意味着技术指标对石油市场投资者而言比宏观经济变量更有用。表 5-11 给出了基于 CER 标准的投资组合表现评估结果。基于 CER 的评估结果与基于 SR 的结果高度一致。对于合约 1、合约 2

和合约 3，EW-TECH 策略产生的 CER 分别比基准策略高 51.7、114.7 和 162.2 个基点。

表 5-11 基于 CER 评价密度预测形成的投资组合的表现

模型	合约 1 TVP	合约 1 CC	合约 2 TVP	合约 2 CC	合约 3 TVP	合约 3 CC
基准	2.259		2.399		2.410	
双变量预测回归结果——宏观经济变量							
CGOP	1.199	2.111	0.929	2.317	0.837	**2.512**
COI	0.561	2.222	0.386	2.268	0.731	2.308
Rea	−2.264	−1.542	−0.911	−1.499	−1.962	−1.403
SIR	−2.299	1.735	0.923	1.938	−2.237	2.285
NECI	**3.502**	**4.750**	**4.021**	**5.477**	**4.048**	**5.313**
PPC	−1.504	−3.520	−1.228	−3.026	−2.024	−2.392
PCOI	1.388	0.943	1.911	1.679	2.157	1.867
INFL	−0.922	2.000	−0.540	2.235	−0.342	1.956
SI	0.158	1.885	−0.977	1.406	0.181	1.893
双变量预测回归结果——技术指标变量							
MA (1, 3)	**3.220**	3.914	4.953	6.310	5.494	7.276
MA (1, 6)	1.525	**2.924**	1.123	**3.072**	2.043	**3.724**
MA (1, 9)	1.049	2.092	1.245	**2.940**	1.339	**3.092**
MA (1, 12)	1.171	**2.647**	1.659	**2.871**	1.729	**3.466**
MA (3, 6)	−0.273	0.974	−0.366	1.009	−0.620	0.858
MA (3, 9)	−0.250	1.217	0.046	1.778	0.511	2.226
MA (3, 12)	0.221	1.087	0.434	1.831	0.184	2.296
MA (6, 9)	0.387	1.195	0.488	1.676	−0.078	2.177
MA (6, 12)	−0.346	−0.091	0.340	1.913	−0.272	2.170
MA (9, 12)	0.347	0.806	1.034	1.133	−0.259	1.182
密度预测组合							
EW-ALL	1.348	**2.768**	1.838	**3.287**	1.959	**3.581**
EW-MACRO	1.060	**2.539**	1.770	**2.743**	1.606	**2.842**
EW-TECH	1.185	**2.776**	1.798	**3.546**	1.666	**4.032**

注：粗体表示相应的模型优于预测回归基准。我们将确定性等价收益乘以 1200 以表示年化百分比值。

第五节 石油价格预测的相关结论

实际油价的预测引起了学术界和中央银行的极大兴趣。本章利用基于 TVP 模型的预测组合探讨了实际油价可预测性。基于实时数据，结果表明 TVP 模型并不一定比 CC 模型表现得更好；没有一个单一模型能在所有的预测水平上均优于无变化基准模型。当采用 TVP 模型的预测组合时，我们发现了一致且稳健的油价可预测性。在 MSPE 和方向准确性这两个标准下，FC-TVP 策略能够比 FC-CC 策略产生更准确的油价预测。

本章的密度预测和风险预测结果表明，相对于无变化基准模型和竞争组合，基于 TVP 模型的 TW 组合在 3 个月以上的预测水平上产生了更准确的密度预测。此外，本章基于投资者视角对油价预测进行了拓展分析。在同时考虑经济变量和技术变量时，预测组合方法显示出了优越的预测能力，并且可以为投资者带来可观的经济收益。

第六章 国际石油价格波动率预测

近年来，油价的大幅波动引起了市场参与者和监管机构的担忧。造成这种担忧的原因之一是，油价不确定性对经济产生了重大影响（Elder and Serletis，2010）。不确定性投资理论和实物期权理论都认为油价不确定性会抑制当前投资（Bernanke，1983；Brennan and Schwartz，1985；Henry，1974；Majd and Pindyck，1987）。此外，波动率是期权定价的关键因素，也是 VaR 的主要决定因素。因此，石油收益波动率的建模和预测是学术界非常关注的问题。本章采用 Calvet 和 Fisher（2001）的 MSM 模型对石油市场波动率进行预测。这一模型主要关注金融数据中的多尺度行为或多重分形的程式化事实。MSM 模型采用异构波动成分的层次化和乘法结构，与传统波动率模型（如 GARCH 族模型）有本质区别（Lux and Kaizoji，2007）。在传统的机制转换模型中，参数的数量会随状态数量的增加而呈二次方增长。与之相比，MSM 模型不仅允许在数百种状态中捕获可能的结构变化，而且参数化方面更加简洁。MSM 模型产生波动率离群值和长记忆，并将波动率分解为具有异构衰减率的分量（Calvet and Fisher，2004）。

除此之外，本章还进一步研究了波动率模型在石油市场套期保值方面的应用，并进行了绩效比较，以探究石油价格波动率预测的经济价值。石油期货市场为参与者提供了一种规避、转移或分散风险的有效手段，即套期保值。它也是降低油价风险的必要工具，其核心问题是确定最优的套期保值比率，即期货交易与现货交易数量的比率，从而在现货和期货两个市场之间建立一种互相冲抵的机制，达到规避石油现货市场中的价格风险并减少损失的目的。

在关于波动率预测的文献中，GARCH 模型（Bollerslev，1986）被广泛应用于捕捉石油收益波动率的动态特征（Alizadeh et al.，2008；Giot and Laurent，2003；Kang et al.，2009；Mohammadi and Su，2010；Narayan P K and Narayan S，2007；Nomikos and Pouliasis，2011；Sadorsky，2006；Wang and Wu，2012a；Wei et al.，2010）。然而，研究者已经观察到 GARCH 族模型的几个缺点。首先，大多数 GARCH 族模型只能捕捉短记忆的特征，而不是长期依赖性，即使现有文献已普遍记录了波动率的长期依赖性。Baillie 等（1996）的 FIGARCH 及其扩展似乎很好地捕捉了波动率中的长记忆。然而，绝对收益或平方收益自相关函数的双曲衰减更有可能是由未解释的结构突变导致的，而不是 FIGARCH 所揭示的长记忆性特征。Lamoureux 和 Lastrapes（1990）认为，GARCH 模型隐含的持续性在加入结构突变后变得非常微弱。具体来说，Lee 等（2010）的实证表明，一些突发事件导致条件方差的永久成分增加，这就是结构断裂的证据。简单的制度转换过程可以很好地捕捉波动率中的结构变化，但也可能导致分数积分的伪发现（Granger and Terasvirta，1999）和自相关函数的指数衰减而不是双曲线衰减（Ryden et al.，1998）。Baillie 和 Morana（2009）认为，提出的自适应 FIGARCH（adaptive FIGARCH，AFIGARCH）通过允许 FIGARCH 的截距遵循 Gallant（1984）的柔性函数形式所指定的一个缓慢变化的函数，将长记忆和结构断裂结合在一起。Wang 等（2013a）指出，如果样本期内没有结构突变，该参数模型的效率较低。此外，AFIGARCH 模型除了需要确定条件方差方程中平稳分量的阶数外，还需要确定 Gallant 柔性函数形式中三角函数项的阶数。当三角函数项的阶数越大时，AFIGARCH 模型需要估计的参数就越多，因此更容易导致过度拟合，在这种情况下，模型中包含的不相关解释变量可能会提高样本内的拟合优度，但会导致样本外性能较差。

其次，GARCH 族模型无法适应多尺度（或多重分形）的特性（Lux and Kaizoji，2007），这个性质是经济数据中众所周知的程式化事实（Cont，2001）。尺度属性是一个借用自统计物理学的概念，它将某些形式的波动度量行为定义为（例如，收益的平方或绝对值）收益计算时间间隔的函数[①]。尺度行为的特征是所谓的赫斯特指数及其相关指数。如果价格增量分布的 q 阶矩在不同的 q 值下表现出不同的尺度行为，则表明存在多尺度行为。自 Mandelbrot（1963）的工作以来，对经济和金融数据中尺度行为的调查研究已经得到了大幅扩展（Mandelbrot，1998，2001；Mantegna and Stanley，1995；Muller et al.，1990；Stanley and Plerou，2001）。一些研究也发现了我们感兴趣的石油市场多尺度效应（Alvarez-Ramirez et al.，2008；Wang and Liu，2010；Wang and Wu，2013）。传统的 GARCH 族模型总是与平方收益的动态有关，而不是与另一阶矩有关，因此它们没有考虑价格运动中的多尺度行为。Wang 等（2011b）最近的实证研究也表明 GARCH 族模型缺乏捕捉石油市场多尺度波动的能力。因此，本章主要通过使用 Calvet 和 Fisher（2001）的 MSM 模型预测石油市场波动率来对以往研究做出贡献。

本章的结构组织如下：第一节介绍本章所使用的 MSM 和 GARCH 族模型；第二节为油价数据及其动态特征描述；第三节为石油价格波动率预测的模型表现，展示样本内和样本外实证结果；第四节作为对波动率预测的拓展分析，研究石油价格波动率模型的套期保值应用；第五节总结本章的内容，得出实证结论。

[①] 在经济学文献中还研究了另一种尺度行为：收益分布的尾部行为是价格变化大小的函数，但收益测量的区间不变。这种类型的缩放行为由分布的尾部指数测量。

第一节 MSM 与 GARCH 族模型

一、MSM 波动率模型

我们利用 Calvet 和 Fisher（2001）引入的 MSM 波动率模型对石油收益波动率进行预测。MSM 波动率模型假设基础收益遵循具有多频随机波动特征的离散时间马尔可夫过程[①]。我们用 ε_t 表示石油收益 r_t 的新息，则石油收益可以表示为 $r_t = \mu_t + \varepsilon_t$，其中 μ_t 是条件均值。MSM 按照以下随机波动率模型的框架（Calvet and Fisher，2001，2004）将 ε_t 建模为

$$\varepsilon_t = \sigma_t z_t, \quad \sigma_t = \sigma\left(\prod_{i=1}^{\bar{k}} M_{i,t}\right)^{1/2} \quad (6\text{-}1)$$

式中，σ 为正的常数；随机变量 z_t 为标准正态分布；对于 $i \in \{1, 2, \cdots, \bar{k}\}$，随机乘数或波动率成分 $M_{i,t}$ 具有持续性，且满足 $M_{i,t} \geq 0$，$E(M_{i,t}) = 1$。为了简单起见，这里遵循 Calvet 和 Fisher（2004）的方法，假设 $\bar{k}$ 乘数在任何给定时间均独立。给定波动率分量向量 $\boldsymbol{M}_t = (M_{1,t}, M_{2,t}, \cdots, M_{\bar{k},t})$，对于任意 $\boldsymbol{m} = (m_1, m_2, \cdots, m_{\bar{k}}) \in \mathbf{R}^{\bar{k}}$，我们定义函数 $g(\boldsymbol{m}) = \prod_{i=1}^{\bar{k}} m_i$，随机波动过程可以写成 $\sigma_t = \sigma[g(\boldsymbol{M}_t)]^{1/2}$。

可以看出，波动率动态由向量 $\boldsymbol{M}_t$ 的随机过程驱动。根据 Calvet 和 Fisher（2004）的建议，我们假设 $\boldsymbol{M}_t$ 是一阶马尔可夫过程。状态向量 $\boldsymbol{M}_t$ 不可观测，需要通过贝叶斯更新递归推断。对于 $i \in \{1, 2, \cdots, \bar{k}\}$，乘数 $M_{i,t}$ 来自一个固定分布 M，概率为 γ_i，它等于前一周期概率为 $1 - \gamma_i$ 的 $M_{i,t-1}$ 的值。转移概率 $\gamma \equiv (\gamma_1, \gamma_2, \cdots, \gamma_{\bar{k}})$ 被指定为

$$\gamma_i = 1 - (1 - \gamma_1)^{(b^{i-1})} \quad (6\text{-}2)$$

式中，$\gamma_1 \in (0,1)$ 且 $b > 1$。由于 $\gamma_1 < \cdots < \gamma_{\bar{k}} < 1 < b$，$(\gamma_{\bar{k}}, b)$ 被用来指定转移概率集。转移概率的这一特征与多重分形的定义一致（Mandelbrot et al.，1997），因而负责金融数据的多重分形。多重分形过程中唯一的约束是 $M > 0$ 且 $E(M) = 1$。Calvet 和 Fisher（2004）认为 M 可以简单地看成一个二项随机变量，其值为 m_0 或 $2 - m_0$，概率为 0.5。总之，MSM 波动率模型只有四个参数 (m_0, σ, b, γ) 需要估计，即使状态的数量 2^k 非常大。

[①] 我们使用 MSM 模型的 ML 估计量。关于 ML 估计的详细介绍，请参阅 Calvet 和 Fisher（2004）的研究。

二、GARCH 族模型

我们比较了 MSM 波动率模型与 5 种流行的 GARCH 族模型的预测性能。第一个是 Bollerslev（1986）的 GARCH 模型，它是除 Engle（1982）提出的自回归异方差（autoregressive conditional heteroskedasticity，ARCH）模型外最流行的波动率模型。GARCH（1,1）可以写成

$$r_t = \mu_t + \varepsilon_t = \mu_t + h_t^{1/2}\eta_t, \quad \eta_t \in \text{iid}(0,1), \quad h_t = \omega + \alpha\varepsilon_{t-1}^2 + \beta h_{t-1} \quad (6\text{-}3)$$

式中，μ_t 为条件均值；h_t 为条件方差；$\omega>0$、$\alpha \geqslant 0$、$\beta \geqslant 0$ 保证了 $h_t>0$。

本节采用的另一个模型是 Engle 和 Bollerslev（1986）提出的单整 GARCH（integrated GARCH，IGARCH）。该模型假设条件波动具有无限持续性。IGARCH（1,1）的形式与 GARCH（1,1）相同，但参数限制为 $\alpha+\beta=1$。

考虑到可能的不对称性，Glosten 等（1993）提出了 GJR-GARCH 模型。GJR-GARCH（1,1）条件方差的形式为

$$h_t = \omega + (\alpha + \gamma I(\varepsilon_{t-1}<0))\varepsilon_{t-1}^2 + \beta h_t \quad (6\text{-}4)$$

式中，$I(\cdot)$ 为指示函数，即当满足条件 $(\cdot)$ 时，$I(\cdot)$ 为 1，否则为 0。确定 $h_t>0$ 的充分条件是 $\omega>0$、$\alpha \geqslant 0$、$\beta \geqslant 0$、$\alpha + \gamma \geqslant 0$。当 $\gamma \geqslant 0$ 时，不对称效应由系数 γ 捕获。

Nelson（1991）提出的另一个能够处理不对称效应的主流模型为 EGARCH。EGARCH 形式为

$$\ln(h_t) = \omega + \alpha(|\eta_{t-1}| - E|\eta_{t-1}|) + \gamma\eta_{t-1} + \beta\ln(h_{t-1}) \quad (6\text{-}5)$$

正如 Nelson（1991）声称，EGARCH 没有参数限制。

上述 GARCH 族模型假设波动率自相关且以指数速率衰减。Baillie 等（1996）提出了一个部分集成 GARCH 模型，即 FIGARCH 模型。该模型允许波动率自相关以双曲线速率衰减。有趣的是，FIGARCH（1, d, 1）在 $d=0$ 时等同于 GARCH（1,1）。FIGARCH（1, d, 1）模型可以写成

$$h_t = \omega + \beta h_{t-1}(1-(1-\beta L)^{-1}(1-\eta L)(1-L)^d)\varepsilon_t^2 \quad (6\text{-}6)$$

式中，$0 \leqslant d \leqslant 1$，$d$ 为分数阶积分参数，表征了波动率的长记忆特性；$\omega>0$；$\eta<1$；$\beta<1$；L 为滞后算子。FIGARCH 过程的优点是 $0 \leqslant d \leqslant 1$，它足够灵活，允许在与 $d=1$ 相关的波动冲击的完全集成持久性和与 $d=0$ 相关的几何衰减之间存在中间区间的持久性。

综上所述，除了 MSM 波动率模型，我们还使用了 5 种 GARCH 族模型来描述和预测 WTI 石油和布伦特石油收益的波动率。这 5 种 GARCH 族模型依次为 GARCH（1,1）、IGARCH、GJR-GARCH、EGARCH 和 FIGARCH。

第二节 油价数据及其动态特征描述

我们使用了 WTI 和布伦特石油的每日现货价格数据。样本从 1993 年 1 月 4 日到 2013 年 9 月 9 日，共有 5141 个观测值。我们的数据来自 EIA。取 P_t 为第 t 天的油价，我们计算日价格收益率 r_t，再以其平方值作为实际波动率的测度变量。图 6-1 描绘了石油价格、收益率和波动率。显然，某些总需求和总供给的冲击会导致油价大幅波动。例如，作为石油需求冲击的典型案例，1998 年亚洲金融危机导致油价大幅下跌。样本期内，油价最大幅变化发生在 2001 年 9 月，即在"9·11"事件之后不久。2003 年第二次海湾战争导致石油产量下降，而油价

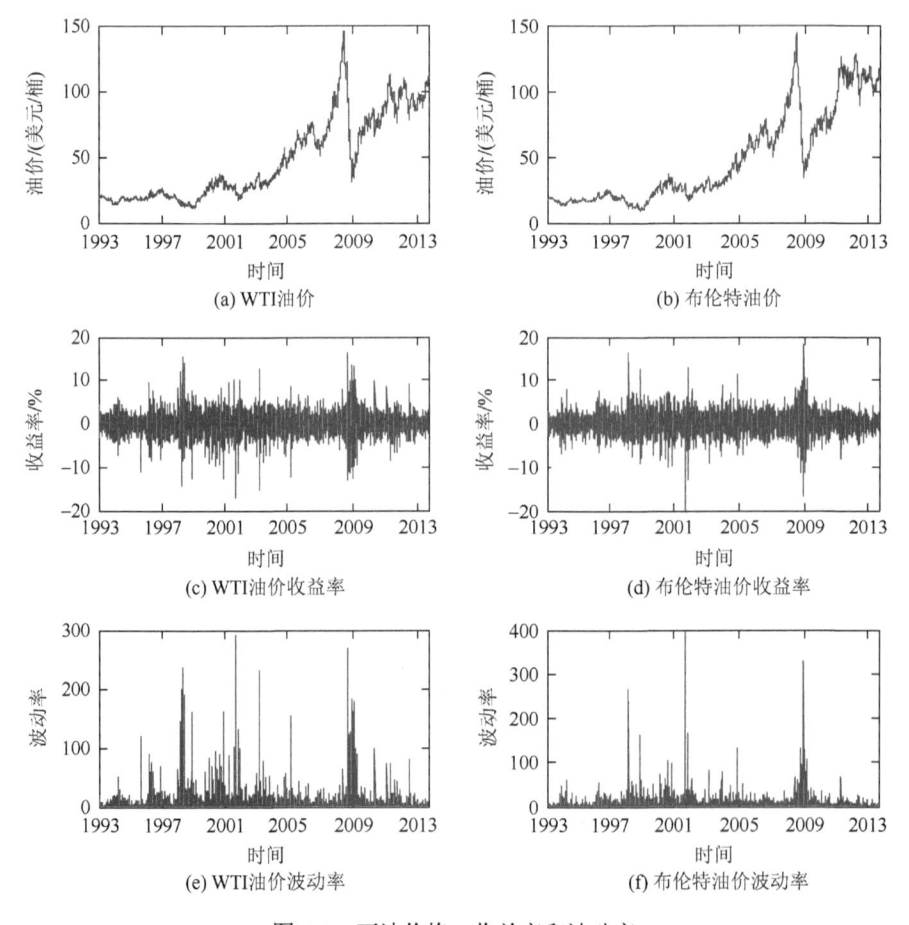

图 6-1 石油价格、收益率和波动率

在短时间内急剧上涨。在新兴经济体经济繁荣的推动下,油价从2003年持续上涨至2008年。由于美国次贷危机引发全球经济萧条,2008年下半年油价迅速下跌。从对历史油价的总体回顾中我们可以看到,随着时间的推移,油价表现出高度不确定性。考虑到石油在世界经济中发挥的重要作用,油价风险问题的管理成为经济学家、市场参与者和政策制定者非常关心的问题。

表6-1给出了石油价格收益的描述性统计结果。我们可以看到,WTI油价和布伦特油价收益显示出相似的统计属性。这可以用世界石油市场的高度一体化来解释(Adelman,1984;Fattouh,2010)。具体而言,石油价格收益的均值接近于0,而标准差是其数十倍。在1%的显著性水平上,Jarque-Bera统计拒绝高斯分布的零假设。负偏度和正过剩峰度也证明了胖尾分布这一程式化事实。序列相关的Ljung和Box(1978)的Q统计数据表明,收益率和波动率均在1%的显著性水平下拒绝在第10阶或20阶之前不存在自相关的原假设,这意味着收益率和波动率存在自相关。ARCH检验的F-统计量一致表明石油价格收益率中存在ARCH效应。强ARCH效应的存在可能是GARCH族模型在金融时间序列分析中被广泛使用和在风险管理中被重视的原因。表6-1还给出了单位根检验的结果。增强的Dickey和Fuller(1979)以及Phillips和Perron(1988)统计量都拒绝石油价格收益单位根原假设。Kwiatkowski等(1992)的检验统计量不能拒绝平稳性的原假设。总的来说,单位根检验的实证结果表明石油价格收益率过程平稳。

表6-1 石油价格收益的描述性统计结果

统计量	WTI油价	布伦特油价
均值	0.031	0.036
标准差	2.414	2.251
最大值	16.410	18.130
最小值	−17.090	−19.890
偏度	−0.181	−0.013
峰度	4.892	5.126
Jarque-Bera	5140.500***	5636.300***
Q(10)	31.840***	23.730***
Q(20)	43.170***	45.540***
Q^2(10)	1104.800***	521.500***
Q^2(20)	1927.200***	963.500***
ARCH(10)	55.150***	31.700***
ARCH(20)	35.230***	21.990***

续表

统计量	WTI 油价	布伦特油价
ADF	−72.370***	−70.150***
PP	−72.880***	−70.140***
KPSS	0.048	0.050

注：标准差为日标准差。Jarque 和 Bera（1980）统计检验高斯分布的零假设。ADF、PP 和 KPSS 分别表示来自增强的 Dickey 和 Fuller（1979）、Phillips 和 Perron（1988）以及 Kwiatkowski 等（1992）单位根检验的统计量。ADF 检验的最优滞后长度选择基于 SIC（Schwarz，1978），PP 单位根检验和 KPSS 平稳性检验的最优带宽选择基于 Newey-West 准则（Newey and West，1994）。ADF 和 PP 检验的原假设为单位根，KPSS 检验的原假设为平稳性。$Q(l)$ 和 $Q^2(l)$ 分别是 Ljung 和 Box（1978）关于最高至第 l 阶序列相关的收益序列和收益平方序列的统计量。

***表示 1%水平的显著性。

第三节 石油价格波动率预测的模型表现

一、样本内表现

我们利用 MSM 波动率模型描述和预测石油价格收益波动率的动态。表 6-2 给出了 MSM（$\bar{k}$）对 WTI 和布伦特石油价格收益的估计结果，其中 $\bar{k}$ 等级从 1 到 10。我们发现，MSM（7）（128 种模式）和 MSM（10）（1024 种模式）对 WTI 石油价格收益的拟合效果几乎相同，且优于其他 MSM 模型，这两个模型的对数似然值较高也证明了这一点。MSM（6）（64 个制度）最适合预测布伦特石油价格收益率。

表 6-2 MSM 模型的估计结果

系数	$\bar{k}=1$	$\bar{k}=2$	$\bar{k}=3$	$\bar{k}=4$	$\bar{k}=5$	$\bar{k}=6$	$\bar{k}=7$	$\bar{k}=8$	$\bar{k}=9$	$\bar{k}=10$
					WTI 石油市场					
$\hat{b}$	1.500	9.453*	7.329***	11.06***	8.697***	5.256***	3.980***	20.69***	3.844***	3.235***
	(1.500)	(1.881)	(3.021)	(3.398)	(3.551)	(4.785)	(6.111)	(439.7)	(5.890)	(6.438)
$\hat{m}_0$	1.682***	1.576***	1.478***	1.434***	1.389***	1.344***	1.314***	1.443***	1.311***	1.288***
	(101.6)	(85.58)	(94.23)	(90.95)	(103.9)	(96.53)	(103.1)	(145.7)	(93.23)	(95.01)
$\hat{\gamma}_{\bar{k}}$	0.039***	0.056***	0.096***	0.266***	0.758***	0.752***	0.733***	0.432***	0.716***	0.826***
	(6.488)	(4.369)	(3.306)	(3.143)	(3.777)	(3.359)	(4.286)	(83.20)	(3.692)	(4.500)
$\hat{\sigma}$	3.192***	2.705***	2.906***	3.207***	3.010***	2.861***	2.722***	2.484***	2.087***	2.074***
	(32.86)	(39.61)	(28.87)	(29.72)	(32.05)	(20.56)	(25.56)	(33.43)	(20.67)	(24.86)
对数似然值	−11 316	−11 228	−11 188	−11 185	−11 179	−11 178	−11 175	−11 188	−11 176	−11 175

续表

系数	$\bar{k}=1$	$\bar{k}=2$	$\bar{k}=3$	$\bar{k}=4$	$\bar{k}=5$	$\bar{k}=6$	$\bar{k}=7$	$\bar{k}=8$	$\bar{k}=9$	$\bar{k}=10$
					布伦特石油市场					
$\hat{b}$	1.500	7.617*	4.178***	7.941***	6.133**	8.121***	6.108**	5.980*	15.56***	20.87***
	(1.500)	(1.932)	(2.326)	(2.916)	(2.197)	(3.705)	(2.042)	(1.843)	(4.498)	(23.25)
$\hat{m}_0$	1.569***	1.520***	1.421***	1.376***	1.358***	1.333***	1.358***	1.358***	1.356***	1.389***
	(109.3)	(87.22)	(100.6)	(83.42)	(68.20)	(95.91)	(64.04)	(68.69)	(95.50)	(128.8)
$\hat{\gamma}_{\bar{k}}$	0.020***	0.035***	0.029***	0.156***	0.145**	0.791***	0.144**	0.142**	0.969***	0.430***
	(4.137)	(3.882)	(2.881)	(2.447)	(2.287)	(4.430)	(2.196)	(1.996)	(4.132)	(4.660)
$\hat{\sigma}$	2.627***	2.534***	2.681***	2.599***	2.215***	2.170***	2.371***	2.035***	2.999***	2.234***
	(45.30)	(42.28)	(37.55)	(28.47)	(37.88)	(35.18)	(33.15)	(36.48)	(28.10)	(45.67)
对数似然值	−11 102	−10 998	−10 971	−10 964	−10 963	−10 962	−10 964	−10 964	−10 965	−10 968

注：括号里的值表示 t 统计量。

*、**和***分别表示10%、5%和1%水平的显著性。

我们比较了 MSM 与几种主流的 GARCH 族模型的样本内性能[①]。表6-3 显示了基于 Vuong（1989）测试的结果。我们选择 MSM（10）和 MSM（6）分别作为 WTI 和布伦特石油价格收益波动率建模的基准，因为它们比其他 MSM 模型更适合石油数据。检验统计数据表明，在 1%的显著性水平下，所选的 MSM 模型比 GARCH 族模型更能拟合石油数据。

表6-3 Vuong（1989）紧密性检验结果

模型	WTI 油价 似然性	WTI 油价 统计值	布伦特油价 似然性	布伦特油价 统计值
GARCH	−11 293	−4.164***	−11 022	−3.146***
IGARCH	−11 299	−4.241***	−11 024	−2.981***
GJR-GARCH	−11 292	−4.048***	−11 012	−2.628***
EGARCH	−11 300	−3.818***	−11 018	−2.790***
FIGARCH	−11 283	−4.092***	−11 019	−3.460***
MSM（1）	−11 316	−8.068***	−11 102	−7.572***
MSM（2）	−11 228	−5.220***	−10 998	−3.360***
MSM（3）	−11 188	−1.888*	−10 971	−1.185

① 为了节省篇幅，这里不给出这些 GARCH 族模型的参数估计。

续表

模型	WTI 油价 似然性	WTI 油价 统计值	布伦特油价 似然性	布伦特油价 统计值
MSM（4）	−11 185	−1.705*	−10 964	−0.596
MSM（5）	−11 179	−1.146	−10 963	−0.424
MSM（6）	−11 178	−1.119	−10 962	0.000
MSM（7）	−11 175	−0.290	−10 964	−0.544
MSM（8）	−11 188	−2.200**	−10 964	−0.609
MSM（9）	−11 176	−1.729*	−10 965	−0.872
MSM（10）	−11 175	0.000	−10 968	−1.433

*、**和***分别表示10%、5%和1%水平的显著性。

二、样本外表现

相对于样本内表现，市场参与者通常对模型的样本外表现更感兴趣，因为他们更关心未来使用这些波动率模型能做得多好。因此，我们现在比较 MSM 和 GARCH 模型的预测能力。

我们的预测过程将总样本期间分为两个部分：样本内期间覆盖前 1000 个交易日，用于参数估计，样本外期间覆盖最后 4141 个交易日，用于预测评估。我们主要预测未来 1 天和 20 天的情况。为了简化计算，我们使用滚动窗口法每 20 天重新估计一次模型参数，其中总窗口长度为 1000 个观测值。因此，参数在 20 天窗口内固定，只更新数据。该固定参数和滚动窗口预测方案遵循 Laurent 等（2012）的工作，以满足模型信度设定（model confidence set，MCS）检验的假设（Hansen et al.，2011），从而方便模型预测能力的比较。

正如研究人员指出的那样（Bollerslev et al.，1994；Diebold and Lopez，1996；Lopez，2001），评价预测性能的最佳损失函数很难唯一确定。因此，我们采用以下六种流行的损失函数准则，而非单一准则：

$$\text{MAE}_1 = \frac{1}{T-N} \sum_{t=N+1}^{T} \left| \hat{h}_t - h_t \right| \qquad (6\text{-}7)$$

$$\text{MAE}_2 = \frac{1}{T-N} \sum_{t=N+1}^{T} \left| \sqrt{\hat{h}_t} - \sqrt{h_t} \right| \qquad (6\text{-}8)$$

$$\text{MSE}_1 = \frac{1}{T-N} \sum_{t=N+1}^{T} (\hat{h}_t - h_t)^2 \qquad (6\text{-}9)$$

$$\text{MSE}_2 = \frac{1}{T-N} \sum_{t=N+1}^{T} (\sqrt{\hat{h}_t} - \sqrt{h_t})^2 \qquad (6\text{-}10)$$

$$\text{QLIKE} = \frac{1}{T-N} \sum_{t=N+1}^{T} (\ln(\hat{h}_t) + h_t/\hat{h}_t) \qquad (6\text{-}11)$$

$$\text{R}^2\text{LOG} = \frac{1}{T-N} \sum_{t=N+1}^{T} (\ln(h_t/\hat{h}_t))^2 \qquad (6\text{-}12)$$

式中，h_t 为实际波动率；$\hat{h}_t$ 为波动率预测；T 为整个样本的长度（$T=5140$）；N 为样本内数据集的长度（$N=1000$）；MAE 和 MSE 分别为平均绝对误差和均方误差；QLIKE 对应高斯似然的损失；R^2LOG 类似于 Minser 和 Zarnowitz（1969）回归的 R^2。

然而，这些损失函数的一个主要局限性是它们不能告诉我们不同模型之间预测精度的差异是否具有统计显著性。为了解决这个问题，我们使用了 Hansen 等（2011）提出的 MCS 检验法。这一测试背后的逻辑是可用数据可能没有足够的信息产生一个可以显著优于所有竞争对手的单一模型。在这种情况下，只能得到一个较小的模型集，称为模型置信集，它包含给定置信水平下的最佳预测模型。因此，在给定置信水平下，MCS 中的模型表现同样良好。为了节省篇幅，我们不提供 MCS 测试的详细描述，感兴趣的读者可以参考 Hansen 等（2011）的研究[①]。

表 6-4 为向前 1 天的 WTI 油价收益波动率预测结果。在我们的比较中，还包括了历史波动率（historical volatility，HV）模型。毕竟，如果没有一个模型能够战胜历史波动率，所有的波动率预测都将徒劳。6 个损失函数中的 5 个表明，MSM 模型的预测损失低于 GARCH 族模型或 HV 模型，表明 MSM 模型的预测精度有所提高。虽然标准 GARCH（1,1）在 QLIKE 准则下的预测损失低于 MSM 模型，但 MCS 结果表明它们的预测精度没有显著差异。此外，在 6 个损失函数中，有 4 个损失函数的结果显示，MCS 测试的模型集只包含了 MSM（10）。这表明 MSM（10）模型的预测精度明显高于 GARCH 族模型、HV 模型和其他 MSM 模型。

表 6-4　向前 1 天的 WTI 油价收益波动率预测结果

模型	MSE_1	MAE_1	MSE_2	MAE_2	QLIKE	R^2LOG
MSM（2）	246.50	6.655	3.065	1.344	2.672	6.401
MSM（4）	245.33	6.596	3.034	1.332	2.666	6.353
MSM（6）	245.28	6.614	3.035	1.332	2.665	6.328
MSM（8）	**244.50**	6.626	3.043	1.336	2.667	6.361
MSM（10）	245.52	**6.572**	**3.017**	**1.326**	2.667	**6.301**
GARCH	245.84	6.914	3.194	1.384	**2.663**	6.603
EGARCH	253.28	6.831	3.191	1.375	2.694	6.559
GJR-GARCH	251.22	6.936	3.225	1.384	2.669	6.581

[①] 为了节省篇幅，我们不提供 MCS 过程的详细描述，感兴趣的读者可以参考 Hansen 等（2011）的研究。还有一些研究也包括 MCS 的应用（Laurent et al.，2012）。

续表

模型	MSE$_1$	MAE$_1$	MSE$_2$	MAE$_2$	QLIKE	R^{2}LOG
IGARCH	<u>249.93</u>	7.106	3.319	1.402	<u>2.669</u>	6.626
FIGARCH	<u>246.77</u>	6.933	3.208	1.384	<u>2.666</u>	6.582
HV	<u>275.43</u>	7.385	3.693	1.521	<u>2.872</u>	7.355

注：本表中的数字是损失函数。粗体值表示相应模型在预先指定的标准下具有最低的预测损失。带下划线的数字表示相应的模型包含在 MCS 中。我们执行 10 000 个分块自举程序来生成 MCS 检验的 p 值，MCS 的置信度为 90%。

表 6-5 给出了向前 1 天的布伦特油价波动率预测结果。我们仍然发现，在大多数损失函数下，MSM 模型预测比 GARCH 族模型预测的损失更低。MSM 模型（6）比其他 MSM 模型产生了更准确的预测。6 个损失函数中，MSM 模型在 5 个损失函数下被纳入 MCS。HV 模型和 GARCH 族模型分别在 6 个和 5 个损失函数下被排除在 MCS 之外，表明它们的预测精度明显低于 MSM 模型。表 6-6 和表 6-7 分别给出了 WTI 和布伦特油价收益波动率向前 20 天的预测结果。在这里，我们发现 MSM 模型在大多数函数下比其竞争对手的预测损失更低。MSM 模型总是包含在 MCS 中，而 GARCH 族模型和 HV 模型在大多数函数下都被排除在外。总体而言，向前 20 天的预测结果与向前 1 天的预测结果一致。基于此分析，MSM 模型的预测能力普遍优于传统 GARCH 族模型和 HV 模型。

表 6-5　向前 1 天的布伦特油价波动率预测结果

模型	MSE$_1$	MAE$_1$	MSE$_2$	MAE$_2$	QLIKE	R^{2}LOG
MSM（2）	<u>205.84</u>	5.774	2.667	1.266	2.568	6.872
MSM（4）	<u>205.37</u>	<u>5.739</u>	2.647	1.260	2.565	6.838
MSM（6）	**204.63**	**5.724**	**2.628**	**1.254**	2.560	<u>6.779</u>
MSM（8）	<u>205.73</u>	<u>5.760</u>	2.655	1.261	2.565	6.823
MSM（10）	<u>206.04</u>	<u>5.727</u>	<u>2.639</u>	1.257	2.568	6.805
GARCH	<u>205.58</u>	5.947	2.736	1.285	2.554	6.914
EGARCH	<u>209.40</u>	6.004	2.799	1.308	2.597	7.048
GJR-GARCH	<u>205.17</u>	5.933	2.710	1.282	<u>2.544</u>	6.894
IGARCH	<u>208.63</u>	6.123	2.838	1.309	2.558	6.982
FIGARCH	<u>206.19</u>	5.930	2.731	1.281	2.562	6.871
HV	218.59	6.226	3.049	1.389	2.733	7.646

注：本表中的数字是损失函数。粗体值表示相应模型在预先指定的标准下具有最低的预测损失。带下划线的数字表示相应的模型包含在 MCS 中。我们执行 10 000 个分块自举程序来生成 MCS 检验的 p 值，MCS 的置信度为 90%。

表 6-6　WTI 油价收益波动率向前 20 天的预测结果

模型	MSE$_1$	MAE$_1$	MSE$_2$	MAE$_2$	QLIKE	R^{2}LOG
MSM（2）	<u>284.7</u>	6.921	3.183	1.323	<u>4.442</u>	<u>6.124</u>
MSM（4）	<u>269.5</u>	<u>6.758</u>	<u>3.079</u>	<u>1.319</u>	<u>4.435</u>	6.202
MSM（6）	<u>275.8</u>	6.842	<u>3.119</u>	<u>1.315</u>	<u>4.437</u>	**6.121**
MSM（8）	<u>269.9</u>	**6.748**	**3.064**	**1.308**	<u>4.430</u>	6.123
MSM（10）	<u>276.5</u>	6.878	3.142	1.327	<u>4.445</u>	6.206
GARCH	<u>268.1</u>	7.095	3.266	1.371	<u>4.419</u>	6.422
EGARCH	<u>275.2</u>	7.123	3.236	1.345	<u>4.425</u>	6.154
GJR-GARCH	**267.4**	7.138	3.322	1.381	<u>4.493</u>	6.412
IGARCH	<u>280.9</u>	7.659	3.629	1.445	<u>4.466</u>	6.618
FIGARCH	330.1	8.634	4.337	1.603	<u>4.714</u>	7.130
HV	305.6	7.824	3.850	1.523	4.501	7.076

注：本表中的数字是损失函数。粗体值表示相应模型在预先指定的标准下具有最低的预测损失。带下划线的数字表示相应的模型包含在 MCS 中。我们执行 10 000 个分块自举程序来生成 MCS 检验的 p 值，MCS 的置信度为 90%。

表 6-7　布伦特油价波动率向前 20 天的预测结果

模型	MSE$_1$	MAE$_1$	MSE$_2$	MAE$_2$	QLIKE	R^{2}LOG
MSM（2）	<u>190.5</u>	**6.574**	**3.030**	**1.369**	<u>4.443</u>	6.947
MSM（4）	<u>188.4</u>	6.634	<u>3.047</u>	<u>1.376</u>	<u>4.419</u>	6.972
MSM（6）	<u>190.3</u>	6.580	<u>3.037</u>	<u>1.371</u>	<u>4.434</u>	<u>6.942</u>
MSM（8）	<u>189.7</u>	6.679	<u>3.083</u>	1.388	<u>4.435</u>	7.029
MSM（10）	<u>190.9</u>	6.691	<u>3.101</u>	1.389	<u>4.427</u>	7.053
GARCH	<u>189.6</u>	7.050	3.275	1.452	<u>4.418</u>	7.326
EGARCH	<u>192.0</u>	7.076	3.294	1.450	<u>4.441</u>	7.247
GJR-GARCH	**186.0**	6.991	3.246	1.445	<u>4.432</u>	7.327
IGARCH	<u>189.2</u>	6.821	<u>3.172</u>	1.398	<u>4.417</u>	7.132
FIGARCH	<u>205.6</u>	7.764	3.738	1.537	<u>4.447</u>	7.578
HV	<u>199.8</u>	7.280	3.496	1.522	<u>4.531</u>	7.724

注：本表中的数字是损失函数。粗体值表示相应模型在预先指定的标准下具有最低的预测损失。带下划线的数字表示相应的模型包含在 MCS 中。我们执行 10 000 个分块自举程序来生成 MCS 检验的 p 值，MCS 的置信度为 90%。

第四节　石油价格波动率模型的套期保值应用

前面采用 MSM 波动率模型来捕捉和预测石油收益波动率并取得了令人欣喜的结果。值得注意的是，市场参与者更关心波动率预测的经济价值，而不仅仅是统计结果。因此，本节进一步研究波动率模型在石油期货套期保值方面的应用，并且通过比较这些模型的套期保值绩效来评估波动率预测的经济价值。套期保值是期货市场最重要的功能之一。需要对冲油价风险的不仅是石油生产商和炼油商，也包括金融市场参与者和政策制定者。期货套期保值旨在利用期货合约规避现货价格风险。

相关研究的主要问题是哪一个模型能够在样本外最大限度地规避风险。大多数现有研究使用方差代理风险，而我们将使用一个更好的风险衡量指标来研究期货套期保值。此外，我们试图发现是否有计量经济模型在不同的风险准则下均表现良好。在实践中，套期保值的关键步骤是确定 OHR。假设投资者持有 1 美元石油现货多头头寸，OHR 是最小化投资组合风险的最佳空头头寸。现有文献常用的期货对冲模型有普通最小二乘模型、向量自回归模型和向量误差修正（vector error correction，VEC）模型。在此基础上，也有文献提出了一系列动态套期保值模型以提高套期保值的有效性，如二元 GARCH 和 Copula 模型。

本节在最小方差（min-V）和最小 R（min-R）框架下研究石油套期保值以对相关领域的研究做出两点贡献。第一，现有研究大多基于 min-V 框架讨论石油期货套期保值，我们创新性地将目前主流的套期保值模型应用于 min-R 框架，从而致力于找出在 min-V 和 min-R 框架下是否存在性能最佳的模型。我们侧重于在 Chen 等（2014）提出的 min-R 框架下计算不同模型的 OHR，并与 min-V 框架的结果进行比较。Chen 等（2014）通过最小化 Aumann 和 Serrano（2008）开发的新风险指标（R 指数），提供了一种新的套期保值方法。他们提出，方差对收益和损失施加的权重相等，而 R 指数可以弥补这一缺陷，因为它对收益施加较小的权重，而对损失施加更多的惩罚。因此，R 指数作为衡量市场风险的指标，在理论上优于方差。事实上，方差（或波动率）在投资组合配置的讨论中扮演着重要角色。然而，正如 Alquist 等（2013）所指出的那样，方差通常不是衡量石油生产商或消费者面临的价格风险的有效指标。例如，石油生产商并不一定担心油价的方差。他们担心油价低于边际成本将使他们倒闭，而油价超过高门槛将导致大规模替代技术的使用。事实上，石油市场套期保值者并不仅仅致力于降低油价风险。虽然期货套期保值确实可以在很大程度上规避价格风险，但由于没有人喜欢财富损失，一些套期保值者也关心投资组合的收益。因此，如何调整 min-V 框架以满足市场参与者的需求是一个有趣的问题。

第二，主流文献试图找到一个最优套期保值模型，而我们关注模型组合而非单一模型。其原因在于单一模型存在模型不确定性问题，表现为样本外性能不稳定，且随时间波动较大。对于厌恶模型不确定性的投资者来说，模型组合是更为合理的选择。由于影响不同模型绩效的因素具有时变性，最优套期保值模型可能会随时间而发生变化。例如，一些模型似乎在油价变化非常不稳定时表现良好，而其他模型在油价变化相对"平静"时表现更好。因此，不同套期保值模型的组合为处理模型不确定性提供了一种合适的方法。我们利用四种不同期限的石油现货和期货合约的周数据进行实证分析。通过采用 10 个主流计量经济学模型，包括固定套期保值比率模型（如 OLS、VAR 和 VEC）和动态模型（多元 GARCH 和 Copula 模型）来生成样本外 OHR，我们旨在 min-V 和 min-R 框架下找到最优套期保值模型。

一、套期保值框架

套期保值是期货市场的主要功能。期货套期保值的关键程序是计算 OHR。考虑一个投资者在石油现货中持有 1 美元的多头头寸，OHR 是其应该持有的最佳空头头寸。通过这种方式，套期保值投资组合的收益为

$$r_{p,t+1} = r_{s,t+1} - \delta_t r_{f,t+1} \tag{6-13}$$

式中，δ_t 为 OHR；$r_{s,t+1}$ 和 $r_{f,t+1}$ 分别为时间 $t+1$ 的现货和期货收益。

（一）最小方差套期保值

在 min-V 框架下，我们应该通过最小化套期投资组合的方差来计算 OHR：

$$\text{var}(r_{p,t+1}) = \text{var}(r_{s,t+1}) + \delta_t^2 \text{var}(r_{f,t+1}) - 2\delta_t \text{Cov}(r_{s,t+1}, r_{f,t+1}) \tag{6-14}$$

然后，我们可以获得 OHR，写作：

$$\delta_{t,V}^* = \frac{\hat{h}_{sf,t+1}}{\hat{h}_{f,t+1}} \tag{6-15}$$

式中，$\hat{h}_{sf,t+1}$ 为时间 $t+1$ 时现货和期货收益之间协方差的预测；$\hat{h}_{f,t+1}$ 为期货收益波动率的预测。

（二）最小风险套期保值

Aumann 和 Serrano（2008）认为方差不是衡量投资组合风险的好方法。因此，他们基于投资者具有恒定绝对风险规避（constant absolute risk aversion，CARA）效用函数的假设，提出了 R 指数的替代衡量指标为

$$U(W_t) = -\gamma^{-1}\exp(-\gamma W_t) \tag{6-16}$$

式中，U 为投资者的效用；W_t 为其财富；γ 为风险规避系数。Aumann 和 Serrano（2008）指出，应该有一个最优的风险厌恶系数 γ^* 以确保投资者在投资和不投资之间无差别，即

$$-\frac{1}{\gamma}\exp(-\gamma^* W_t) = E\left(-\frac{1}{\gamma}\exp(-\gamma^*(W_t + x_t))\right) \tag{6-17}$$

式中，x_t 为投资带来的财富收益。通过 $R_x = -\frac{1}{\gamma^*}$，我们可以推导出以下等式：

$$E\left(\exp\left(-\frac{x_t}{R_x}\right)\right) = 1 \tag{6-18}$$

Aumann 和 Serrano（2008）将 R_x 定义为一个新的风险指标，并证明该指数与其他指标相比具有许多优势。此外，x_t 的矩生成的函数可表示为

$$E(\exp(\tau x_t)) = \exp\left(\mu_x \tau + \frac{1}{2}\sigma_x^2 \tau^2\right) \tag{6-19}$$

式中，τ 为阶数；$\mu_x = E(x_t)$；$\sigma_x^2 = \mathrm{var}(x_t)$。$\mu_x$ 和 σ_x^2 分别是投资组合的均值和方差。当 x_t 服从正态分布时，有

$$\exp\left(-\frac{\mu_x}{R_x} + \frac{\sigma_x^2}{2R_x^2}\right) = 1 \tag{6-20}$$

因此，在正态分布下，我们有风险指数，表示为

$$R_x = \frac{\sigma_x^2}{2\mu_x} \tag{6-21}$$

实际上，当不满足正态分布假设时，R_x 的计算相当复杂。不过，Chen 等（2014）发现当 μ_x 足够小时，正态分布假设下的 R_x 值将非常接近非正态分布下的值。众所周知，石油现货和期货收益通常服从非正态分布，但条件均值几乎为 0。也就是说，我们可以使用在正态分布下获得的 R_x 来代替非正态分布下的 R_x。为了简单起见，我们在以下分析中仅讨论正态分布的情形。

类似地，我们可以通过最小化式（6-21）中的 R_x 来获得 min-R 框架中的 OHR，即

$$\delta_{t,R}^* = \mathrm{argmin} R_{r_{p,t+1}}(\delta_{t,R}) \tag{6-22}$$

$$R_{r_{p,t+1}} = \frac{h_{s,t+1} - 2\delta_{t,R} h_{sf,t+1} + \delta_{t,R}^2 h_{f,t+1}}{2(\mu_{s,t+1} - \delta_{t,R}\mu_{f,t+1})} \tag{6-23}$$

式中，$\mu_{s,t+1}$ 和 $\mu_{f,t+1}$ 分别为现货和期货收益的条件均值。假设绝对条件相关 $|\rho_{sf}|<1$，min-R 框架的 OHR 可以写为

$$\delta_{t,R}^* = \left(\frac{\hat{\mu}_{s,t+1}}{\hat{\mu}_{f,t+1}}\right) - A^{0.5} \tag{6-24}$$

$$A = \left(\frac{\hat{\mu}_{s,t+1}}{\hat{\mu}_{f,t+1}} - \frac{\hat{h}_{s,t+1}^{0.5}}{\hat{h}_{f,t+1}^{0.5}}\right)^2 + 2(1-\rho_{sf})\left(\frac{\hat{\mu}_{s,t+1}}{\hat{\mu}_{f,t+1}}\right)\left(\frac{\hat{h}_{s,t+1}^{0.5}}{\hat{h}_{f,t+1}^{0.5}}\right) \tag{6-25}$$

式中，$\hat{\mu}_{s,t+1}$ 和 $\hat{\mu}_{f,t+1}$ 分别为石油现货和期货收益的预测。因此，在 min-R 框架下，OHR 通过式（6-24）计算。通过比较式（6-15）和式（6-24），我们可以看出 min-V 框架下的 OHR 仅与现货、期货的方差和协方差有关，而 min-R 框架下的 OHR 还与条件均值有关。值得注意的是，当我们计算 min-R 框架下的 OHR 时，历史均值的滚动平均值被视为平均预测值。这种方法实际上相当于对常数的回归。尽管这种条件均值模型很简单，但最近的研究表明，在预测资产价格回报时，计量经济模型很难超越历史平均基准（Goyal and Welch, 2008; Rapach et al., 2010）。

二、期货套期保值的计量经济学模型

（一）OLS 法

OLS 是一个非常常见的模型估计方法，广泛用于期货套期保值的文献中。基于 OLS 的简单模型为

$$r_{s,t} = \alpha_{\text{OLS}} + \beta_{\text{OLS}} r_{f,t} + \varepsilon_{s,t} \tag{6-26}$$

式中，$r_{s,t}$ 和 $r_{f,t}$ 分别为 t 时刻现货和期货的收益；α_{OLS} 为常数项；β_{OLS} 为最优套期保值比率；$\varepsilon_{s,t} \sim N(0, \sigma_s^2)$。

（二）VAR 模型

VAR 模型也基于 OLS 发展而来，但它还考虑了过去的收益对当前收益的影响。VAR（1, 1）表示为

$$\begin{aligned} r_{s,t} &= \alpha_{1,\text{VAR}} + \beta_{11,\text{VAR}} r_{s,t-1} + \beta_{12,\text{VAR}} r_{f,t-1} + \varepsilon_{s,t} \\ r_{f,t} &= \alpha_{2,\text{VAR}} + \beta_{21,\text{VAR}} r_{s,t-1} + \beta_{22,\text{VAR}} r_{f,t-1} + \varepsilon_{f,t} \end{aligned} \tag{6-27}$$

式中，不同下标的 α 和 β 均为待估参数；$(\varepsilon_{s,t}, \varepsilon_{f,t})^{\text{T}} \sim N(0, \boldsymbol{H})$，$\boldsymbol{H}$ 为 $\varepsilon_{s,t}$ 和 $\varepsilon_{f,t}$ 的协方差矩阵。

（三）VEC 模型

VEC 模型通过考虑现货和期货价格之间的协整关系来改进 VAR 模型，VEC (1,1) 模型如下：

$$r_{s,t} = \alpha_{1,\text{VAR}} + \beta_{11,\text{VAR}} r_{s,t-1} + \beta_{12,\text{VAR}} r_{f,t-1} + \lambda_s z_{t-1} + \varepsilon_{s,t}$$
$$r_{f,t} = \alpha_{2,\text{VAR}} + \beta_{21,\text{VAR}} r_{s,t-1} + \beta_{22,\text{VAR}} r_{f,t-1} + \lambda_f z_{t-1} + \varepsilon_{f,t}$$
（6-28）

式中，$(\varepsilon_{s,t}, \varepsilon_{f,t})^T \sim N(0, \boldsymbol{H})$；误差修正项 z_t 从协整回归 $s_t = \eta_0 + \eta_1 f_t + z_t$ 中获得，s_t 和 f_t 分别为现货和期货合约的对数价格。

（四）CCC-GARCH 模型

Bollerslev（1990）提出的常数条件相关 GARCH（constant conditional correlation-GARCH，CCC-GARCH）模型假设现货和期货收益之间的条件相关性不变。该模型基于单变量 GARCH（1,1）模型（Bollerslev，1986）[①]，形式为

$$r_{i,t} = \mu_{i,t} + \varepsilon_{i,t} = \mu_{i,t} + h_{i,t}^{1/2} \eta_{i,t}, \eta_{i,t} \sim \text{iid } N(0,1)$$
$$h_{i,t} = \omega_i + \alpha_i \varepsilon_{i,t-1}^2 + \beta_i h_{i,t-1}$$
（6-29）

式中，$i = s, f$；GARCH 模型中有参数限制 $\omega_i > 0$、$\alpha_i \geq 0$ 和 $\beta_i \geq 0$ 以确保条件波动率 $h_{i,t}$ 为正。CCC-GARCH 模型中的协方差定义为

$$\boldsymbol{H}_t = \boldsymbol{G}_t \boldsymbol{\Gamma} \boldsymbol{G}_t = \left(\rho_{sf} \sqrt{h_{s,t} h_{f,t}} \right)$$
（6-30）

式中，$\boldsymbol{G}_t = \text{diag}(h_{s,t}^{1/2}, h_{f,t}^{1/2})$；$\boldsymbol{\Gamma} = (\rho_{sf})$ 为条件相关矩阵。

（五）DCC-GARCH 模型

大量研究表明，不同资产收益之间的相关性并非一成不变，它们会随着时间的推移而发生变化。为了捕获条件相关中的时变性质，Engle（2002）开发了一个动态条件相关 GARCH（dynamic conditional correlation-GARCH，DCC-GARCH）模型，可以写成：

$$\boldsymbol{H}_t = \boldsymbol{G}_t \boldsymbol{\Gamma}_t \boldsymbol{G}_t = \left(\rho_{sf,t} \sqrt{h_{s,t} h_{f,t}} \right)$$
（6-31）

式中，$\boldsymbol{\Gamma}_t = \text{diag}\left(q_{s,t}^{-1/2}, q_{f,t}^{-1/2}\right) \boldsymbol{Q}_t \text{diag}\left(q_{s,t}^{-1/2}, q_{f,t}^{-1/2}\right)$，正定矩阵 $\boldsymbol{Q}_t$ 由下式给出：

[①] 建模石油价格波动率的另一种选择是使用高频数据。然而，由于石油现货的高频数据非实时，在套期保值分析中，我们放弃了实际波动率的度量。

$$Q_t = \bar{\rho}(1-\lambda_1-\lambda_2) + \lambda_1(\varepsilon_{t-1}\varepsilon_{t-1}^T) + \lambda_2 \Gamma_{t-1} \qquad (6\text{-}32)$$

式中，$\bar{\rho}$ 为 ε_t 的无条件相关矩阵；参数 λ_1 和 λ_2 是标量并且满足条件 $\lambda_1 + \lambda_2 < 1$；当 $\lambda_1 = \lambda_2 = 0$ 时，DCC-GARCH 模型等同于 CCC-GARCH 模型。

（六）BEKK-GARCH

Engle 和 Kroner（1995）的 BEKK-GARCH 模型是最受欢迎的双变量 GARCH 模型之一，它以首次提出该模型的四位经济学家（Baba、Engle、Kraft 和 Kroner）的名字的首字母命名。该模型的形式如下：

$$H_t = \Omega^T \Omega + A^T \varepsilon_{t-1}\varepsilon_{t-1}^T A + B^T H_{t-1} B \qquad (6\text{-}33)$$

式中，Ω、A 和 B 为 2×2 的矩阵；条件协方差矩阵是 H_t。A 和 B 的非对角线元素捕捉了两个市场之间波动溢出的影响。在本节中，我们通过设置不同的 A 和 B 的形式来使用三种版本的 BEKK 模型，分别是满秩 BEKK（full BEKK）、对角 BEKK（diagonal BEKK）和标量 BEKK（scalar BEKK）模型。

（七）动态 Copula 方法

Copula 模型在获取两种金融资产收益之间的依赖关系时也同样备受重视。GARCH-Copula 使用单变量 GARCH 捕捉边际分布，同时使用 Copula 模拟标准化残差的依赖性。在这里，我们使用 Glosten 等（1993）的标准 GARCH（1, 1）和 GJR-GARCH（1, 1）描述现货和期货收益的边际分布。在本节中，我们考虑以下 t-Copula 函数，形式为

$$C_t(u,v;\rho,d) = t_{d,\rho}(t_d^{-1}(u), t_d^{-1}(v)) \qquad (6\text{-}34)$$

式中，u 和 v 分别为现货和期货收益的标准化残差；$t_{d,\rho}(u,v)$ 为标准双变量学生 t 分布的累积分布函数；$t_d^{-1}(u)$ 和 $t_d^{-1}(v)$ 均为单变量学生 t 分布的逆函数；ρ 和 d 为双变量 Copula 模型的参数。

总之，我们总共使用了 10 个计量经济模型来进行套期保值分析。它们分别是 3 个恒定套期保值模型（OLS、VAR 和 VEC）和 7 个动态套期保值模型（3 个 BEKK-GARCH 模型、CCC-GARCH、DCC-GARCH 和两个 Copula 方法）。

三、数据

此处，我们使用了 WTI 石油现货和期货合约的每周价格[①]。我们的样本数据

[①] 这里不考虑日数据，因为观测值太多会加重计算负担。

涵盖了 1986 年 1 月至 2018 年 4 月的 1685 份价格观察结果。期货合约共包含四个类别。合同 1 在交割月之前的第 25 个日历日之前的第 3 个工作日到期。如果当月的第 25 个日历日是非营业日，则交易在第 25 个日历日之前的第 3 个工作日停止。合约到期后，该日历月的剩余时间被划归至合同 1 的下一个月。合同 2～4 表示合同 1 之后的连续交付月份。所有价格数据均来自 EIA 网站。图 6-2 绘制了 WTI 石油现货和期货价格。

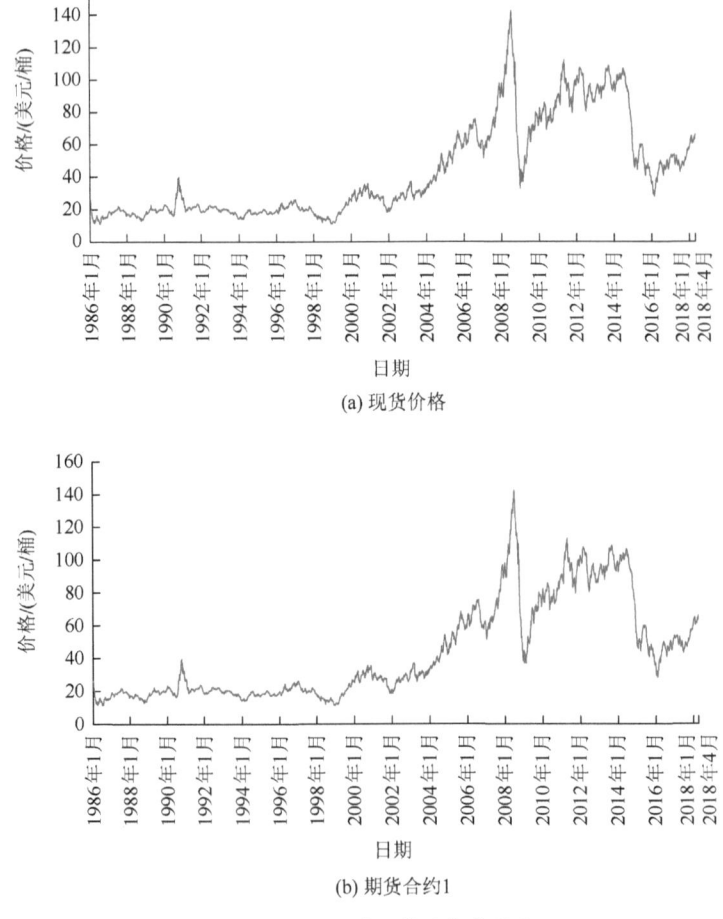

(a) 现货价格

(b) 期货合约1

图 6-2　WTI 石油现货和期货价格

根据图 6-2 可以发现，油价波动剧烈。1991 年海湾战争和 2008 年金融危机等都对油价带来了剧烈冲击。因此，石油生产商和炼油商有必要对冲价格风险。此外，现货和期货价格因受相同的供需基本面影响而呈现出相似的变化路径，因而石油期货合约始终被视为对现货进行套期保值的天然工具。

表 6-8 给出了石油收益率的描述性统计结果。我们可以看到现货和期货的收益率均值都接近于 0,这使得我们可以在 min-R 框架下用正态分布代替非正态分布。同时,现货和期货收益率的偏度为负,峰度大于 3,表明存在厚尾分布。Jarque-Bera 检验的原假设被拒绝,这也证实了石油收益率分布的非正态性。

表 6-8 石油收益率的描述性统计结果

变量	均值	最大值	最小值	标准差	偏度	峰度	Jarque-Bera
WS	0.056	25.125	−19.234	4.331	−0.148	6.299	769.594***
WF1	0.056	25.531	−19.041	4.197	−0.249	6.136	707.334***
WF2	0.057	22.616	−20.982	3.842	−0.334	5.874	610.934***
WF3	0.059	21.486	−18.431	3.622	−0.345	5.779	575.492***
WF4	0.060	20.617	−17.421	3.443	−0.359	5.843	603.435***

注:Jarque-Bera 统计量的零假设是正态分布的。WS 表示 WTI 石油现货价格,WF1、WF2、WF3、WF4 分别是 WTI 石油期货价格,对应期货合同 1~4。

***表示在 1%的显著性水平下拒绝零假设。

四、实证结果

本节将展示 10 个计量经济模型的样本内和样本外套期保值结果,并在 min-V 和 min-R 框架下评估套期保值业绩。除了找到最优的套期保值模型外,我们还比较了不同期货合约的套期保值绩效。

(一)样本内表现

我们发现 min-R 框架下的 OHR 低于 min-V 框架下的 OHR,这证实了 Chen 等(2014)的结果[①]。在海湾战争和 2008 年金融危机等事件期间,min-R 框架下的 OHR 接近于 0。原因是这些事件减少了预期现货收益。

表 6-9 显示了 min-V 框架下的样本内表现。我们给出了套期保值投资组合收益的均值、方差、偏度和峰度。我们比较了 4 种期货合约的结果。当使用合约

[①] Chen 等(2014)推导出 min-V 框架下的 OHR,$\delta_{t,V}^*$ 与 min-R 框架下的 $\delta_{t,R}^*$ 之间的联系。首先,将式(6-24)中的 A 改写为 $A = \left(\frac{\hat{\mu}_{s,t+1}}{\hat{\mu}_{f,t+1}} - \delta_{t,V}^*\right)^2 + (1-\rho_{sf}^2)\left(\frac{\hat{h}_{s,t+1}^{0.5}}{\hat{h}_{f,t+1}^{0.5}}\right)^2$,因为 $|\rho_{sf}| < 1$,有 $A^{1/2} > \frac{\hat{\mu}_{s,t+1}}{\hat{\mu}_{f,t+1}} - \delta_{t,V}^*$。将式(6-24)与上式结合,得到 $\delta_{t,R}^* < \delta_{t,V}^*$,即 min-R 框架下的 OHR 比 min-V 框架下的 OHR 要小。换句话说,如果用 R 指数来衡量风险,min-V 方法过度套期保值。

1时，所有模型都导致套期保值投资组合产生正的平均收益。当使用合约2~4时，平均收益较低，并且在不同模型之间的变化很大。因此，在min-V框架下，合约1是比其他3种到期日较长的期货合约更好的套期保值工具。我们比较各种计量经济模型后，发现OLS模型的投资组合方差最小，说明套期保值效果最好。3种固定套期保值模型的套期保值方差接近，低于动态套期保值模型的套期保值方差。这一结果表明，在min-V框架下，考虑到套期保值比率随时间的变化，简单的回归模型比复杂的GARCH模型表现得更好。

表6-9　min-V框架下的样本内表现

模型	均值	方差	偏度	峰度	模型	均值	方差	偏度	峰度
合约1					合约2				
OLS	0.000	1.241	−0.134	41.468	OLS	−0.005	2.083	0.586	16.772
VAR	0.001	1.241	−0.135	41.678	VAR	−0.005	2.083	0.597	16.749
VEC	0.002	1.243	−0.137	41.938	VEC	−0.005	2.083	0.588	16.770
CCC-GARCH	0.004	1.336	−0.494	31.375	CCC-GARCH	−0.002	2.161	0.727	18.811
DCC-GARCH	0.004	1.319	−0.312	34.088	DCC-GARCH	0.003	2.147	0.733	18.917
满秩BEKK	0.000	1.326	−0.806	30.900	满秩BEKK	0.001	2.151	0.539	18.101
标量BEKK	0.006	1.334	−0.316	33.770	标量BEKK	0.004	2.164	0.911	20.254
对角BEKK	0.008	1.379	−0.217	33.926	对角BEKK	0.008	2.141	0.619	17.579
GJR-Copula	0.004	1.320	−0.552	30.833	GJR-Copula	−0.003	2.141	0.722	18.187
GARCH-Copula	0.004	1.337	−0.494	31.355	GARCH-Copula	−0.002	2.162	0.727	18.794
合约3					合约4				
OLS	−0.012	2.766	0.580	14.570	OLS	−0.012	3.328	0.540	13.677
VAR	−0.010	2.766	0.585	14.547	VAR	−0.013	3.341	0.503	13.698
VEC	−0.009	2.766	0.585	14.547	VEC	−0.013	3.329	0.546	13.658
CCC-GARCH	−0.007	2.889	1.033	18.326	CCC-GARCH	−0.010	3.492	0.945	16.701
DCC-GARCH	0.000	2.864	1.019	18.259	DCC-GARCH	−0.002	3.453	0.908	16.487
满秩BEKK	−0.005	2.865	0.712	15.973	满秩BEKK	−0.011	3.477	0.624	14.169
标量BEKK	0.000	2.876	0.926	17.451	标量BEKK	−0.003	3.464	0.760	15.058
对角BEKK	0.000	2.874	0.829	16.365	对角BEKK	−0.004	3.479	0.735	14.657
GJR-Copula	−0.008	2.856	1.000	17.978	GJR-Copula	−0.012	3.445	0.913	16.556
GARCH-Copula	−0.007	2.891	1.033	18.307	GARCH-Copula	−0.010	3.494	0.945	16.686

注：本表显示了在最小方差框架下4个期货合约的10个计量经济模型的样本内套期保值表现。我们给出了来自不同模型产生投资组合收益的均值、方差、偏度和峰度。

表 6-10 给出了 min-R 框架下的样本内表现。风险指数 R 代替了方差来充当评价标准。需要注意的是，如果平均收益为负，则 R 指数不可用。对于合约 1 和合约 4，被套期保值投资组合的平均收益均为正。作为对比，我们发现合约 2 和合约 3 的平均收益在使用 3 个固定套期保值模型（OLS、VAR 和 VEC）时为正，而在使用其他 7 个动态套期保值模型时为负。固定套期保值模型在所有期货合约中均具有较低的 R 值。这一发现与我们基于 min-V 框架的结果本质上一致。此外，我们发现合约 1 的 OLS 性能最好，而对其他 3 个合约，VEC 产生的 R 最低。但是，每个合约中 3 个静态回归模型的表现相当接近。此外，我们发现，当使用期限较长的期货合约时，套期保值投资组合的 R 指数增加。例如，合约 1 中 OLS 模型的 R 指数为 54.666，合约 4 中的 R 指数为 94.503。

表 6-10 min-R 框架下的样本内表现

模型	均值	R	偏度	峰度	模型	均值	R	偏度	峰度
合约 1					合约 2				
OLS	0.020	54.666	−0.020	20.269	OLS	0.033	76.053	0.043	6.925
VAR	0.018	55.871	−0.025	24.007	VAR	0.032	75.995	0.051	7.131
VEC	0.015	59.073	−0.037	28.779	VEC	0.032	75.989	0.056	7.278
CCC-GARCH	0.012	195.987	3.360	90.288	CCC-GARCH	−0.059	−	−2.697	65.121
DCC-GARCH	0.010	252.337	3.290	87.082	DCC-GARCH	−0.052	−	−2.615	59.501
满秩 BEKK	0.013	198.844	2.993	78.749	满秩 BEKK	−0.063	−	−2.268	54.226
标量 BEKK	0.008	322.525	3.036	82.783	标量 BEKK	−0.059	−	−2.684	61.159
对角 BEKK	0.007	327.881	2.975	85.656	对角 BEKK	−0.061	−	−2.624	61.069
GJR-Copula	0.011	205.223	3.377	90.239	GJR-Copula	−0.060	−	−2.661	64.969
GARCH-Copula	0.011	207.562	3.358	90.175	GARCH-Copula	−0.060	−	−2.696	65.073
合约 3					合约 4				
OLS	0.043	87.453	−0.017	5.121	OLS	0.052	94.503	−0.062	4.286
VAR	0.043	87.439	−0.017	5.131	VAR	0.052	94.572	−0.064	4.259
VEC	0.043	87.330	−0.012	5.210	VEC	0.044	93.882	−0.021	4.920
CCC-GARCH	−0.022	−	−3.556	88.620	CCC-GARCH	0.009	671.949	−0.743	14.020
DCC-GARCH	−0.010	−	−3.506	87.904	DCC-GARCH	0.023	271.326	−0.734	14.427
满秩 BEKK	−0.020	−	−3.092	77.630	满秩 BEKK	0.013	491.907	−0.628	15.156
标量 BEKK	−0.017	−	−3.651	91.803	标量 BEKK	0.017	345.694	−0.813	15.119
对角 BEKK	−0.019	−	−3.511	88.936	对角 BEKK	0.017	363.312	−0.759	15.053
GJR-Copula	−0.025	−	−3.532	87.946	GJR-Copula	0.007	936.151	−0.724	13.984
GARCH-Copula	−0.023	−	−3.553	88.520	GARCH-Copula	0.008	808.558	−0.742	14.011

注：本表显示了 min-R 风险框架下 4 种期货合约的 10 种计量经济模型的样本内套期保值表现。我们给出了来自不同模型的套期保值投资组合收益率的均值、R 指数、偏度和峰度。投资组合中收益率的均值为负值意味着 R 无意义或无限，这里用"−"表示。

（二）样本外表现

与样本内表现相比，市场参与者更关注样本外表现，因为他们对套期保值模型的未来表现更感兴趣。出于这一动机，我们在本节中调查了套期保值的样本外表现。我们使用滚动窗口技术生成现货和期货收益及其协方差的预测，以构建 OHR。窗口长度设置为 500，具体而言，从第 1 周到第 500 周的现货和期货的观察结果用于生成第 501 周的 OHR。通过在新的 1 周中添加观察值并且在最远的 1 周中放弃观察值，样本内估计窗口向前移动。通过这种方式，我们可以使用模型获得一系列 OHR。

需要注意的是，更复杂的模型并不一定会得到更好的套期保值效果，尽管它们可能会捕获更重要的"程式化事实"，如异方差性和动态相关性。这一点在某些文献中（Wang et al., 2015b）也有所体现。原因是复杂模型的许多参数和假设使估计风险变得更大。高估风险可能会恶化经济模型的样本外表现。

表 6-11 显示了 min-V 框架下的样本外表现，它与样本内结果略有不同。我们可以看到，对于合约 1 来说，三种恒定套期保值模型具有相似的投资组合方差，除了满秩 BEKK 和标量 BEKK 模型外，它们的表现优于 7 个时变套期保值模型中的 5 个模型。对于合约 2，除了标量 BEKK 之外，恒定套期保值模型产生了比 7 个时变模型中的 6 个模型更低的套期保值方差。偏度和峰度表明，恒定套期保值模型投资组合的收益率的尖峰程度低于时变模型投资组合的收益率。对于合约 3 和合约 4，OLS 模型具有比所有模型更低的套期保值方差。因此，我们可以得出结论，在 min-V 框架下，恒定套期保值模型尤其是 OLS 模型具有最强大的样本外性能。

表 6-11 min-V 框架下的样本外表现

模型	均值	方差	偏度	峰度	模型	均值	方差	偏度	峰度
合约 1						合约 2			
OLS	0.001	1.225	−0.181	52.037	OLS	−0.010	1.953	0.863	19.675
VAR	0.001	1.223	−0.142	53.082	VAR	−0.010	1.963	0.859	19.589
VEC	0.001	1.224	−0.114	53.582	VEC	−0.010	1.961	0.853	19.668
CCC-GARCH	0.013	1.428	−0.212	34.762	CCC-GARCH	0.004	2.173	1.721	30.707
DCC-GARCH	−0.022	1.884	−1.131	26.112	DCC-GARCH	−0.028	2.691	1.017	22.618
满秩 BEKK	−0.017	1.100	−1.756	38.552	满秩 BEKK	−0.003	2.096	1.962	32.150
标量 BEKK	−0.010	1.177	−1.360	38.680	标量 BEKK	−0.016	1.903	1.219	24.267
对角 BEKK	−0.012	1.242	−1.344	40.945	对角 BEKK	−0.012	1.991	1.315	25.350
GJR-Copula	0.004	1.317	−0.819	34.399	GJR-Copula	0.006	1.986	1.405	25.993
GARCH-Copula	0.002	1.371	−0.548	35.593	GARCH-Copula	0.007	2.077	1.457	31.141

续表

模型	均值	方差	偏度	峰度	模型	均值	方差	偏度	峰度
合约 3					合约 4					
OLS	−0.019	2.608	1.053	19.198	OLS	−0.028	3.118	1.066	18.474
VAR	−0.019	2.623	1.059	19.115	VAR	−0.027	3.134	1.076	18.438
VEC	−0.019	2.623	1.052	19.109	VEC	−0.027	3.136	1.071	18.408
CCC-GARCH	0.002	2.808	2.422	36.112	CCC-GARCH	−0.019	3.488	2.503	34.229
DCC-GARCH	−0.035	3.688	0.838	15.263	DCC-GARCH	−0.020	4.066	0.785	17.577
满秩 BEKK	−0.013	2.804	2.016	31.024	满秩 BEKK	−0.025	3.369	1.720	25.276
标量 BEKK	−0.014	2.608	1.635	23.574	标量 BEKK	−0.024	3.119	1.325	20.778
对角 BEKK	−0.017	2.673	1.770	24.551	对角 BEKK	−0.016	3.301	1.535	21.412
GJR-Copula	0.001	2.711	2.222	31.762	GJR-Copula	−0.002	3.307	2.240	31.156
GARCH-Copula	0.000	2.813	2.438	36.343	GARCH-Copula	−0.006	3.410	2.475	35.201

注：本表显示了 min-V 框架下 4 种期货合约的 10 种计量经济模型的样本外套期保值性能。我们给出了来自不同模型的投资组合收益率的均值、方差、偏度和峰度。

表 6-12 显示了在 min-R 框架下的样本外表现。我们发现 OLS 模型的表现差于 DCC-GARCH 和 GJR-Copula 模型，但比合约 1 中剩余的 5 个动态套期保值模型表现更好。对于合约 3 和合约 4，OLS 投资组合的风险低于大多数动态套期保值投资组合，但它的性能仍然比 DCC-GARCH 模型和对角 BEKK 模型差。总之，DCC-GARCH 在 min-R 框架下运行最佳，而 OLS 则是次优选择。此外，min-R 框架下的结果表明，短期合约导致投资组合风险降低，有更好的套期保值表现，这与 min-V 框架下的结果一致。

表 6-12　min-R 框架下的样本外表现

模型	均值	R	偏度	峰度	模型	均值	R	偏度	峰度
合约 1					合约 2					
OLS	0.038	71.139	3.765	84.459	OLS	−0.044	—	−2.521	56.327
VAR	0.033	76.692	4.209	97.275	VAR	−0.047	—	−2.580	58.246
VEC	0.026	90.110	4.661	110.950	VEC	−0.048	—	−2.626	59.689
CCC-GARCH	0.035	79.626	3.582	80.079	CCC-GARCH	−0.044	—	−2.514	55.492
DCC-GARCH	0.061	59.113	4.317	76.298	DCC-GARCH	−0.010	—	−2.100	53.998
满秩 BEKK	0.024	126.025	3.274	78.107	满秩 BEKK	−0.056	—	−2.277	55.065
标量 BEKK	0.038	75.240	4.651	91.073	标量 BEKK	−0.041	—	−2.452	59.157
对角 BEKK	0.024	110.336	4.273	91.819	对角 BEKK	−0.043	—	−2.156	56.005

续表

模型	均值	R	偏度	峰度	模型	均值	R	偏度	峰度
GJR-Copula	0.042	63.972	3.836	84.245	GJR-Copula	−0.048	−	−2.557	58.218
GARCH-Copula	0.038	72.476	3.625	81.832	GARCH-Copula	−0.050	−	−2.532	56.893
合约 3					合约 4				
OLS	0.062	103.740	0.633	22.959	OLS	0.072	100.198	−0.346	7.658
VAR	0.060	105.732	0.636	21.744	VAR	0.071	101.604	−0.347	7.618
VEC	0.059	106.387	0.656	22.323	VEC	0.070	102.172	−0.348	7.774
CCC-GARCH	0.052	119.281	0.719	24.393	CCC-GARCH	0.073	95.420	−0.278	9.483
DCC-GARCH	0.096	73.655	0.746	21.904	DCC-GARCH	0.101	70.563	−0.226	10.143
满秩 BEKK	0.050	136.411	0.592	25.799	满秩 BEKK	0.046	159.493	−0.333	11.637
标量 BEKK	0.057	115.336	0.675	26.040	标量 BEKK	0.067	105.926	−0.312	11.348
对角 BEKK	0.065	92.888	0.735	24.771	对角 BEKK	0.083	79.697	−0.201	10.400
GJR-Copula	0.049	123.283	0.719	24.034	GJR-Copula	0.057	120.161	−0.295	9.684
GARCH-Copula	0.052	118.880	0.719	24.393	GARCH-Copula	0.059	116.081	−0.296	9.945

注：本表显示了 min-R 风险框架下 4 种期货合约的 10 种计量经济模型的样本外套期保值性能。我们给出了来自不同模型的对冲投资组合收益率的均值、R 指数、偏度和峰度。投资组合中收益率均值为负值的 R 意味着无意义或者无限的，这里用"−"表示。

在分析样本外结果时，我们获得了一个有趣的发现。我们的样本外结果表明，基于两个不同的评估标准，最优套期保值模型并不一致。在 min-V 框架下，恒定对冲模型（如 OLS）的表现优于动态模型，而动态模型（DCC-GARCH）在 min-R 框架下的表现优于静态模型。这个结果并不令人惊讶，因为影响石油套期保值有效性的因素有很多。例如，Yun 和 Kim（2010）分析了不同套期类型和期限的套期有效性，发现套期类型和期限对套期有效性有影响。Conlon 和 Cotter（2013）表示，时间跨度将影响套期保值表现。同样，不同的评价标准也会导致不同的套期保值结果。合理的解释是，min-R 标准同时考虑了套期保值组合收益的均值和方差，而 min-V 标准只关注方差。

然而，这种不一致的结果导致了在实践中最优模型的选择问题。出于这个考虑，我们将不同模型生成的 OHR 进行组合。其基本原理是单一模型的样本外性能并不稳定，并且会随着时间的推移发生很大变化，而组合方法为处理模型不确定性提供了强有力的工具（Stock and Watson，2004）。OHR 的组合为

$$\delta_{t,\text{comb}}^{*} = \sum_{i=1}^{N} \varphi_{i,t} \delta_{i,t}^{*} \tag{6-35}$$

式中，$\delta_{i,t}^*$ 为来自第 i 个模型的 OHR；N 为套期保值模型的总数；为了简单起见，我们使用等权平均组合（即 $\varphi_{i,t}=1/N$）。尽管这种加权方案看起来较为简单，但最近的研究表明，这种方法很难被更复杂的组合打败（Claeskens et al.，2016）。

为了比较，我们考虑了 3 种类型的模型组合：恒定套期保值模型的等权组合（equal weight combination of constant models，EW-C）、动态套期保值模型的组合（equal weight combination of dynamic models，EW-D）和所有模型的组合（equal weight combination of all models，EW-ALL）。结果显示在表 6-13 中。我们发现，在 min-V 标准下，在合约 1~2 中，EW-ALL 策略的组合方差低于 EW-C 和 EW-D 策略。对于其他两份合约，EW-C 和 EW-ALL 的方差非常接近，且都低于 EW-D。在 min-R 标准下，EW-D 和 EW-ALL 的风险 R 值相当接近，也大都低于 EW-C 的风险。换言之，最优套期保值策略在不同的合约和两个评估框架之间会发生变化。然而，我们发现结合来自恒定和动态模型的所有信息的 EW-ALL 方法具有最强大的套期保值性能。

表 6-13　等权重组合的套期保值表现

方法	min-V				min-R			
	均值	方差	偏度	峰度	均值	R	偏度	峰度
合约 1								
EW-C	0.001	1.223	−0.146	53.026	0.032	77.816	4.212	97.401
EW-D	−0.006	1.198	−1.437	35.880	0.037	75.620	3.992	83.065
EW-ALL	−0.004	1.180	−1.249	39.301	0.036	75.778	4.046	87.108
合约 2								
EW-C	−0.010	1.959	0.858	19.650	−0.047	−	−2.576	58.082
EW-D	−0.006	1.966	1.688	28.690	−0.042		−2.396	57.001
EW-ALL	−0.007	1.921	1.349	23.852	−0.043	−	−2.481	57.644
合约 3								
EW-C	−0.019	2.617	1.055	19.151	0.060	105.263	0.642	21.879
EW-D	−0.011	2.682	1.992	29.191	0.060	105.300	0.728	24.658
EW-ALL	−0.013	2.620	1.671	24.827	0.060	104.611	0.706	23.922
合约 4								
EW-C	−0.028	3.128	1.071	18.451	0.071	101.314	−0.347	7.683
EW-D	−0.016	3.264	1.842	26.528	0.069	99.435	−0.272	10.361
EW-ALL	−0.019	3.181	1.585	23.355	0.070	99.387	−0.297	9.492

注：投资组合中均值为负值的 R 意味着无意义或者无限的，这里用"−"表示。

不同于以往的研究侧重于单一类型模型的选择，我们的结果表明，在 min-V 和 min-R 框架下，恒定模型和动态模型的组合产生了最稳健的套期保值有效性。这是因为恒定模型和动态模型的结合比单一模型更稳定，受外界因素的影响更小。我们建议市场参与者考虑恒定模型和动态模型的组合，因为无论更关注波动率还是更关注收益，恒定模型与动态模型组合的套期保值绩效都更稳定。

五、进一步讨论

在本节中，我们对套期保值绩效的实证结果进行了一系列讨论。我们的核心发现之一是当使用不同的评估框架时，最优套期保值策略并不一致。这一发现与文献中关于最优套期保值模型的复杂结果一致。在 min-V 框架下，恒定套期保值模型优于动态套期保值模型，而在 min-R 准则下，动态套期保值模型更受青睐。

这一现象可以归因于估计误差的影响。虽然参数化更多的模型可以捕获更复杂的现货和期货收益之间的联动，但由于较高的估计误差，它们也可能导致更糟糕的样本外表现（DeMiguel et al., 2009）。作为证据，在 min-V 框架下，我们需要对套期保值模型的参数进行估计，从而得到方差和协方差的预测。然而，在协方差中捕捉时变的动态模型比假设波动率不变的恒定模型有更差的套期保值性能。在 min-R 框架下，我们需要均值预测和协方差预测来产生 OHR，收益预测的作用变得更加重要。需要注意的是，"恒定"和"动态"套期保值模型的不同取决于模型中的波动过程，而不是平均过程。恒定套期保值模型实际上假设条件均值随时间变化，而动态套期保值模型关注协方差的时变性。正如我们前面所讨论的，在这种情况下，由于估计误差的影响，恒定套期保值模型比动态套期保值模型表现更糟。

我们的另一个核心发现是，结合所有恒定和动态套期保值模型的 OHR 比只结合任何一种模型的 OHR 产生了更可靠的套期保值绩效。这一结果可以用模型误设的影响来解释。模型误设的论点承认，真正的现货-期货关系实时且未知。当模型设定错误时，复杂的模型也会导致样本外性能较差。Baumeister 和 Kilian（2015）指出，预测组合可以部分解决模型误设的问题。因此，所有恒定模型和动态模型的 OHR 的组合样本外表现最优有其合理性。

第五节　国际石油价格波动率预测的相关结论

众所周知，石油供求关系经常受罢工、战争等因素的影响，进而引发油价剧烈波动。油价的剧烈波动会对经济产生重大影响，因而石油收益波动率的建模和预测极其重要且有意义。

在金融数据中，多重分形（或多尺度）是一个众所周知的程式化事实。然而，传统的波动率模型，如 GARCH 模型并没有考虑这一点。本章采用一种 MSM 波动率模型来捕捉和预测石油收益波动的动态。基于 Vuong（1989）的紧密性检验，我们发现 MSM 模型的对数似然率明显大于 GARCH 族模型，这意味着 MSM 模型更适合石油收益数据。我们计算了 MSM 模型、GARCH 族模型和 HV 模型向前 1 天和 20 天的预测结果，并采用 6 种损失函数对预测损失进行量化。结果表明，在大多数标准下，MSM 模型有较低的预测损失。GARCH 族模型和 HV 模型总是在 90%的置信水平下被排除在 MCS 外。这表明 MSM 模型比 GARCH 族模型或 HV 模型具有更强的预测能力。

除此之外，为了研究相关波动率预测的经济价值，本章还研究了波动率模型在石油市场套期保值方面的表现。套期保值作为规避油价风险的必要工具，旨在使用期货合约来规避现货价格风险。我们使用 Chen 等（2014）的最小化风险方法计算一些常用模型的 OHR，包括 OLS、VAR、VEC、CCC-GARCH、DCC-GARCH、BEKK-GARCH（满秩 BEKK、标量 BEKK、对角 BEKK）和 Copula（GJR-Copula、GARCH-Copula）。我们在 min-V 和 min-R 框架下比较它们的样本内和样本外性能以寻找最优模型。结果表明，如果目标是最小化组合方差，则 OLS 模型具有优于竞争对手的性能。当旨在最小化组合风险时，动态套期保值模型 DCC-GARCH 表现最佳。进一步分析表明，套期保值者应该采用两种模型的组合。在这两个框架下，我们通过组合所有恒定和动态套期保值模型获得了更可靠的套期保值性能，这为套期保值者提供了新思路。

我们还想提出一些值得进一步研究的观点。首先，可以研究 MSM 模型在风险价值预测中的表现。风险价值的估计依赖于对新息的合理假设，超出了本章研究的范围。其次，由于波动率是期权定价公式中的一个关键输入量，因此比较 MSM 模型和其他主流石油期权定价模型的表现将十分有趣。再次，可以将单变量 MSM 模型扩展到可以模拟两种不同资产收益之间协方差的多元 MSM 模型，以研究套期保值和资产配置。关于单变量到多变量 MSM 模型的一些有意义的扩展，详见 Calvet 等（2006）、Liu 和 Lux（2015）的研究。最后，我们将 MSM 模型之间的竞争限制为最多 10 个层次的模型。Lux（2008）提供的证据表明，增加额外的层次可以进一步提高 MSM 的预测能力。Lux（2008）还为 MSM 模型提出了一个广义矩估计（generalized method of moments，GMM）法，其中与耗时的最大似然（maximum likelihood，ML）法相比，任意级别 k 的计算成本可以忽略不计。同样，使用 k 值更高的 MSM 模型可能有益，因为模型置信集将为此类形式的额外解释力提供证据。总的来说，至少在本章中，我们发现 MSM 模型在建模和预测石油价格波动率方面为传统的波动率模型提供了一个更强大的工具。关于套期保值的结果对跨产品套期保值也有重要启示。大型炼油企业通常使用汽油、取暖油等成品油来对冲石油风险（Pan et al., 2014），在执行跨产品套期保值时，组合方法可能是比单一模型更好的选择。由于组合方法在期货套期保值中的优越性，我们可以猜测，组合来自广泛模型的结果可能会提高组合的绩效。

第七章　石油市场信息对股票市场的预测作用

　　股票收益可预测性对资产定价和风险管理领域均具有重要影响，因而受到学术界的广泛关注。现有研究发现了大量能够预测股票收益的变量，包括股息率（Fama and French，1988，1989；Goyal and Welch，2003；Lewellen，2004）、股票方差（Guo，2006；Ludvigson and Ng，2007）、利率（Fama and Schwert，1977；Campbell，1987；Ang and Bekaert，2007）、通货膨胀（Campbell and Vuolteenaho，2004）和消费财富比（Lettau and Ludvigson，2001）。然而，Goyal 和 Welch（2008）的一篇影响深远的文献[①]表明，很难有预测因子可以预测样本外股票收益。近期，相关领域的文献提出了几个新的收益预测指标，包括短期利率（Rapach et al.，2016）、方差风险溢价（Bollerslev et al.，2009）、技术指标（Neely et al.，2014）、新闻隐含波动率（Manela and Moreira，2017）和投资者情绪一致性指标（Huang et al.，2015）。本章通过研究油价上涨指标，发现了一个对样本内和样本外月度股票收益均具有很强预测能力的新因子，从而对相关文献做出贡献。

　　有三个原因可以解释油价上涨预测股票收益的能力。首先，许多宏观经济文献验证了油价变化对实体经济的重要影响（Hamilton，1983，1996；Kilian，2009）。根据 Campbell 和 Cochrane（1999）、Cochrane（2008）的研究可知，当经济状况恶化时，投资者趋向于规避风险，并且要求更高的风险溢价。不少研究还表明，股票收益的可预测部分可能与商业周期有关（Fama and French，1989；Breen et al.，1989）。因此，油价上涨可以通过改变经济状况来预测股票收益。

　　其次，油价变化影响股票收益的决定因素，包括股票波动性（Arouri et al.，2011；Schwert，1989）、利率（Bernanke et al.，1997；Bodenstein et al.，2012；Hamilton and Herrera，2004）、现金流（Jones and Kaul，1996）和通货膨胀（Kilian，2009）。从这个意义上说，油价包含了一些与股票收益有关的预测信息。此外，我们的实证结果表明，油价上涨通过影响贴现率来左右未来的股票收益。

　　最后，投资者反应不足假说也可以解释油价信息对股票收益的预测能力（Narayan and Sharma，2011）。Griffin 和 Tversky（1992）认为，个体可能对断断续续的新闻反应不足，而对长期的醒目信息反应过度。换言之，市场投资者对新信息的短期反应不足，而长期反应过度（Barberis et al.，1998；Daniel et al.，1998；

---

① 这篇论文获得了 2008 年《金融研究评论》的迈克尔·布伦南最佳论文奖。

Hong and Stein，1999）。Narayan 和 Sharma（2011）指出，油价作为投资者关注的公共信息受到实时观察，与之伴生的是金融市场的反应不足。

我们利用油价上涨预测 1927 年 1 月至 2016 年 12 月的股票收益。使用油价上涨，而非简单的油价变动开展预测，是因为 Mork（1989）发现油价上涨时的石油冲击对实体经济具有显著影响，而油价下跌时的石油冲击对实体经济的影响微不足道。然而，Kilian 和 Vigfusson（2011a，2011b）在研究油价和 GDP 之间的关系时并未发现这种不对称性。Charfeddine（2018）发现，Mork（1989）的油价上涨指标没有反映石油与 GDP 的关系。工业生产数据中的不对称性比实际 GDP 数据中的不对称性更显著。例如，如果油价变化导致资本和劳动力成本重新分配，那么关注实际 GDP 总量可能会掩盖重新分配效应的本质（Bresnahan and Ramey，1993；Davis and Haltiwanger，2001）。基于这一点，Herrera 等（2011）研究了油价与美国工业生产之间的关系，并且发现了在分解水平上存在不对称关系的有力证据，尤其是能源相关行业。Herrera 等（2015）使用油价上涨指标后，拒绝了 G7 成员国对油价 1 个标准差变化的对称性反应的零假设，尽管他们在大多数 OECD 成员国中几乎没有发现不对称性的证据。渐进信息扩散假说（Hong et al.，2007）显示行业主导股市，因而我们预计油价变化和市场总收益之间的预测关系具有不对称性。

根据 Mork（1989）将油价变化截断至 0 以反映油价上涨的方法，我们构建了不对称石油收益变量（asymmetric oil return，AOR）[①]。我们发现，这个截断变量能够显著预测全样本期间的股票收益。就样本内 R^2 而言，单变量 AOR 模型的样本内 R^2 大于任何基于 Goyal 和 Welch（2008）主流预测因子的单变量模型。AOR 包含与其他主流预测因子不同的预测内容。

样本外分析主要是评估 1947~2016 年间的递归预测表现。Pettenuzzo 等（2014）定义的夏普比率约束有助于改进收益预测，也适用于本章的预测回归。我们发现，单变量 AOR 模型的样本外 R^2（R^2_{OoS}）为 0.361%，在 5%的水平上具有统计意义。就经济可预测性而言，单变量 AOR 模型的 CER 增益为 57.2 个基点。在 1947~1983 年和 1984~2016 年的两个子样本中，AOR 模型的表现优于基准模型，并且使用主流预测因子的模型没有一个能够同时获得经济和统计预测增益。此外，将 AOR 作为额外预测因子添加到现有的单变量宏观模型中，可以提高所有 14 种模型的预测表现。将油价上涨纳入预测模型后，R^2_{OoS} 均值从 0.219%提高到 0.504%。平均而言，石油-宏观二元模型通过将 CER 增益从 47.7 个基点增加到 84.0 个基点，从而改进了单变量模型。

大量文献研究了石油与股价之间的预测关系（Kilian and Park，2009；Sim and

---

① 考虑到稳健性，我们使用了其他 3 个石油价格上涨的测度指标，并发现存在显著的收益可预测性。更多详细信息，请参见稳健性检验。

Zhou, 2015; Narayan and Gupta, 2015; Sadorsky, 1999)。Smyth 和 Narayan（2018）对油价和股票收益进行了全面的文献综述。他们指出，现有研究的一个局限性是没有阐明油价和股票收益之间统计关系的实际含义。在缺乏此类分析的情况下，投资者和决策者不知道石油信息的用处所在。本章通过展示油价上涨指标优化投资组合绩效的方式来发展相关研究。

值得注意的是，Driesprong 等（2008）发现，油价对未来股票收益具有极强的样本内预测能力。Narayan 和 Sharma（2011）发现了滞后期油价影响公司收益（即样本内可预测性）的样本内证据。然而，估计误差和模型不确定性等问题的存在使良好的样本内表现并不等同于良好的样本外表现（Avramov, 2002; Dangl and Halling, 2012; DeMiguel et al., 2009）。我们利用油价信息揭示了股票收益的样本外统计和经济可预测性，为相关文献做出了贡献。此外，我们还发现，成功预测股票收益的是油价上涨，而非文献中常用的油价变化指标。Chiang 等（2015）根据股票和衍生品市场的价格信息估计潜在油价因素。他们发现，这些因素在解释资产价格的横截面差异时很重要。相比之下，我们展示了油价上涨和市场总收益之间的预测关系。

本章的研究与 Chiang 和 Hughen（2017）的研究密切相关，他们通过使用横截面石油期货价格来探索股票收益可预测性，并且发现石油期货曲线的曲率因子可以预测样本内和样本外股票收益。其中，曲率系数是 4 个到期日石油期货收益的线性组合。与曲率系数相比，我们使用的油价上涨指标更易于实时观察。Chiang 和 Hughen（2017）使用 1983 年开始的石油期货数据，而我们通过使用现货数据并将样本期延长至 1927 年来改进他们的工作。更长的样本期间使本章石油变量的预测表现可以与那些早期表现较好的主流预测因子相比较（Goyal and Welch, 2008）。我们发现，与仅使用一种类型的信息相比，同时使用石油和经济信息可以生成更准确的收益预测，这是对 Chiang 和 Hughen（2017）的研究的补充。在使用被现有文献证明有效的预测组合方法时，我们也发现纳入油价信息可以提高收益可预测性（Rapach et al., 2010）。

总体上，本章的研究与商品和金融资产价格预测的文献有关。Chen 等（2010）发现，主要商品出口国的货币汇率可以预测相应的商品价格，但商品价格不能预测汇率。Ferraro 等（2015）发现了油价变化对加元汇率的日度预测能力，但并未发现其月度预测能力。我们发现，全球商品（石油）价格包含了典型金融资产（股票指数）收益的重要预测信息，从而为相关文献做出了贡献。Jacobsen 等（2019）发现，铜和铝等工业金属的价格变动预测了 2001～2013 年间的股票收益。我们通过将数据样本扩展到 1927 年来补充他们的工作。此外，我们发现，将商品价格和主流宏观信息结合起来，能够产生比单独使用一种类型信息更准确的收益预测。

本章后面的内容组织如下：第一节描述石油市场信息预测能力的检验方法，第二节简要介绍石油和股票市场的数据和指标构建，第三节给出石油市场信息预测能力的检验结果,第四节为拓展分析,介绍石油市场信息预测能力来源与运用,第五节总结本章内容。

第一节 石油市场信息预测能力的检验方法

本节先后给出样本内和样本外预测方法,其中样本外预测方法同时包含统计和经济可预测性两种评价方法。

一、样本内预测方法

为了检验股票收益可预测性,我们使用了标准单变量预测回归,形式如下:

$$r_{t+1} = \alpha + \beta x_t + \epsilon_{t+1}, \quad t=1,2,\cdots,T-1 \tag{7-1}$$

式中,x_t 为股票超额收益 r_{t+1} 的预测变量(例如,AOR 或主流预测因子);ϵ_{t+1} 为独立同分布的误差项;α 和 β 为待估参数。基于 Newey-West 标准误的异方差一致 t 统计量可以检验股票收益预测因子无预测能力的零假设。我们研究并比较了石油变量,包括 AOR 与 Goyal 和 Welch(2008)提出的 14 个主流预测因子的预测能力。针对 AOR 和四个主流预测因子,即净股本扩张率(net equity expansion,NTIS)、国库券利率(treasury bills,TBL)、长期利率(long term yield,LTY)和通货膨胀率(inflation,INFL),设定零假设 $H_0:\beta \geq 0$,以及备择假设 $H_1:\beta < 0$,并进行单侧检验。其余预测因子(Goyal and Welch,2008)我们使用零假设 $H_0:\beta \leq 0$ 和备择假设 $H_1:\beta > 0$。

二、样本外预测方法

(一)预测方法

我们使用递归估计窗口生成收益预测,其中最初 M 个月的观测值用于估计参数。由给定的预测因子 $x_{i,t}$(即石油或宏观预测因子)生成的 $M+1$ 月的预测值为

$$\hat{r}_{i,M+1} = \hat{\alpha}_{i,M+1} + \hat{\beta}_{i,M+1} x_{i,M+1} \tag{7-2}$$

式中,$\hat{\alpha}_{i,M+1}$ 和 $\hat{\beta}_{i,M+1}$ 是受 Pettenuzzo 等(2014)(以下简称 PTV)的夏普比率约束的参数估计值。PTV 认为,合理的收益预测应满足以下条件:年化夏普比率的预期值大于 0 且小于 1[①]。对于大多数变量,PTV 方法的样本外表现优于

[①] 未报告的检验表明,受 PTV 约束的参数估计值的波动小于传统 OLS 估计值。因此,施加 PTV 约束能够降低预测误差的波动性。

无约束回归或使用 Campbell 和 Thompson（2008）约束的回归。这个约束可以写为

$$0 \leqslant \sqrt{H} \frac{\hat{\alpha}_{i,M+1} + \hat{\beta}_{i,M+1} x_{i,M+1}}{\hat{\sigma}_{i,M+1}} \leqslant 1 \quad (7\text{-}3)$$

式中，H 为每年的观察次数（对于月度数据，有 $H=12$）。我们使用 Johnson（2017）提出的加权 OLS 法，将 $\{r_{t+1}\}_{t=1}^{M-1}$ 对常数和 $\{x_{i,t}\}_{t=1}^{M-1}$ 回归来估计 PTV 约束下的参数。同理，$M+2$ 月的收益预测值为

$$\hat{r}_{i,M+2} = \hat{\alpha}_{i,M+2} + \hat{\beta}_{i,M+2} x_{i,M+1} \quad (7\text{-}4)$$

式中，$\hat{\alpha}_{i,M+2}$ 和 $\hat{\beta}_{i,M+2}$ 为根据 PTV 约束将 $\{r_{t+1}\}_{t=1}^{M}$ 对常数和 $\{x_{i,t}\}_{t=1}^{M}$ 回归求得的参数估计值。如此往复，我们就每个预测因子生成了一系列收益预测。

（二）统计可预测性评估方法

评估收益预测表现的标准测度是样本外 R^2（R_{OoS}^2）（Campbell and Thompson，2008；Ferreira and Santa-Clara，2011），计算如下：

$$R_{\text{OoS}}^2 = 1 - \frac{\text{MSPE}_{\text{model}}}{\text{MSPE}_{\text{bench}}} \quad (7\text{-}5)$$

式中，$\text{MSPE}_{\text{model}}$ 和 $\text{MSPE}_{\text{bench}}$ 分别为目标模型和基准模型的 MSPE，$\text{MSPE}_{\text{model}} = \frac{1}{T-M} \sum_{t=M+1}^{T} (r_t - \hat{r}_t)^2$，而 $\text{MSPE}_{\text{bench}} = \frac{1}{T-M} \sum_{t=M+1}^{T} (r_t - \bar{r}_t)^2$，$r_t$ 是已实现月度收益。目标模型和基准模型的预测值分别用 $\hat{r}_t$ 和 $\bar{r}_t$ 表示。股票收益的历史均值为 $\bar{r}_t = \sum_{j=1}^{t-1} r_j$，被作为基准预测。这样的基准预测也可以通过将收益对一个常数回归来求得。直觉上，R_{OoS}^2 为正表明模型预测的 MSPE 低于基准预测，即存在收益可预测性。

参考现有文献的做法，我们使用 Clark 和 West（2007）（以下简称 CW）的统计量检验收益可预测性是否显著。CW 检验的零假设是基准预测的 MSPE 小于或等于给定模型的 MSPE。与 Diebold 和 Mariano（1995）的检验相比，该修正检验更适用于嵌套模型。

（三）经济可预测性评估方法

为了评估石油市场信息对股票指数投资的经济价值，我们参考现有文献的做法（Campbell and Thompson，2008；Ferreira and Santa-Clara，2011；Neely et al.，

2014），考虑一个均值-方差效用投资者在股票指数和无风险国库券之间进行财富分配的情形。在这一框架下，投资者应事先根据以下标准确定股票指数的最佳权重为

$$\omega_t^* = \frac{1}{\gamma} \frac{\hat{r}_{t+1}}{\hat{\sigma}_{t+1}^2} \qquad (7\text{-}6)$$

式中，$\hat{r}_{t+1}$ 和 $\hat{\sigma}_{t+1}^2$ 分别为股票证券指数收益及其方差的预测。无风险国库券被赋予 $1-\omega_t^*$ 的权重。根据 Rapach 等（2010）、Dangl 和 Halling（2012）的研究，我们将风险规避系数设定为 $\gamma = 3$[①]。对于方差预测，根据 Campbell 和 Thompson（2008）的研究，我们使用五年历史收益滚动窗口计算样本方差。参考相关文献（Rapach and Zhou, 2013）的做法，我们将股票证券的最佳权重限制为 0~1.5，以防止卖空和财务杠杆超过 50%的情况[②]。

投资组合收益由式（7-7）给出：

$$R_{p,t+1} = \omega_t^* r_{t+1} + R_{f,t} \qquad (7\text{-}7)$$

式中，$R_{f,t}$ 为无风险利率。我们使用 SR 和 CER 这两个主流标准来评估投资组合绩效。

第二节　石油和股票市场的数据和指标构建

一、股票收益

我们基于无风险利率预测标准普尔 500 指数的超额收益（包括股息）。其中，3 个月期美国国债的收益被视为无风险利率。

二、油价

石油在现代经济中起着重要作用，而世界石油定价通常以 WTI 石油、布伦特石油和迪拜（Dubai）石油这三种油价作为基准。在俄克拉何马州库欣交易的 WTI 石油现货价格与美国经济密切相关，是美国国内石油的定价基准。RAC 也很好地代表了全球石油市场的油价波动，该成本被广泛应用于油价冲击有关的实证宏观经济文献中（Kilian, 2009; Kilian and Park, 2009）。然而，RAC 数据的发布存在一到两个月的滞后。投资组合配置需要根据实时收益预测进行调整，而滞后的 RAC 无法满足这样的要求。此外，1973 年之前无法获得布伦特、迪拜月度油价和

---

① 考虑到稳健性，我们还应用了其他风险规避系数。
② 考虑到稳健性，我们在最优股票权重方面施加了不同约束。

月度 RAC，而 WTI 石油现货价格最早可追溯到 1875 年。Goyal 和 Welch（2008）提出的大多数主流股票收益预测因子始于 1927 年，我们选择了 1926 年 12 月至 2016 年 12 月的 WTI 石油现货价格数据以便进行比较。相关数据来自全球金融数据库[①]。

根据图 7-1 中 WTI 石油现货价格走势与国家经济研究局（National Bureau of Economic Research，NBER）确定的经济周期可以发现，油价在经济扩张结束或经济衰退开始时达到峰值。油价通常会在衰退之前（15 次衰退中有 8 次）的一段时间内经历显著上涨。在这些衰退开始后，油价进入下跌模式，并在接近经济低谷时触及底部。显然，油价与实体经济密切相关。不少文献证明股票收益取决于经济情况（Campbell and Cochrane，1999；Cochrane，2008），这促使我们研究油价变化的股票收益预测能力。

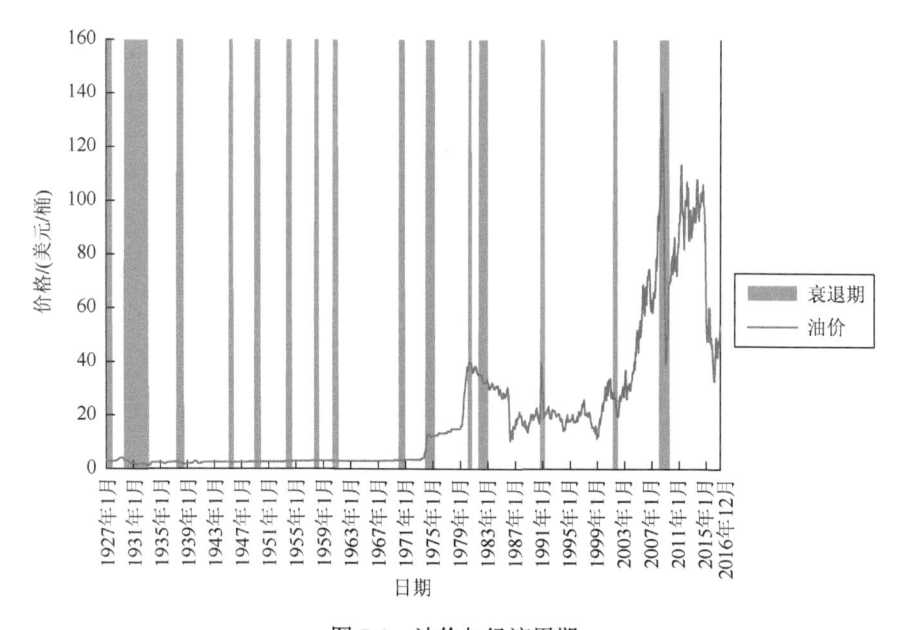

图 7-1 油价与经济周期

根据 Mork（1989）的建议，我们使用 AOR 而非原始收益来预测股票收益。Mork（1989）表明油价变化和宏观经济变量之间的预测关系具有非对称性。具体而言，经济活动对油价上涨时的石油冲击反应显著。通过对对数差进行简单截断可以提取 AOR，即

$$r_{t,\text{oil}}^{+} = \max(\ln(p_t^{\text{oil}}) - \ln(p_{t-1}^{\text{oil}}), 0) \tag{7-8}$$

---

① http://www.globalfinancialdata.com。

式中，p_t^{oil} 和 p_{t-1}^{oil} 分别为 t 期和 $t-1$ 期的石油价格；$r_{t,\text{oil}}^+$ 为正的石油收益变动。由于在计算对数差时没有使用油价的首个观察值，因此我们获得了从 1927 年 1 月开始的油价上涨数据。考虑到稳健性，我们还在实证分析中考虑了油价上涨的替代测度。

三、传统预测因子

为了将我们的发现与股票收益预测文献联系起来，我们比较了石油变量与 Goyal 和 Welch（2008）提出的 14 个主流预测因子的预测能力。这些主流预测因子的数据可在 Amit Goyal 网站上获取[①]。表 7-1 列出了这些预测因子的简要说明以及股票收益的预测符号。

表 7-1　股票收益的主流预测因子

变量名称	简称	变量定义	预测正负性
股息价格比	DP	标准普尔 500 指数的股息对数减去股价对数	+
股息率	DY	标准普尔 500 指数的股息对数减去滞后股价对数	+
市盈率	EP	标准普尔 500 指数的收益对数减去股价对数	+
股息支付率	DE	DP 和 EP 之差	+
股票方差	SVAR	标准普尔 500 指数每日收益的平方和	+
账面市值比	BM	上年末的账面价值与道琼斯工业平均指数月末的市场价值之比	+
净股本扩张	NTIS	纽约证券交易所上市股票的 12 个月净股本发行总额与纽约证券交易所股票年终总市值之比	−
国库券利率	TBL	三个月期美国国库券的第二市场利率	−
长期利率	LTY	长期政府债券利率	−
期限利差	TMS	TBL 与 LTY 之差	+
长期收益	LTR	长期政府债券收益	+
违约利差	DFY	穆迪 BAA-评级和 AAA-评级公司债券收益之差	+
违约收益差	DFR	长期公司债券收益与长期政府债券收益之差	+
通货膨胀	INFL	所有城市消费者的消费价格指数	−

注：本表列出了 Goyal 和 Welch（2008）提出的股票收益主流预测因子，样本期间为 1927 年 1 月至 2016 年 12 月。

这些主流预测因子数据的起始时间与 Goyal 和 Welch（2008）的数据一致，均为 1927 年 1 月，并且它们一直更新到 2016 年 12 月。根据 Campbell 和 Thompson（2008）、Dangl 和 Halling（2012）、Neely 等（2014）的研究，我们使用月度数据。Kilian 和 Vigfusson（2011a，2011b）使用较低频率的 GDP 数据时，没有发现石油-经济关系中存在不对称性。本章每个序列均由 1080 个观测值构成。

[①] https://sites.google.com/view/agoyal145。

第三节 石油市场信息预测能力的检验结果

一、样本内预测结果

表 7-2 给出了预测回归的样本内估计结果，其中所有预测因子均已标准化。我们发现 14 个主流预测因子中，5 个预测因子（EP、BM、NTIS、TBL 和 LTR）的 β 系数显著。与 Driesprong 等（2008）的结果一致，AOR 的 β 系数显著为负。本月 AOR 增加一个标准差导致下月年化超额股票收益下降 5.277。无论系数值还是样本内 R^2，AOR 单变量模型均优于主流预测因子的超额收益模型。总之，研究结果表明，油价上涨预测股票收益的能力高于主流预测因子。

表 7-2 样本内估计结果：单变量预测回归

变量名	β	t 统计量	R^2/%
DP	2.865	1.079	0.192
DY	3.502	1.278	0.286
EP	4.187**	1.709	0.409
DE	−1.289	−0.389	0.039
SVAR	−2.693	−0.586	0.170
BM	4.221*	1.394	0.416
NTIS	−4.156*	−1.552	0.403
TBL	−3.117*	−1.612	0.227
LTY	−2.300	−1.220	0.124
LTR	2.860**	1.666	0.191
TMS	2.480	1.278	0.144
DFY	0.740	0.150	0.013
DFR	2.813	0.956	0.185
INFL	−1.358	−0.392	0.043
AOR	−5.277***	−2.347	0.650

*、**和***分别表示 10%、5%和 1%水平的显著性。

表 7-2 给出了单变量预测回归的样本内估计结果，模型为 $r_{t+1} = \alpha + \beta x_t + \epsilon_{t+1}$，$t = 1, 2, \cdots, T-1$。其中，$x_t$ 是股票超额收益 r_{t+1} 的预测变量，ϵ_{t+1} 是独立同分布的误差项，所有预测变量都经过标准化。表中给出了参数估计值和百分比形式的样本内 R^2。我们针对 AOR 和四个主流预测因子（NTIS、TBL、LTY 和 INFL）的零假设 $H_0: \beta \geq 0$ 以及备择假设 $H_1: \beta < 0$ 进行单侧检验。针对其余预测因子（Goyal and Welch，2008）的零假设为 $H_0: \beta \leq 0$ 和备择假设为 $H_1: \beta > 0$。该检验由 Newey-West 调整的异方差一致 t 统计量完成。

Sadorsky（1999）认为，如果回归因子具有高度持续性，OLS 估计量的有限样本属性可能会与标准回归设定有较大差异。考虑到稳健性，我们使用 Johnson（2017）的方法和 10 000 次模拟，对 Sadorsky（1999）提出的偏差进行调整并提取参数。AOR 的调整系数为–5.307，p 值为 0.005。因此，通过 AOR 揭示的股票收益可预测性不会受这种偏差矫正的影响。

为了研究油价上涨的预测信息是否与主流预测因子重叠，我们考虑了包含两个预测因子的替代回归：

$$r_{t+1} = \alpha + \beta_{\text{macro}} x_{t,\text{macro}} + \beta_{\text{oil}} x_{t,\text{oil}} + \epsilon_{t+1}, \quad t=1,2,\cdots,T-1 \tag{7-9}$$

式中，$x_{t,\text{oil}}$ 和 $x_{t,\text{macro}}$ 分别表示 AOR 和 14 个主流预测因子中的一个因子。如果 β_{oil} 显著，则表明即便在控制目标宏观变量的影响后，油价变化依旧能够预测股票收益。

表 7-3 给出了式（7-9）的估计结果。对于所有检验对象，β_{oil} 的估计值至少在 5%的水平上显著。不同模型之间的估计值非常接近，均处于–6.205 和–4.642 之间。每个二元变量模型的样本内 R^2 也大于相应单变量模型的 R^2。换言之，油价上涨包含的预测信息与样本中所有主流预测因子都不相同。

表 7-3 样本内估计结果：二元预测回归

变量名	β_{macro}	t_{macro}	β_{oil}	t_{oil}	R^2/%
DP	1.688	0.596	–4.869**	–1.964	0.712
DY	2.351	0.794	–4.701**	–1.865	0.771
EP	3.251*	1.323	–4.618**	–2.036	0.886
DE	–1.728	–0.491	–5.418**	–2.317	0.719
SVAR	–2.564	–0.550	–5.214**	–2.326	0.803
BM	3.339	1.066	–4.642**	–1.963	0.901
NTIS	–5.252**	–1.895	–6.205***	–2.658	1.273
TBL	–2.812*	–1.426	–5.109**	–2.258	0.834
LTY	–1.808	–0.938	–5.103***	–2.238	0.725
LTR	2.620*	1.542	–5.155**	–2.278	0.810
TMS	2.825*	1.445	–5.456***	–2.431	0.835
DFY	0.973	0.198	–5.320***	–2.370	0.672
DFR	3.136	1.057	–5.463***	–2.419	0.878
INFL	–1.065	–0.306	–5.217**	–2.303	0.676

*、**和***分别表示 10%、5%和 1%水平的显著性。

表 7-3 中，所有预测变量都已标准化，表中给出了参数估计值和百分比形式的样本内 R^2。我们针对 AOR 和四个主流预测因子（NTIS、TBL、LTY 和 INFL）

的零假设 $H_0: \beta \geq 0$ 以及备择假设 $H_1: \beta < 0$ 进行单侧检验。针对其余预测因子（Goyal and Welch，2008）的零假设为 $H_0: \beta \leq 0$ 和备择假设为 $H_1: \beta > 0$。该检验由 Newey-West 调整的异方差一致 t 统计量完成。

学者经常提出预测股票收益的新变量，本章的 AOR 变量可能不会优于所有新开发的预测因子，然而，检验油价提供的信息是否与这些预测因子重叠很必要。如果不同来源的信息互不重叠，组合这些信息仍然可以提高预测表现（Rapach et al.，2010）。为此，我们使用二元回归模型即式（7-9）。

我们考虑了三个新的预测因子：新闻隐含波动率（Manela and Moreira，2017）、短期利率（Rapach et al.，2016）和投资者情绪一致性指标（Huang et al.，2015）。当使用这三个预测因子作为控制变量时[①]，式（7-9）中 β_{oil} 的系数估计值分别为 −5.491、−3.498 和−3.632，对应的 p 值为 0.008、0.043 和 0.036。也就是说，AOR 不能被提出的三个预测因子所取代。

二、样本外预测结果

虽然样本内收益可预测性已被证明，但良好的样本内表现并不能保证样本外表现同样优异。我们先使用单变量预测回归评估统计可预测性和经济可预测性，后研究石油信息的加入是否有助于提高主流预测因子模型的预测性能。

（一）统计可预测性

表 7-4 的第二列给出了 1947 年 1 月至 2016 年 12 月单变量模型的样本外评估结果。我们发现 AOR 模型的样本外 R^2_{OoS} 为 0.361%，且在 5%的水平上显著。这表明 AOR 具有显著的股票收益预测能力。为了进行比较，我们还展示了主流预测因子的表现。与 Goyal 和 Welch（2008）的有关单一单变量模型难以成功预测股票收益的结论不同，我们在 14 个预测因子中发现 6 个预测因子（DP、DY、EP、TBL、LTY 和 TMS）能够产生显著为正的 R^2_{OoS} 值。其原因在于我们在预测回归时引入了能够提高预测表现的 PTV 约束。更为重要的是，AOR 模型的 R^2_{OoS} 大于 14 个主流预测因子中 9 个对应模型的 R^2_{OoS}。这意味着与大多数宏观变量相比，AOR 指标包含更多的可用预测信息。主流预测因子模型的平均 R^2_{OoS} 为 0.219%，低于 AOR 模型的对应 R^2_{OoS} 值。

[①] 我们使用新闻隐含波动率的一阶差分、去趋势短期利率和投资者情绪一致性指标的初始值。样本期间分别为 1927 年 1 月至 2015 年 12 月、1973 年 1 月至 2015 年 12 月和 1965 年 7 月至 2015 年 12 月。

表 7-4 单变量模型的样本外评估结果：R_{OoS}^2 （单位：%）

变量名	面板 A：1947~2016 年	面板 B：1947~1983 年	面板 C：1984~2016 年
DP	0.422**	1.159***	−0.281
DY	0.687***	1.519***	−0.106
EP	0.461**	0.211*	0.700*
DE	−0.358	−0.828	0.091
SVAR	0.052	−0.074	0.173*
BM	0.061	0.365	−0.230
NTIS	0.021	0.128	−0.082
TBL	0.641***	1.368***	−0.053
LTY	0.759***	1.668***	−0.108
LTR	0.075	−0.095	0.238
TMS	0.252*	0.622**	−0.101
DFY	−0.170	−0.174	−0.166
DFR	0.117	−0.167	0.387
INFL	0.044	0.151**	−0.058
AOR	0.361**	0.433*	0.292*
均值（预测因子）	0.219	0.418	0.029

*、**和***分别表示在10%、5%和1%显著性水平上拒绝零假设。

表 7-4 给出了单变量模型的样本外性能。预测值 $\hat{r}_t$ 由模型 $r_{t+1} = \alpha + \beta x_t + \epsilon_{t+1}$，$t = 1, 2, \cdots, T-1$ 生成。其中，x_t 是股票超额收益 r_{t+1} 的预测变量。每个模型的估计过程均引入了 Pettenuzzo 等（2014）的 PTV 约束。预测性能由 R_{OoS}^2 进行评估，全样本期间为 1927 年 1 月至 2016 年 12 月，样本外期间从 1947 年 1 月开始（即 $M = 240$）。我们将 R_{OoS}^2 乘以 100 进行百分化。对于正 R_{OoS}^2 值，我们使用 Clark 和 West（2007）统计量检验其相对于普通均值模型的统计显著性。表 7-4 第 2~15 行给出了 Goyal 和 Welch（2008）提出的主流预测因子的表现。第 16 行显示 AOR 的预测结果。最后一行给出了主流预测因子的 R_{OoS}^2 均值。

为了观察预测表现随时间的变化，我们将整个评估期分为两个子期间。第一个子期间为 1947 年 1 月至 1983 年 12 月，第二个子期间为 1984 年 1 月至 2016 年 12 月，对应油价波动性显著下降的大缓和时期。选择 1983 年 12 月作为断点的动机来自 Goyal 和 Welch（2008）的研究。他们发现，在 20 世纪 80 年代中期的"大缓和"之后，经济变量的预测能力变得更差。类似地，Pettenuzzo 等（2014）也将整个样本期间分为两半，以观察收益可预测性随时间的变化。表 7-4 的第 3 列和第 4 列给出了这两个子样本中单变量模型的预测结果。我们发现，单变量宏观模型的预测能力在两个子样本期间发生了很大的变化。在两个子样本中，只有一个主流预测因子显著优于历史平均基准。例如，使用 DP 和 DY 的模型在第一个

子样本中的 R_{OoS}^2 值分别为 1.159%和 1.519%。与此形成鲜明对比的是，这些模型在第二个子样本中的 R_{OoS}^2 值为负，这意味着它们相对于基准模型表现不佳。唯一的例外是使用 EP 的模型，该模型在两个子样本中都显著优于基准模型，R_{OoS}^2 值分别达到 0.211%和 0.700%。有趣的是，AOR 模型在两个评估期内都表现出了显著的收益预测能力。其 R_{OoS}^2 在第一个子样本中为 0.433%，且在 10%的水平上显著，而在第二个子样本中为 0.292%，同样在 10%水平上显著。换言之，与主流预测因子模型相比，AOR 预测模型受样本期间选择的影响较小。在第一个子样本中，单变量宏观模型的平均 R_{OoS}^2 为 0.418%，略低于 AOR 模型。值得注意的是，第二个子样本的平均 R_{OoS}^2 仅为 0.029%。因此，与宏观经济变量相比，AOR 指标在预测表现方面的优势在最近一个时期更突出。

（二）经济可预测性

表 7-5 给出了由 SR 评估的单变量模型的投资组合绩效。其中，SR 增益定义为目标投资组合 SR 与基准投资组合 SR 之差。这个差值乘以 $\sqrt{12}$ 以转化为年化值。我们发现 AOR 模型的 SR 增益为 0.039，表明收益可预测性的改善在经济上显著。该值高于 8 个宏观模型的 SR 增益，且接近宏观模型的平均 SR 增益。子样本分析表明，AOR 模型与主流预测因子模型相比的优越性主要集中在第二个子样本期间。与统计评估结果一致，我们发现 AOR 模型在两个子样本中都有正 SR 增益。在 14 个主流预测因子中，只有 6 个因子（DE、NTIS、TBL、LTY、LTR 和 TMS）得到了类似的结果。

表 7-5 单变量模型样本外性能：SR 增益

变量名	面板 A：1947～2016 年	面板 B：1947～1983 年	面板 C：1984～2016 年
DP	0.006	0.103	−0.150
DY	0.054	0.152	−0.103
EP	0.043	−0.014	0.189
DE	0.013	0.003	0.027
SVAR	0.016	−0.007	0.043
BM	−0.018	0.016	−0.006
NTIS	0.017	0.006	0.029
TBL	0.111	0.249	0.020
LTY	0.139	0.333	0.007
LTR	0.044	0.035	0.054
TMS	0.063	0.115	0.017
DFY	−0.022	−0.018	−0.027
DFR	0.036	−0.005	0.087

续表

变量名	面板 A：1947~2016 年	面板 B：1947~1983 年	面板 C：1984~2016 年
INFL	0.001	0.010	−0.009
AOR	0.039	0.051	0.023
均值（预测因子）	0.036	0.070	0.013

表 7-5 中，预测值 $\hat{r}_t$ 由模型 $r_{t+1} = \alpha + \beta x_t + \epsilon_{t+1}$，$t=1,2,\cdots,T-1$ 生成，其中，x_t 是股票超额收益 r_{t+1} 的预测变量。每个模型的估计过程均引入了 Pettenuzzo 等（2014）的 PTV 约束。每一时期，均值-方差投资者根据收益和波动预测在股票和国库券之间分配财富。在这个框架中，股票指数被赋予了如下权重：

$$\omega_t^* = \frac{1}{\gamma} \frac{\hat{r}_{t+1}}{\hat{\sigma}_{t+1}^2}$$

式中，γ 表示风险规避系数。我们使用 5 年滚动窗口波动率预测，并设定 $\gamma = 3$。股票的最佳权重限定为 0~1.5。投资组合绩效由 SR 指标进行评估。我们展示了目标投资组合与基准投资组合的 SR 之差。这个差值乘以 $\sqrt{12}$ 转化为年化值。全样本期间为 1927 年 1 月至 2016 年 12 月，样本外期间从 1947 年 1 月开始。表 7-5 的第 2~15 行给出了 Goyal 和 Welch（2008）提出的主流预测因子的表现。第 16 行显示 AOR 的预测结果，最后一行给出了主流预测因子的 SR 增益均值。

同理，表 7-6 给出了不同预测策略的 CER 增益，即目标投资组合 CER 与基准投资组合 CER 之差。将该差值乘以 1200 以得到年化百分比值。这些 CER 差值也可以理解为投资者从使用基准预测转换为使用目标收益预测所愿意支付的年化绩效费用。股票收益的单变量石油模型在全样本中获得 57.2 个基点的 CER 增益，从而证实了收益可预测性的经济意义。子样本分析发现，与主流预测因子模型相比，AOR 模型在第二个子样本期间的表现更为突出。在第二个子样本期间，石油模型的 CER 增益高达 32.4 个基点，而主流预测因子模型的 CER 增益均值仅为 17.6 个基点。

表 7-6　单变量模型样本外性能：CER 增益

变量名	面板 A：1947~2016 年	面板 B：1947~1983 年	面板 C：1984~2016 年
DP	0.089	1.459	−1.464
DY	0.672	2.199	−1.061
EP	0.655	−0.656	2.147
DE	−0.002	−0.312	0.324
SVAR	0.257	−0.101	0.671
BM	−0.222	−0.057	−0.405
NTIS	0.102	−0.049	0.258
TBL	1.542	2.665	0.277

续表

变量名	面板 A：1947～2016 年	面板 B：1947～1983 年	面板 C：1984～2016 年
LTY	1.740	3.136	0.156
LTR	0.660	0.536	0.804
TMS	0.957	1.785	0.015
DFY	−0.342	−0.279	−0.406
DFR	0.566	−0.090	1.323
INFL	0.008	0.165	−0.173
AOR	0.572	0.781	0.324
均值	0.477	0.743	0.176

与表 7-5 类似，表 7-6 中，预测值 $\hat{r}_t$ 由模型 $r_{t+1} = \alpha + \beta x_t + \epsilon_{t+1}$，$t = 1, 2, \cdots, T-1$ 生成，其中，x_t 是股票超额收益 r_{t+1} 的预测变量。每个模型的估计过程均引入了 Pettenuzzo 等（2014）的 PTV 约束。每一时期，均值-方差投资者根据收益和波动预测在股票和国库券之间分配财富。在这个框架中，股票指数被赋予了如下权重：

$$\omega_t^* = \frac{1}{\gamma} \frac{\hat{r}_{t+1}}{\hat{\sigma}_{t+1}^2}$$

式中，γ 表示风险规避系数。我们使用 5 年滚动窗口波动率预测，并设定 $\gamma = 3$。股票的最佳权重限定为 0～1.5。投资组合绩效由 CER 指标评估。全样本期间为 1927 年 1 月至 2016 年 12 月，样本外期间从 1947 年 1 月开始。表 7-6 的第 2～15 行给出了 Goyal 和 Welch（2008）提出的主流预测因子的表现。第 16 行显示 AOR 的预测结果。最后一行给出了主流预测因子的 CER 增益均值。

我们的结论是，AOR 的样本外股票收益预测具有统计和经济意义。在两个子样本中，非对称石油收益对股票收益的预测能力均显著。然而，主流预测因子的预测性能在很大程度上取决于评估样本期间和评估框架。没有一个主流预测因子能在两个子样本期间同时获得经济和统计预测增益。

（三）石油和宏观信息的组合

石油和主流预测因子提供了关于未来股票收益的不同预测信息。此外，Harvey 等（1998）的检验（我们没有给出）结果表明，基于石油的收益预测信息与基于主流预测因子（如 DP、DY、EP、LTY 和 LTR）的预测信息并不重复。这意味着可以通过结合石油和宏观信息来提高预测性能。我们比较了含有石油变量的双变量预测回归模型即式（7-9）和不含石油变量的单变量预测回归模型即式（7-1）的预测精度。为了保持一致性，两种类型的预测模型均施加了 PTV 约束。我们发现，在样本外检验中，双变量模型不一定比单变量模型表现得更好。由于估计误差，在模型中加入不相关的预测因子可能会导致样本外预测表现变差。参数数量越多，预测越不稳定，进而预测方差越大。一个典型的例子是，引入所有潜在预测因子的"厨房水槽"模型的预测精度低于历史平均基准（Goyal and Welch，2008；Rapach et al.，2010）。

表 7-7 的面板 A 给出了二元模型预测表现的统计结果。与表 7-4 中的单变量模型结果相比，包含 AOR 后全样本期内 14 个模型的 R_{OoS}^2 值都有所提高。引入石油信息导致三个比率变量 DP、DY 和 EP 对应模型的 R_{OoS}^2 值分别从 0.422%、0.687% 和 0.461% 增加到 0.543%、0.971% 和 0.469%。两个目标预测因子 TBL 和 LTY 的 R_{OoS}^2 值也分别从 0.641% 和 0.759% 提高到 1.214% 和 1.088%。6 个主流预测因子（SVAR、BM、NTIS、LTR、DFR 和 INFL）的股票收益预测能力从不显著变为显著。双变量模型的 R_{OoS}^2 均值为 0.504%，是单变量模型（0.219%）的两倍之多。值得注意的是，包含不同主流预测因子和 AOR 的 14 个双变量模型中，有 12 个显著优于历史平均基准，表明收益可预测性的普遍存在。

表 7-7 二元预测回归的预测结果

变量名	面板 A：R_{OoS}^2			面板 B：CER 增益			面板 C：SR 增益		
	1947~2016 年	1947~1983 年	1984~2016 年	1947~2016 年	1947~1983 年	1984~2016 年	1947~2016 年	1947~1983 年	1984~2016 年
DP	**0.543****	**1.584*****	−0.451	0.005	1.351	−1.527	−0.004	0.085	−0.147
DY	**0.971*****	**2.146*****	−0.150	**0.834**	**2.379**	−0.924	0.061	0.156	−0.090
EP	**0.469****	**0.189***	**0.736****	0.514	−0.637	1.819	0.036	−0.013	0.134
DE	−0.040	−0.423	0.325	0.332	0.106	0.565	0.030	0.022	0.040
SVAR	**0.454****	0.402	**0.505****	0.765	0.726	0.803	0.050	0.048	0.053
BM	**0.239***	0.424	0.062	0.484	0.666	0.285	0.032	0.061	0.063
NTIS	**0.300***	0.423	0.182	0.649	0.580	0.704	0.051	0.047	0.056
TBL	**1.214*****	**2.347*****	0.133	2.237	3.733	0.536	0.153	0.282	0.036
LTY	**1.088*****	**2.210*****	0.018	1.921	3.459	0.170	0.146	0.323	0.009
LTR	**0.268***	0.118	**0.410***	1.179	1.428	0.889	0.077	0.090	0.059
TMS	**0.625****	**1.259*****	0.021	1.046	1.624	0.383	0.069	0.102	0.036
DFY	0.264	0.438	0.097	0.167	0.298	0.018	0.012	0.021	0.003
DFR	**0.309***	0.134	**0.477***	1.012	0.694	1.368	0.066	0.047	0.090
INFL	**0.353****	**0.508***	0.205	0.613	0.964	0.201	0.041	0.062	0.016
均值	0.504	0.840	0.184	0.840	1.241	0.378	0.059	0.095	0.026

注：粗体数字表示兼具宏观变量和 AOR 的二元模型比不引入 AOR 的相应单变量模型表现更好。对于正 R_{OoS}^2 值，我们使用 Clark 和 West（2007）统计量检验其相对于普通均值模型的统计显著性。

*、**和***分别表示在 10%、5% 和 1% 显著性水平上拒绝零假设。

子样本分析表明，基于 14 个主流预测因子的二元模型中，有 9 个主流预测因子的预测能力在最近一段时间内减弱。然而，在两个子样本中，兼具宏观变量和 AOR 的双变量模型在大多数情况下都比单变量宏观模型表现更好。考虑石油信息后，第一子样本和第二子样本期间的 R_{OoS}^2 均值分别从 0.418% 和 0.029% 提高到 0.840% 和 0.184%。

表 7-7 的面板 B 给出了基于双变量模型预测的投资组合的 CER 增益。所有二元模型在全样本中都获得了 CER 正增益。与表 7-6 中的单变量模型结果相比,纳入 AOR 后,14 个预测因子中有 12 个预测因子的 CER 增益得到提升。例如,TBL 模型的 CER 增益提升了 69.5 个基点,从 154.2 个基点增加到 223.7 个基点。三种常用预测因子(DE、BM 和 DFY)的 CER 增益在引入石油信息后由负变正。CER 均值从 47.7 个基点提高到 84 个基点。子样本结果与全样本较为相似。在第一个子样本和第二个子样本中,CER 增益均值分别从 74.3 和 17.6 个基点增加到 124.1 和 37.8 个基点。由 SR 评估的二元模型投资组合绩效如表 7-7 的面板 C 所示。总体而言,结果具有高度一致性。大多数股票收益的宏观经济模型都得益于 AOR 这一额外预测因子的引入。

表 7-7 中,预测值 $\hat{r}_t$ 由模型 $r_{t+1} = \alpha + \beta_{\text{macro}} x_{t,\text{macro}} + \beta_{\text{oil}} x_{t,\text{oil}} + \epsilon_{t+1}, t = 1, 2, \cdots, T-1$ 给出。其中,$x_{t,\text{oil}}$ 和 $x_{t,\text{macro}}$ 分别表示 AOR 和 14 个主流预测因子中的一个因子。每个模型的估计过程均引入了 Pettenuzzo 等(2014)的 PTV 约束。预测性能由 R_{OoS}^2 进行评估,每一时期,均值-方差投资者根据收益和波动预测在股票和国库券之间分配财富。在这个框架中,股票指数被赋予了如下权重:

$$\omega_t^* = \frac{1}{\gamma} \frac{\hat{r}_{t+1}}{\hat{\sigma}_{t+1}^2}$$

我们使用 5 年滚动窗口波动率预测,并设定 $\gamma = 3$。股票的最佳权重限定为 0~1.5。投资组合绩效由 SR 和 CER 指标评估。我们展示了目标投资组合与基准投资组合的 SR 之差以及 CER 之差。SR 差值乘以 $\sqrt{12}$ 转化为年化值,而 CER 差值乘以 1200 转化为年化百分比值。全样本期间为 1927 年 1 月至 2016 年 12 月,样本外期间从 1947 年 1 月开始。表 7-7 的第 3~16 行给出了 Goyal 和 Welch(2008)提出的主流预测因子的表现,最后一行给出了主流预测因子的平均表现。

(四)预测组合

我们已经证明引入石油信息可以提高单变量宏观经济模型的预测精度。然而,单变量模型的性能较差可能是由模型不确定性,而非预测信息不足导致的。预测组合(Rapach et al.,2010;Dangl and Halling,2012)和扩散指数(Ludvigson and Ng,2007;Kelly and Pruitt,2013;Neely et al.,2014)等多变量方法被认为是处理模型不确定性的有力工具。Rapach 等(2010)发现,单变量模型组合可以带来可靠的收益预测表现,即使任意单个模型均没有显著优于历史平均基准。基于这一发现,我们好奇多变量模型预测组合(forecast combination for bivariate model,

FC-BV）在引入 AOR 后是否会产生比未引入 AOR 的单变量模型预测组合（forecast combination for univariate model，FC-UV）更准确的收益预测。这两种组合策略使用相同的宏观经济信息集，唯一的区别是 FC-BV 策略引入 AOR，而 FC-UV 策略未引入 AOR。通过比较这两种策略的预测性能，可以明确石油信息在改进股票收益预测方面的有用性。

组合方法将一组单一模型的预测值进行加权组合，相应组合预测值由式（7-10）给出：

$$\hat{r}_{t,\text{comb}} = \sum_{j=1}^{N} \omega_{j,t} \hat{r}_{j,t} \qquad (7\text{-}10)$$

式中，$\hat{r}_{j,t}$ 为第 j 个模型产生的收益预测；N 为预测模型的总数；$\omega_{j,t}$ 为事前权重。本章共有 14 个主流预测因子，因而 $N=14$。

在获得单一模型预测值 $\hat{r}_{j,t}$ 后，组合策略的关键步骤在于确定事前权重 $\omega_{j,t}$。我们共使用 5 种不同的加权策略来组合各单一预测值。第一种是天真策略，该策略为每个单一模型预测分配相等的权重（即 $\omega_{j,t}=1/N$）。虽然这种等权组合（equal-weighted combination，EWC）很简单，但 Stock 和 Watson（2004）给出的经验证据以及 Claeskens 等（2016）的模拟表明，它在样本外预测实践中的表现与更先进的组合策略不相上下。

第二种加权策略是 TMC。该策略不包括前一时期表现最差的模型（即 $t-1$ 时期 MSPE 最大的模型），并为每个剩余预测分配相等的权重。从备选池中排除的模型会随时间而发生变化。

其他三种加权策略基于 MSPE 的各种变换来计算事前权重。Stock 和 Watson（2004）开发了一种 DMSPE 策略，单一模型 j 的权重由下式给出：

$$\omega_{j,t} = \frac{\phi_{j,t-1}^{-1}}{\sum_{i=1}^{N} \phi_{i,t-1}^{-1}} \qquad (7\text{-}11)$$

式中，DMSPE 的总和为 $\phi_{j,t} = \sum_{k=1}^{t} \delta^{t-k}(r_k - \hat{r}_{j,k})^2$。我们考虑 $\delta=1$ 和 $\delta=0.9$ 这两个折现因子，并分别构建相应的组合 DMSPE（1）和 DMSPE（0.9）。当 $\delta=1$ 时，该方法相当于 Baumeister 和 Kilian（2015）提出的 IMSPE。

Yang（2004）认为，组合权重的事前估计存在较大的可变性，可能导致线性预测组合的表现比最佳单一模型更差。在此基础上，作者提出了一种利用 MSPE 的指数变换的非线性加权法为

$$\omega_{j,t} = \frac{\pi_j \exp\left[-\lambda \sum_{k=1}^{t-1}(r_k - \hat{r}_{j,k})^2\right]}{\sum_{i=1}^{N}\pi_i \exp\left[-\lambda \sum_{k=1}^{t-1}(r_k - \hat{r}_{i,k})^2\right]} \qquad (7\text{-}12)$$

为了简单起见，我们将加权参数 λ 和 π 设定为1。

表 7-8 给出了 5 种预测组合的预测结果。这 5 种组合具有相似的样本外表现。这与现有研究中发现的等权组合表现良好的结论相一致（Stock and Watson，2004；Claeskens et al.，2016）。在全样本中，FC-UV 令 R_{OoS}^2 值处于 0.501%～0.517% 范围内，且在 1% 水平上具有统计显著性。收益可预测性的发现可以被视为使用更新的数据对 Rapach 等（2010）的成功复制。更重要的是，我们发现 FC-BV 策略的 R_{OoS}^2 值处于 0.758%～0.819% 范围内，高于对应的 FC-UV 策略。二元模型组合的优越性在两个子样本中也都具有显著性。在第一个子样本中，引入石油信息后，组合策略的 R_{OoS}^2 均值从 0.813% 提高到 1.2254%。在第二个子样本中，FC-UV 策略的 R_{OoS}^2 均值为 0.2126%，且在统计学上并不显著。相比之下，FC-BV 策略将 R_{OoS}^2 值增加 0.3404%，并且这些预测增益在 10% 或更高的水平上显著。总之，考虑石油信息可以提高组合方法的预测性能，并使其对评估期的变化更加稳健。

表 7-8　预测组合的样本外表现

预测组合	面板 A：1947～2016 年 宏观	面板 A：1947～2016 年 石油-宏观	面板 B：1947～1983 年 宏观	面板 B：1947～1983 年 石油-宏观	面板 C：1984～2016 年 宏观	面板 C：1984～2016 年 石油-宏观
EWC	0.501***	**0.758***	0.803***	**1.204***	0.212	**0.333***
TMC	0.517***	**0.819***	0.838***	**1.288***	0.211	**0.371****
DMSPE（0.9）	0.500***	**0.758***	0.803***	**1.206***	0.211	**0.331***
DMSPE（1）	0.511***	**0.769***	0.817***	**1.223***	0.218	**0.336***
IMSPE	0.501***	**0.758***	0.804***	**1.206***	0.211	**0.331***

注：粗体数字表示宏观变量和 AOR 构成的双变量模型的组合优于未引入 AOR 的单变量模型的组合。对于正 R_{OoS}^2 值，我们使用 Clark 和 West（2007）统计量检验其相对于普通均值模型的统计显著性。

*、** 和 *** 分别表示在 10%、5% 和 1% 显著性水平上拒绝零假设。

表 7-8 中，预测值由单变量模型 $r_{t+1} = \alpha + \beta_{\text{macro}} x_{t,\text{macro}} + \epsilon_{t+1}$ 和相应引入石油的双变量模型 $r_{t+1} = \alpha + \beta_{\text{macro}} x_{t,\text{macro}} + \beta_{\text{oil}} x_{t,\text{oil}} + \epsilon_{t+1}, t=1,2,\cdots,T-1$ 给出。其中，$x_{t,\text{oil}}$ 和 $x_{t,\text{macro}}$ 分别表示 AOR 和 14 个主流预测因子中的一个因子。将来自单变量宏观模型（双变量石油-宏观模型）的单个预测的加权平均值作为宏观（石油-宏观）策略的预测组合。我们在每个模型的参数估计过程中引入 Pettenuzzo 等（2014）的 PTV 约束。预测性能由 R_{OoS}^2 进行评估，全样本期间为 1927 年 1 月至 2016 年 12 月，样本外期间从 1947 年 1 月开始。

三、稳健性检验

（一）不同的油价上涨测度

作为一个稳健性检验，我们引入了油价上涨的替代测度来进一步确定其包含的对股票收益预测有意义的信息。第一个替代测度是石油收益的符号，定义为

$$\text{SignOR}_t = I(r_{t,\text{oil}} > 0) \tag{7-13}$$

式中，$I(\cdot)$ 为指示函数，当满足括号内的条件时，它等于1，否则等于0。

Hamilton（1996，2003）发现，只有当油价超过近期峰值时，油价变化对GDP的影响才显著。因此，第二个替代测度考虑净油价上涨，即

$$\text{NOP}_t = \max\{\ln(p_t^{\text{oil}}) - \max[\ln(p_{t-1}^{\text{oil}}), \ln(p_{t-2}^{\text{oil}}), \cdots, \ln(p_{t-n}^{\text{oil}})], 0\} \tag{7-14}$$

式中，p_t^{oil} 为 t 时期油价；n 为回望期长度。这里，我们使用一年的回望期（即 $n=12$）来计算净油价上涨。

第三个衡量油价上涨的指标来自 Lee 等（1995）的研究。他们认为，油价稳定时的油价变化对实际国民生产总值（gross national product，GNP）的影响比油价波动时更大。基于这一论点，他们通过条件标准差将油价变化标准化为

$$\varsigma_{t,\text{oil}} = r_{t,\text{oil}} / \hat{\sigma}_{t,\text{oil}} \tag{7-15}$$

式中，$\hat{\sigma}_{t,\text{oil}}$ 为 Bollerslev（1986）的 GARCH 模型石油收益条件标准差。同样，我们使用正标准化石油收益，形式为

$$\text{PNOR}_t = \max(\varsigma_{t,\text{oil}}, 0) \tag{7-16}$$

表 7-9 给出了利用式（7-1）预测股票收益的单变量石油模型就三种替代测度进行的检验结果。为了便于比较，我们还引入了两个对称石油收益（symmetric oil return，SOR）指标 $r_{t,\text{oil}}$ 和 $\varsigma_{t,\text{oil}}$ 的结果，并重新生成相对于 AOR 模型的结果。所有非对称石油收益指标的斜率系数 β 均在5%的水平上显著，意味着油价上涨预测股票收益的能力对不同的油价上涨指标具有稳健性。Mork（1989）的 AOR 模型取得了较竞争性非对称石油模型更大的 R^2，表明其样本内表现更好。相比之下，我们发现由 Driesprong 等（2008）提出的对称石油收益测度在更新数据中预测能力不显著。这与 Driesprong 等（2008）的原结论不同，他们通过对称石油收益发现了可预测性。

表 7-9 石油收益替代测度的样本内预测能力

变量名	α	β	R^2/%
面板 A：不对称石油收益			
AOR	5.970***	−5.277***	0.650
	(2.870)	(−2.347)	
SignOR	5.973***	−3.487**	0.284
	(2.858)	(−1.841)	
NOP	5.970***	−2.923**	0.198
	(2.884)	(−1.975)	
PNOR	5.974***	−4.157**	0.404
	(2.874)	(−1.995)	
面板 B：对称 WTI 石油收益			
SOR	5.974***	−3.380	0.267
	(2.855)	(−1.284)	
NOR	5.975***	−2.883*	0.194
	(2.863)	(−1.302)	
面板 C：石油收益替代测度（1985~2016 年）			
SOR，迪拜	6.908***	−2.250	0.183
	(2.579)	(−0.836)	
AOR，迪拜	6.893***	−3.840*	0.530
	(2.578)	(−1.424)	
SOR，布伦特	6.916***	−0.581	0.012
	(2.580)	(−0.216)	
AOR，布伦特	6.904***	−2.434	0.214
	(2.578)	(−0.903)	

注：模型为 $r_{t+1} = \alpha + \beta x_t + \epsilon_{t+1}$, $t = 1, 2, \cdots, T-1$。其中，x_t 是股票超额收益 r_{t+1} 的预测变量，ϵ_{t+1} 是独立同分布的误差项，所有预测变量都经过标准化。表中给出了参数估计值和百分比形式的样本内 R^2。我们对零假设 $H_0: \beta \geq 0$ 以及备择假设 $H_1: \beta < 0$ 进行单侧检验。该检验由 Newey-West 调整的异方差一致 t 统计量完成，相应 t 统计量标注于括号中。

*、**和***分别表示 10%、5%和 1%水平的显著性。

对这种不一致性的第一种解释是，油价上涨对股票收益的影响大于油价下跌。我们将对称石油收益分解为正分量 $r_{t,\text{oil}}^+ = \max(r_{t,\text{oil}}, 0)$（即 AOR）和负分量 $r_{t,\text{oil}}^- = \min(r_{t,\text{oil}}, 0)$，再根据如下二元模型进行回归：

$$r_{t+1} = \alpha + \beta^+ r_{t,\text{oil}}^+ + \beta^- r_{t,\text{oil}}^- + \epsilon_t \tag{7-17}$$

对应零假设 $\beta^+ = 0$，而替代假设 $\beta^+ < 0$ 的 p 检验统计量为 0.009。然而，零假设 $\beta^- = 0$，而替代假设 $\beta^- < 0$ 的 p 检验统计量为 0.803。$r_{t,\text{oil}}^-$ 预测能力的缺乏阻碍了 $r_{t,\text{oil}}^+$ 对股票收益的预测，从而导致对称石油收益整体上无显著预测能力。

对油价预测能力变化的第二种解释来自石油市场的基本面变化。Jiang 等（2018b）将 Driesprong 等（2008）的数据扩展至 2015 年 12 月，发现油价的整体预测能力在样本期内大幅下降。他们使用两个结构向量自回归模型将油价变化分解为石油供给冲击、全球需求冲击和石油特定需求冲击。结果表明，石油供给冲击和石油特定需求冲击负向预测股票收益，而全球需求冲击则正向预测股票收益。从 2003 年到 2008 年年中，新兴经济体增长的石油需求而非全球石油产量波动推动着油价变化（Kilian，2009；Hamilton，2009b）。我们的子样本分析表明，1983 年之后，油价上涨的预测能力减弱。

我们使用 Kilian（2009）的传统结构 VAR 方法将油价变化分解为三种类型的冲击。其中，石油供给冲击和全球需求冲击分别由全球石油产量和 Kilian（2009）的全球经济活动指数测度。在 1974 年 1 月之后的样本期内，我们发现石油供给冲击或全球需求冲击对未来股票收益的影响并不显著。这一结果与 Jiang 等（2018b）在表 7-4 中给出的结果略有不同，他们发现石油供给冲击的预测能力不显著，而全球需求冲击的预测能力高度显著。这种不一致的结果可能是由于我们使用了不同的数据样本和股票指数。更重要的是，我们发现其他石油特定需求冲击对股票收益回归的斜率系数为 –0.052，t 统计量为 –1.703。这一结果与 Jiang 等（2018b）的研究结果一致，即石油特定需求冲击负向预测股票收益。此外，我们还分析了其他石油特定需求冲击的正分量与石油收益之间的预测关系。结果显示其存在更强的预测能力，即斜率系数为 –0.083，t 统计量为 –1.986。简而言之，油价上涨对股票收益的预测能力来自其他石油特定需求冲击的正分量。

为了进一步验证从石油到股票收益的可预测性，我们还将布伦特和迪拜石油作为考察对象。WTI 油价和布伦特油价自 2010 年以来逐渐脱钩，因而二者预测能力可能不同。表 7-9 显示了基于两种替代油价变化测度 AOR 和 SOR 的估计结果[①]。考虑到数据可得性，这两种油价的样本期为 1985 年 1 月至 2016 年 12 月。我们发现，两种对称的石油收益都不能显著预测股票收益。迪拜石油 AOR 预测股票收益的能力较弱，相应 t 统计量为 –1.424。这一结果证实了我们之前的发现，即 WTI 石油的 AOR 在 1983 年后显示出微弱的股票收益预测能力。有趣的是，结果显示布伦特石油 AOR 的斜率系数并不显著。也就是说，WTI 和迪拜石油 AOR 可以预测美国股票收益，但布伦特石油 AOR 无法预测。合理的解释是，WTI 和迪拜

---

① 这些油价数据来自世界银行。

油价与美国经济更相关。WTI和迪拜油价是北美和波斯湾开采石油的独立基准。2016年，国内石油可以满足美国60%左右的石油消费量[①]，剩余的进口石油主要来自北美和波斯湾。例如，根据EIA的统计数据，从沙特阿拉伯和加拿大进口的石油分别占美国进口石油总量的40.3%和11.0%。

（二）模型误设的影响

模型误设是影响预测结果的潜在原因（Meese and Rogoff，1983；Carrasco and Rossi，2016）。根据收益预测文献（Goyal and Welch，2008；Campbell and Thompson，2008），我们使用假定线性预测关系的简单预测回归来检验收益可预测性。需要注意的是，石油-GDP关系（Charfeddine et al.，2018）和石油-股票关系（Jiang et al.，2018b）中可能存在非线性。非线性模型可以捕捉更复杂的关系，并取得优于简单线性模型的样本内表现。然而，现有文献并未就非线性模型与线性模型样本外表现的优劣得出一致结论。例如，一些研究发现使用机制转换回归等非线性模型可以显著预测收益（Zhu X N and Zhu J，2013；Henkel et al.，2011），但是也有研究证明线性模型足以胜任样本外预测（Racine，2001；Maasoumi and Racine，2002）。这可能是因为非线性模型有更多待估参数，从而增大了潜在估计误差。我们使用引入石油收益的机制转换模型来预测股票收益，但发现R_{Oos}^2值为-0.673%。此外，预测人员在实践中面临如何事先确定非线性模型具体形式的问题。

结构突变是模型误设的一个重要原因。除了机制转换模型外，TVP模型也可用于处理结构突变（Dangl and Halling，2012）。TVP模型嵌套了一个捕捉斜率参数动态变化的特定过程。然而，预测关系不太可能在每个时间点均发生变化，TVP模型可能会导致过度拟合。总体而言，Bacchetta等（2010）发现，TVP模型在汇率预测中无法优于随机游走。带滚动估计窗口的常系数模型是处理结构突变问题的另一种主流方法。然而，TVP模型和滚动窗口方法都增加了估计参数的方差。正如Clark和McCracken（2009a）所指出的，方差增大会带来更高的预测误差，并导致MSPE变大。

引入AOR的线性回归已经考虑了石油-股价关系中的非线性。AOR测度$r_{t,\text{oil}}^+$将石油收益在零处截断，因而由单变量AOR模型产生的股票收益预测表现出机制转换特征。当油价上涨时，它们接近使用对称石油收益（$r_{t,\text{oil}}$）时产生的预测；当油价下跌时，它们接近历史平均基准。基于这一非线性预测因子的线性回归揭示了显著的收益可预测性。因此，预测者需要更多地考虑是非线性预测因子还是非线性模型更适用于收益预测。我们将这一问题作为未来研究的一个方向。

[①] 根据英国石油公司《2017年世界能源统计回顾》计算得出这些数据。

第四节　石油市场信息预测能力来源与运用

本节进行了两个方面的拓展，其一是尝试从经济活动、信息效率和学习渠道解释油价上涨预测股票收益能力的来源；其二是研究经济周期内的预测绩效和利用 AOR 预测特征投资组合收益。

一、预测能力来源

（一）基于经济活动的解释

关于油价上涨可以预测股票收益的一个潜在解释是，油价上涨推动了未来的经济活动（Kilian，2009；Hamilton，1983），即油价上涨是股票收益的一个重要决定因素（Fama，1981）。为了研究这一推断是否成立，我们使用工业生产作为经济活动的代理指标，并通过简单预测回归来检验油价对经济活动的预测能力，形式为

$$\mathrm{ip}_{t+1} = \mu + \theta_1 \mathrm{ip}_t + \theta_2 x_t + \epsilon_{t+1}, \quad x = \mathrm{AOR}, \mathrm{SOR} \tag{7-18}$$

式中，ip_t 为工业生产变化；x_t 为油价；ϵ_{t+1} 为随机扰动项；μ 和 θ 为待估参数；AOR 和 SOR 分别表示不对称石油收益和对称石油收益，而滞后一个月工业生产作为解释变量以控制自相关效应。

我们从圣路易斯联邦储备银行获取工业生产月度数据。AOR 系数的估计值 θ_2 为 -0.021，Newey-West 调整的 t 统计量为 -1.704，达到单侧检验 5% 水平的显著性。这一结果表明，本月较高的非对称石油收益会导致下月经济状况恶化。由此，经济活动在石油收益与股票收益之间的桥梁作用得到确认。相比之下，对应 ip_{t+1} 的 SOR 系数为 0.001，t 统计量为 0.158，并未表现出显著的预测能力。AOR 提供了有关未来经济活动的有用信息，而 SOR 则无法提供。这就是 Driesprong 等（2008）提出的 SOR 无法预测股票收益的原因。此外，我们使用 1983 年后的子样本估计模型即式（7-18）。不幸的是，我们没有发现油价影响工业生产的证据。油价上涨对未来经济状况的影响减弱，进而对股票收益的预测能力减弱。

（二）基于信息效率的解释

经典估值模型表明，资产价格应等于贴现现金流。因此，贴现率和预期现金

流是股票价格的两个核心决定因素。从这个角度来看，AOR 的股票收益预测能力可能归因于贴现率或现金流的滞后响应。基于这一考虑，我们从贴现率和现金流两个渠道研究股票收益可预测性来源。

为了检验贴现率或现金流渠道的重要性，我们需要先确定两种渠道对应的测度变量。根据 Cochrane（2008，2011）的研究，股息价格比被视为反映贴现率动态变化的主要指标。Huang 等（2015）用股息价格比测度贴现率，并且从一个新的投资者情绪测度中分析收益可预测性的来源。除此以外，我们还使用长期政府债券（long term return，LTR）的收益率作为贴现率的替代测度。政府债券的名义现金流固定，其收益的可预测性应仅由时变贴现率驱动（Campbell and Ammer，1993；Campbell et al.，2010）。按照常规做法（Chen et al.，2012；Koijen and van Nieuwerburgh，2011；Kelly and Pruitt，2013；Garrett and Priestley，2012），我们使用总股息增长率来衡量现金流。考虑到股息需要进行平滑处理（Fama and French，2001），我们引入了现金流、总收益增长作为股息增长的替代指标。

信息渠道的分析基于 Campbell 和 Shiller（1988）的近似现值恒等式展开（Cochrane，2008，2011；Campbell et al.，2010），具体形式如下：

$$r_{t+1} \approx DG_{t+1} - \rho DP_{t+1} + DP_t \tag{7-19}$$

式中，r_{t+1} 为从 t 时期到 $t+1$ 时期的总收益；DG_{t+1} 为对数总股息增长率；DP_{t+1} 为对数股息价格比；ρ 为正对数线性化常数。式（7-19）意味着，如果一个变量包含了超过 DP_t 提供的信息，并且能够预测股票收益 r_{t+1}，那么它必然能预测 DP_{t+1} 或 DG_{t+1}。由于 DP_{t+1} 和 DG_{t+1} 是贴现率和现金流的单一代理，AOR 预测 DP_{t+1} 和 DG_{t+1} 的能力分别体现了贴现率渠道和现金流渠道。

我们使用以下预测回归来检验这两个信息渠道的作用：

$$y_{t+1} = \alpha + \beta x_t + \varphi y_t + \xi_t, \quad x = \text{AOR, SOR}; y = \text{DP, LTR, DG, EG} \tag{7-20}$$

式中，DP、LTR、DG 和 EG 分别为标准普尔 500 指数的股息价格比、长期政府债券收益、标准普尔 500 指数股息增长和标准普尔 500 指数盈利增长；α、β 和 φ 为待估参数；ξ_t 为残差项。

表 7-10 给出了式（7-20）的估计结果。以 1983 年后的子样本为例，我们对石油增长信息的预测能力随时间推移而减弱的原因进行分析。结果显示，样本内 R^2 几乎在所有情况下都非常高。所有因变量都具有很强的持续性，这一结果不足为奇。在全样本中，AOR 对 DP_{t+1} 回归的斜率在单侧检验的 5%水平上显著为正，t 统计量为 1.681，即 AOR 增加会导致 DP_{t+1} 增加。在保持股息不变的情况下，

DP_{t+1} 增加表明股价 P_{t+1} 在 $t+1$ 时下跌,而市场状况趋于恶化。这与我们的主要发现一致,即 AOR 负向预测股票收益。类似地,我们还发现 AOR 对 LTR_{t+1} 回归的斜率系数也高度显著。两个石油变量对 DG_{t+1} 和 EG_{t+1} 回归的斜率系数不显著。总之,AOR 对 DG_{t+1} 和 LTR_{t+1} 的正向预测能力,以及对 DG_{t+1} 和 EG_{t+1} 预测能力的缺失共同表明,AOR 对股票收益的负向预测能力来自贴现率渠道,而不是现金流渠道。Jones 和 Kaul(1996)认为,油价对股票收益的显著滞后效应表明,要么石油冲击会导致预期股票收益的某些变化,要么股票市场效率低下。我们的结果表明,预期股票收益的变化与油价上涨信息有关。油价上涨带来的显著收益可预测性并不一定意味着股市效率低下。

表 7-10 基于石油收益的贴现率和现金流预测

变量名	全样本 AOR β	R^2/%	全样本 SOR β	R^2/%	1983 年后的子样本 AOR β	R^2/%	1983 年后的子样本 SOR β	R^2/%
DP	0.081** (1.681)	98.553	0.047* (1.408)	98.552	0.041 (0.882)	98.539	0.028 (0.868)	98.541
LTR	0.004*** (2.363)	99.244	0.004** (2.256)	99.239	0.005** (2.119)	98.771	0.004** (2.156)	98.782
DG	−0.002 (−0.855)	74.540	0.002 (0.845)	74.543	−0.001 (−0.663)	87.642	0.001 (0.300)	87.632
EG	0.018 (1.083)	58.533	0.026 (1.195)	58.655	0.024 (0.817)	55.493	0.034 (1.230)	55.692

注:括号内的数字是 Newey-West 调整的 t 统计量。
*、**和***分别表示 10%、5%和 1%水平的显著性。

当 SOR 代替 AOR 作为贴现率变量来预测 DP_{t+1} 和 LTR_{t+1} 时,斜率系数的显著性变弱。这一证据部分解释了对称石油收益预测股票收益的能力弱于非对称石油收益。

在 1983 年后的子样本中,我们发现石油变量对 DP 回归的斜率系数不显著。与全样本结果相比,该子样本中石油变量对 LTR 回归的斜率系数显著性也较弱。换言之,在 1983 年后,从油价上涨到股票收益的信息传递过程中,贴现率渠道的作用并不突出。这导致随着时间的推移,石油信息预测股票收益的能力减弱。

（三）基于学习的解释

McLean 和 Pontiff（2016）指出，在学术出版物将许多变量列为收益预测因子后，它们的预测能力随着时间的推移而不断减弱。油价冲击对股市和实体经济的重要影响引起了学者、实践者和政策制定者的广泛关注。油价上涨预测股票收益的能力减弱，可能是因为人们随着时间的推移而逐渐意识到油价上涨的预测能力。根据 Jacobsen 等（2019）的研究，我们使用以下模型检验这种学习现象的存在性：

$$r_{t+1} = \alpha + (\beta + \beta^{\text{trend}}\text{trend})\text{AOR}_t + \epsilon_{t+1} \tag{7-21}$$

式中，trend 为根据观察数系列（即线性趋势）计算的变量。已知 AOR 的斜率系数 β 显著为负，如果 β^{trend} 显著且为正，则表明存在学习现象。结果显示 β 系数为 -0.348，Newey-West 调整的 t 统计量为 -2.072，β^{trend} 估计值为 0.0003，t 统计量为 1.727。β 和 β^{trend} 均显著，但符号相反。这一证据表明，由于投资者的学习行为，AOR 的负面预测能力随着时间的推移而减弱。

二、拓展预测

（一）经济周期内的预测绩效

股票收益可预测性取决于经济状况（Cochrane，1999，2008）。具体而言，经济变量的预测能力表现出反周期特点，当经济从扩张转向衰退时，这一特点更为突出。因此，我们有必要分析石油市场信息对经济周期内股票收益预测的有用性。

经济衰退和扩张期间的 R^2_{OoS} 定义如下：

$$R^2_c = 1 - \frac{\sum_{t=M+1}^{T}(r_t - \hat{r}_t)^2 I^c_t}{\sum_{t=M+1}^{T}(r_t - \bar{r}_t)^2 I^c_t}, \quad c = \text{EXP, REC} \tag{7-22}$$

式中，I^{EXP}_t（I^{REC}_t）为指示变量，当 t 月的经济属于 NBER 记录的扩张（衰退）期时，该指标取 1。

表 7-11 给出了单变量宏观模型以及引入 AOR 的双变量模型在整个经济周期内的 R^2_{OoS} 值。我们发现，在 14 个主流预测因子中，有 10 个在衰退期的 R^2_{OoS} 值高于扩张期。当经济衰退时，14 例中有 9 例的双变量模型表现优于单变量模型（在

表中以粗体字标出）。考虑石油信息后，R_{OoS}^2 均值从 0.412% 增长至 0.504%。当经济扩张时，将 AOR 收益纳入单变量预测回归，会使所有 14 例的 R_{OoS}^2 都得到提高。14 个双变量模型中有 10 个显著优于基准模型。特别是，在 SVAR、TMS 和 DFR 的单变量模型中加入 AOR 后，收益可预测性的显著性开始显现。在扩张期，石油信息使 R_{OoS}^2 均值从 0.149% 提高到 0.504%。总之，我们的分析表明，石油信息有助于增强经济周期内股票收益的可预测性。

表 7-11 经济周期结果 （单位：%）

变量名	衰退期 宏观	衰退期 石油-宏观	扩张期 宏观	扩张期 石油-宏观
DP	1.260**	1.009**	0.120*	0.374*
DY	1.637**	**1.707***	0.344**	0.705**
EP	−0.264	−0.466	0.723**	0.806**
DE	−0.760	**−0.274**	−0.212	0.044
SVAR	0.233	**0.505***	−0.013	0.436**
BM	0.548	0.527	−0.116	0.135
NTIS	−0.890	**−0.798**	0.350**	0.697**
TBL	1.211*	**1.616****	0.435**	1.069***
LTY	1.479**	**1.806****	0.499**	0.829***
LTR	0.884*	0.844*	−0.217	0.059
TMS	0.531	**0.553**	0.151	0.652**
DFY	−0.170	**−0.110**	−0.170	0.399
DFR	0.192	0.096	0.090	0.386*
INFL	−0.117	**0.046**	0.102**	0.464**
均值	0.412	**0.504**	0.149	0.504

*、**和***分别表示在 10%、5% 和 1% 显著性水平上拒绝零假设。

表 7-11 中，预测值由单变量模型 $r_{t+1} = \alpha + \beta_{\text{macro}} x_{t,\text{macro}} + \epsilon_{t+1}$ 和相应引入石油的双变量模型 $r_{t+1} = \alpha + \beta_{\text{macro}} x_{t,\text{macro}} + \beta_{\text{oil}} x_{t,\text{oil}} + \epsilon_{t+1}, t = 1, 2, \cdots, T - 1$ 给出。全样本期间为 1927 年 1 月至 2016 年 12 月，样本外期间从 1947 年 1 月开始。表 7-11 的第 3~16 行展示了 Goyal 和 Welch（2008）提出的主流预测因子的表现，最后一行给出了主流预测因子的表现均值。对于正 R_{OoS}^2 值，我们使用 Clark 和 West（2007）统计量检验其相对于普通均值模型的统计显著性。

（二）预测特征投资组合收益

研究不对称石油收益是否可以预测基于行业、规模、账面市值和动量构建的投资组合的收益，有助于进一步揭示石油对股票收益的预测能力，也能在一定程度上验证本章主要发现的稳健性。Kenneth French 数据库提供了特征投资组合收益数据[①]。

表 7-12 的面板 A 给出了行业收益的估算结果。由 β 估计值可知，AOR 与 10 个行业中 8 个行业的收益存在显著预测关系。对应这 8 个行业的样本内 R^2 处于 0.327%~0.825%范围内。Wald 检验在验证不同行业斜率系数相等性时，显著否定了零假设，表明油价上涨对未来收益的影响具有行业异质性。AOR 无法预测能源或公用事业行业的收益。油价对两个行业的公司而言至关重要，例如，油价是炼油成本和运输成本的核心决定因素，关乎炼油厂和运输公司的存续。因此，这些公司会通过专门的渠道对冲油价风险。对冲行为使行业股价对油价上涨并不敏感。石油收益无法预测能源相关行业的收益，这也与 Driesprong 等（2008）、Chiang 和 Hughen（2017）的结果一致。

表 7-12 石油与特征投资组合收益的预测关系分析

分组依据	β	t 统计量	R^2/%
面板 A：行业投资组合的收益预测			
非耐用消费品业	−3.518**	−1.744	0.404
耐用消费品业	−7.480**	−2.301	0.648
制造业	−4.709**	−1.848	0.388
能源业	−2.141	−0.891	0.085
化工业	−7.575***	−2.632	0.746
信息传输业	−3.170*	−1.576	0.327
零售与批发业	−6.386***	−2.666	0.825
医疗业	−4.749**	−2.239	0.497
公用事业	−3.075	−1.173	0.212
其他行业	−6.050***	−2.341	0.606
面板 B：动量投资组合的收益预测			
最低动量	−8.589**	−1.978	0.532
2	−7.587**	−2.124	0.614
3	−6.849**	−2.178	0.665

---

① http://mba.tuck.dartmouth.edu/pages/faculty/ken.french/data_library.html。

续表

分组依据	β	t 统计量	R^2/%
4	−5.441**	−2.167	0.507
5	−4.714**	−1.880	0.433
6	−3.763**	−1.668	0.290
7	−4.310**	−1.964	0.424
8	−3.396*	−1.548	0.280
9	−4.125**	−2.015	0.372
最高动量	−5.244**	−2.180	0.453
面板 C：规模投资组合的收益预测			
最小规模	−6.766**	−1.936	0.317
2	−6.754**	−1.983	0.410
3	−6.732**	−2.184	0.490
4	−7.148***	−2.518	0.634
5	−6.336**	−2.208	0.554
6	−6.257***	−2.366	0.582
7	−4.756**	−1.866	0.376
8	−4.935**	−1.931	0.443
9	−4.749**	−2.033	0.460
最大规模	−4.946**	−2.495	0.658
面板 D：账面市值比投资组合的收益预测			
成长型	−6.112***	−2.696	0.789
2	−5.418***	−2.564	0.716
3	−3.832*	−1.599	0.349
4	−3.599**	−1.697	0.253
5	−4.338**	−1.932	0.398
6	−5.083**	−2.143	0.490
7	−4.878**	−1.899	0.395
8	−5.380**	−2.270	0.440
9	−6.244**	−2.228	0.454
价值型	−7.328**	−2.218	0.433

注：本表给出了单变量预测回归的样本内估计结果，模型为 $r_{t+1} = \alpha + \beta x_t + \epsilon_{t+1}, t = 1, 2, \cdots, T-1$。其中，$x_t$ 是 AOR，ϵ_{t+1} 是独立同分布的误差项。我们分析了预测模型对特征投资组合收益的预测结果。第 1 列为具体的特征投资组合名称。所有预测变量均已标准化。我们使用 Newey-West 调整的异方差一致 t 统计量，对 AOR 的零假设 $H_0: \beta \geqslant 0$ 以及备择假设 $H_1: \beta < 0$ 进行单侧检验。

*、**和***分别表示 10%、5%和 1%水平的显著性。

表 7-12 的面板 B、面板 C 和面板 D 分别给出了由动量、规模和账面市值比构成的投资组合收益预测分析结果。我们发现 AOR 能够显著预测特征投资组合的收益。特别是，通过观察回归系数 β 可以发现，AOR 更能预测较小的（小规模）、陷入困境的（高账面市值比）、具有高增长机会的股票（低账面市值比）或过去表现不佳的股票。这一发现也与 Huang 等（2015）的观点一致，他们开发了一种新的投资者情绪测度指标来预测特征投资组合收益。当动量、规模和账面市值比特征发生变化时，R^2 分别处于 0.280%～0.665%、0.317%～0.658%以及 0.253%～0.789%范围内。然而，Wald 检验无法拒绝这三个特征组合斜率系数相等的零假设。因此，油价上涨对未来股票收益的影响，对于由规模、账面市值比或动量构建的投资组合而言，不存在结构性差异。

第五节 石油市场信息预测股市的相关结论

油价和股市活动之间的关系已经得到广泛研究。然而，油价是否能够预测样本外股票收益却没有引起足够的关注。利用 1927～2016 年的月度数据，我们发现 WTI 的油价上涨成功预测了样本内和样本外的市场总收益。石油市场信息揭示的收益可预测性具有统计和经济意义。我们使用一个简单的引入了石油和主流预测因子的二元回归模型来生成收益预测。这种石油-宏观双变量模型的表现优于相应的单变量模型。此外，加入石油信息也可以改善多变量信息方法的预测效果。实证结果通过了一系列稳健性检验，包括替代信息组合方法、经济周期分析、不同的风险规避系数以及对投资组合中股票权重的各种约束。进一步分析表明，油价上涨为工业生产和利率提供了预测信息，进而会通过这两种渠道影响股票收益。

我们的发现对市场参与者和政策制定者具有重要意义。第一，我们发现油价上涨负向预测市场总收益，但油价收益无法做到这一点。投资者应该更注意油价上涨而非油价变化，因为它会降低由众多股票构成的投资组合的多元化效应。投资于股票指数的大型机构（如养老金和保险公司）可以使用石油衍生品等金融工具来对冲石油风险。考虑到能源行业股票受油价上涨的影响较小，个人投资者可以将其纳入投资组合以降低风险。第二，政策制定者应该更多地关注油价上涨而非油价下跌，因为减轻高油价不利影响的政策干预空间仍然较大。

第八章　主要结论与政策建议

本书综合运用了文献分析、理论总结、数理推导和实证检验等多种研究方法对石油市场预测与建模进行了深入探讨，得出了一系列有意义的结论。本章对本书研究结论进行归纳总结，同时在主要结论的基础上提出一些政策建议。

第一节　研究结论

通过梳理现有文献，分析油价现状及其影响、可预测性和有用性，本书主要得到八点结论，依次论述如下。

（1）相对于供给、投机和预防动机，需求冲击对油价的影响更大。带有符号限制的 SVAR 框架通过识别石油供给冲击、美国石油需求冲击、中国石油需求冲击、预防性需求冲击和投机冲击，揭示了投机因素和石油市场供需基本面对油价的动态影响。其中，脉冲响应结果表明，石油供给冲击、投机冲击和预防性需求冲击对油价的影响时间较短，仅持续一个月。反之，需求冲击对油价变化的影响更为突出。美国和中国的石油需求冲击对油价的影响均显著为正且持续数月，前者甚至能够持续更长时间。

（2）美国和中国的石油需求可以解释大约 70% 的油价波动，但二者各自的解释力不相同。其中，美国石油需求仅对长期油价变化具有较大贡献，中国石油需求则在长期和短期都可以解释部分油价波动。换言之，在样本期内，油价变动的主要驱动因素是全球石油需求，尤其是中国石油需求。此外，衍生品市场的投机因素只能解释小部分油价变动。

（3）油价变动对微观企业投资行为具有显著影响，但这一影响受宏观市场情况的影响。油价上涨一方面会导致企业生产成本增加进而抑制投资，另一方面可能是供不应求而经济大好的结果。宏观市场情况较差时，油价上涨更多地从成本渠道抑制企业投资，而宏观市场情况向好时，油价更多地被解读为市场繁荣的信号并刺激投资。当油价上涨刺激企业投资时，那些本就投资过度的企业会更加冒进；而当油价上涨抑制企业投资时，即便身处激烈竞争行业中的企业也会减少投资以等待时机。

（4）油价预测研究表明，TVP 模型并不一定比 CC 模型表现更好。应用 TVP 模型的逻辑是，各油价决定因素的重要性在不同时期和不同市场条件下会发生变化。基于 CC 的模型在捕捉油价决定因素的重要性方面,不如基于 TVP 的模型有效。然而,实证结果显示,无论使用 CC 模型还是 TVP 模型,每个模型的预测性均随预测时间跨度而变化。这种结果的出现和模型不确定性问题有关,即单一预测模型不可能始终保持最优。

(5)基于 TVP 模型的预测组合优于基于 CC 模型的预测组合,这也揭示了实际油价的可预测性。应用预测组合的动机是,石油利益相关者(如政策制定者、石油相关企业以及石油期货投资者)对预测模型的不确定性感到厌恶,因而在进行政策制定和投资决策时更可能考虑来自不同模型的预测,而不是单一模型。基于 TVP 模型的预测组合优于基于 CC 模型的预测组合,因为不同 TVP 模型性能之间的差异更大,进而预测误差之间的相关性更低。

(6)石油价格波动率预测部分开发了新的 MSM 波动率预测模型。该模型不仅可以捕获金融数据中多尺度、长记忆和波动中的结构性中断事实,而且在考虑到波动中的数百种机制时,其参数化方面也更加简约。样本内结果表明,与传统的 GARCH 模型相比,MSM 模型能更好地拟合石油收益数据。样本外结果表明,在大多数损失函数的标准下,MSM 模型产生了更低的预测损失,即 MSM 模型能够比流行的 GARCH 模型或历史波动率模型产生更准确的波动率预测。

(7)在最小方差(min-V)框架下,恒定套期保值模型比动态套期保值模型表现更好,而在最小风险(min-R)框架下,DCC-GARCH 模型表现更好。更重要的是,在两种框架下,所有恒定套期保值模型和动态套期保值模型的等权重组合都能比只组合任何一种套期保值模型产生更好的样本外性能。

(8)石油市场信息能够预测股市收益,且这种收益可预测性具有统计和经济意义。具体而言,油价上涨负向预测市场总收益,但石油收益无法做到这一点。油价上涨通过经济活动的渠道造成股市收益下降。此外,油价上涨还通过贴现率渠道而非现金流渠道影响未来股市收益。

第二节 政 策 建 议

对石油进口国而言,石油处于经济产业链顶端。油价波动会影响企业正常生产,进而带来物价上涨、通货膨胀、国际收支失衡等宏观经济问题。本书在揭示油价关键影响因素、探索油价对微观企业经营的影响、发掘油价及其波动率的可预测性以及分析油价信息可用性方面取得了诸多研究发现。根据这些结论与发现,本书大体从协调石油供求关系和促进有效市场与有为政策相结合两个方面,对我国能源安全战略提出了一些政策建议。

一、协调石油供求关系，降低石油缺口风险

面对不利于中国经济、国防和社会变化的突发石油冲击，短期应急措施无疑成本高昂且不可持续。长期而言，中国石油安全政策应当以能够按照稳定、合理的价格持续不断地获得石油供给为目标。影响油价的因素包括石油供求关系、投机因素、汇率、政治及突发事件等。研究发现，市场投机行为可以使油价产生短期大幅波动，但长期而言，石油供求关系才是国际油价的根本决定因素。其他所有影响油价的因素，最终都与石油供求有关。例如，投机行为本质上利用的是稀缺预期。因此，能源战略的关键在于协调供需关系，通过提高石油市场弹性来降低石油缺口风险。

（一）需求战略

1. 提高石油使用效率

经过不懈努力，我国已经摆脱"贫油国"帽子，随着我国经济的快速发展，石油需求呈强劲的增长态势，但国内石油产量增速不同步，供需缺口依旧较大。工业是影响我国经济增长和能源消费的主要生产部门。对于企业用油应制定一套科学合理、行之有效的能耗标准，避免出现"运动式"和"一刀切"行为。

提高石油使用效率的重要发力点是增加石油消费总量管理的弹性，并鼓励地方增加可再生能源消费，超额完成用油强度降低目标，同时严格管控高能耗、高排放项目，坚决遏制高能耗、高排放、低水平项目盲目发展。此外，要加强石油清洁高效利用，有序减量替代，推动活性改造、供热改造，推进大型风光电基地及其配套调节性电源规划建设，提升电网对可再生能源发电的消纳能力。此外，推进绿色低碳技术研发和推广应用，建设绿色制造和服务体系，鼓励钢铁、有色、石化、化工、建材等行业提高石油使用效率并更多地使用可再生能源。

2. 优化能源消费、传输和吸纳结构

国家能源局显示，我国以风电、光伏发电为代表的新能源装机规模近年来稳居全球首位，发电量占比稳步提升，成本快速下降，已基本进入平价无补贴发展的新阶段。在"双碳"目标下，我国明确提出，到2030年风电和太阳能发电总装机容量达到12亿千瓦以上。从国家规划、能源消费的低碳化趋势和新能源装备技术等各个层面，都释放出了新能源进一步大规模开发利用的利好信号。

然而，不少地区再次出现了弃风弃光率上升的现象。究其原因主要是深加工能力跟不上，而外送传输能力也不足。因此，必须坚持通盘谋划和系统观念，当

务之急应该是优化能源消费结构，继续提升新能源消费占比，挖掘新能源就地消纳能力；加快外送通道建设，突破省际壁垒，满足产业聚集地区用能需求；探索多渠道储能路径，如抽水蓄能、绿电制氢、错峰供电。

（二）供给战略

1. 确定经济合理的石油战略储备

石油战略储备具有保障供给、稳定油价和增加政府收入的功能。多年的国际实践证明，石油储备对石油消费大国和石油进口依赖程度高的国家至关重要。作为最大的发展中国家，工业制造业是支持中国经济发展的一大主力。然而，我国石油储藏并不能满足日益上涨的石油需求。截至2022年，中国已是全球第二大石油消费国和最大的石油进口国，石油需求增长占世界增长的44%。中国石油和化学工业联合会的报告更是指出，中国石油对外依存度高达72%。与世界上其他国家一样，我国早在2003年就开始建立石油战略储备。然而，石油战略储备需要占用国家外汇和资金，并不是多多益善。与美国等发达国家不同，我国需要根据具体国情设定经济合理的石油战略储备。

经济合理的石油战略储备要在考虑石油供求关系、风险概率、储备成本与效益的基础上确定，应是使国民经济损失最小的储备量。当石油市场供不应求而油价暴涨时，石油储备有助于减少国民经济损失。反之，当石油供给保持平稳而价格合理时，过高的石油储备会占用资源并造成不必要的损失。因此，经济合理的石油战略储备是一个动态概念，而非静态概念。石油市场的建模与预测能够尽可能提供与石油供求、油价变动和风险概率有关的信息，从而指导石油战略储备的适时调控。

2. 多元化海外石油供给体系

国际石油政治经济发展史表明，多元化石油进口战略是保障进口国能源和经济安全的重要举措。中东，特别是海湾地区，石油储量丰富，是当前并且以后很长一段时间内世界石油市场的主要供给者。中国的进口石油有超过40%的部分来自中东。中国石油进口渠道分为海运和陆运，其中陆运所占份额较少。中东地区的石油主要通过海运方式送往中国，被誉为"世界石油生命线接点"的霍尔木兹海峡是必经之地。该海峡的安全航行与中东地区地缘政治紧密相关，实行石油进口多元化战略，能够将产油国政治风波及地区冲突对我国石油进口的干扰及影响降到最低。中国应当以重点合作伙伴为优先方向，不断巩固和深化能源合作，逐步搭建起能源合作伙伴关系网络。

参与全球石油大分工过程势必面临复杂的国际政治经济关系，我国必须建立和完善与之相适应的能源外交政策。根据石油资源的丰裕程度、可获得性以及冲突和风险，可以将海外合作重点国家进行不同类别的划分，采取务实的外交政策，在维护主权的基础上谋求合作，以最大限度地保障国内能源安全。

3. 重视石油勘探开发投入

历年的《全国油气矿产储量通报》（以下简称《储量通报》）反映了我国油气储量和产量等一系列信息。其基础是地质储量，允许存在30%的误差，用以对社会公布。分析《储量通报》数据可以发现，2011年以来的10年间，我国石油勘探年新增石油地质储量较大，均值大于 10×10^8 吨。然而，观察趋势可以发现，新增石油探明地质储量和经济可采储量均呈总体变小的趋势。例如，新增石油探明地质储量2011~2015年年均增储 12.12×10^8 吨，最大值为2012年的 15.22×10^8 吨；2016~2020年年均增储 10.28×10^8 吨，最大值为2020年的 13.0×10^8 吨。其主要原因是勘探难度增大，而勘探投入不足，且国际油价波动剧烈。

尽管石油行业已逐步开放，但勘探开发初始投入大而风险高，外资民企参与者依旧寥寥无几。在利用国内石油资源勘探开发以对冲油价过度上涨风险时，政府部门也应关注低油价对石油勘探开发的负面影响。要持续提升油气勘探开发和投资力度，全力突破油气勘探开发系列关键技术；积极培育油气增储上产新动能，加强海洋油气勘探开发，深入推进页岩革命；加快盘活未动用储量，加快油气矿业权退出及流转；充分发挥集中力量办大事的显著优势，形成各方面共同支持油气增储上产工作的强大合力。

4. 开发多样化替代能源

石油安全战略不是孤立的，而是国家整体能源战略的一个组成部分。要从整个能源战略的角度出发，统筹兼顾石油与其他能源的比例关系。大力开发清洁能源（如风能、核能、水能），在助力能源结构优化的同时降低石油所占比重。能源结构多元化的成本效益是多方面的，一能满足广大农村地区的能源需求，创造社会福利；二能减少森林过度开采和植被破坏，符合"双碳"目标的内在要求；三能降低国民经济石油依赖度，进而缓解石油供给紧张；四能增强中国能源系统抗风险能力，提升我国能源产业的国际竞争力。简言之，我国替代能源开发战略势在必行。

从发展现状来看，我国并没有完全掌握能源领域的核心技术，一些关键零部件仍依赖进口。从实现"双碳"目标的要求看，我国在电力基础设施网络安全、智能电网、先进核电、智慧矿山、煤炭清洁利用和新能源核心技术研发等重点领域仍存在薄弱环节，在氢能产业链关键技术和装备、天然气上游勘探开发、现代煤化工（技术、装备和催化剂）等方面需要加强技术攻关，解决技术短板问题。现有的技术创新支撑体系较为薄弱，缺少共性研发平台。一些科研力量仍分散在大学等机构中，其他参与企业规模偏小，缺少像通用电气公司这类的大型综合性设备供应商。因此，我国的多样化替代能源开发仍有很长一段路要走。唯有做好全局设计、统筹协调各方资源和力量，才有可能构建好能源多样化新格局。

二、充分发挥市场机制，完善配套政策法规

无论油价影响企业投资的直接研究，还是油价信息预测股票价格的有用性，都揭示了油价会对企业经济主体甚至其资本市场表现产生显著影响。从套期保值视角看，本书验证了期货交易在对冲油价变动不利影响方面的有用性。因此，建立统一、开放、竞争、有序、规范的现代石油市场体系，有助于逐步改变我国被动接受油价的不利现状，进而充分发挥市场配置资源的基础性作用。此外，制定能源总体战略是一项系统工程，既要考虑国内经济发展、社会变化、科技进步与环保因素等，又要研究世界能源市场与大国能源战略。为此，旨在明确权责、调动各方积极性的配套政策和法律法规不可或缺。

（一）完善石油期货避险体系

石油期货市场是除石油战略储备以外又一个缓冲国际石油价格剧烈波动的避险体系。长期以来，采购管理制度不完善、期货市场不健全使我国石油进口贸易陷入内部竞争、互相抬价的不利局面。作为石油进口量常年稳居前列的石油消费大国，却无法对国际石油价格产生决定性影响，时常受到国际石油战的波及。抓紧时间发展和完善国内石油现货和期货交易市场、加快推出其他石油期货品种是我国参与国际石油价格博弈的必然选择，也是保证国内能源和经济安全的战略决策。完善的石油期货市场对于跟踪供求、价格发现、风险规避、市场调控均具有重大意义。更为重要的是，我国可以充分利用石油消费大国的需求优势积极谋求石油市场交易和交割规则的制定权。

（二）营造健全宏观制度环境

实施能源战略涉及许多部门、地区和行业的利益，需要营造一种健全的、能够协调各方利益与行动的宏观制度环境，以防止在关系国家利益的重大问题上出现各自为政、条块分割、损人利己、互不协作的现象。从发达国家的成功经验来看，石油安全战略的实施离不开与之配套的法律法规。我国的石油法律体系可以

从石油贸易机制、石油战略储备和替代能源的开发三个角度出发，分别涵盖石油产业的上、中、下游。与此同时，石油法律横向上应该与财政、货币、税收、环境保护等法律法规以及政策制度相连接，从而构成健全的宏观制度网络。法律法规明确国有、民营企业主体责任，规范石油行业生产经营；财税政策相机提供资金，提升能源开采和技术研发效率；环境保护政策强化市场主体社会责任，引导其开源节流和可持续发展。

值得注意的是，本书研究表明政策制定者应该更多地关注油价上涨而非油价下跌，因为减轻高油价不利影响的政策干预空间仍然较大。油价上涨通过经济活动渠道造成股票收益下降。这意味着，任何旨在刺激经济活动的宏观经济政策在短期内都会被投资者解读为好消息。此外，油价上涨还通过贴现率渠道而非现金流渠道影响未来股票收益。因此，降低利率的货币政策是缓解油价持续上涨对股市活动不利影响的有效工具，而减轻财政负担和缓解信贷紧缩等改善未来现金流和投资赢利能力的政策可能作用不大。

参 考 文 献

葛根，王洪礼，许佳. 2009. 小波分频技术和混沌时间序列在国际石油价格预测中的应用. 系统工程理论与实践，(7)：64-68.

梁强，范英，魏一鸣. 2005. 基于小波分析的石油价格长期趋势预测方法及其实证研究. 中国管理科学，(1)：30-36.

刘金培，林盛，郭涛，等. 2011. 一种非线性时间序列预测模型及对原油价格的预测. 管理科学，24（6）：104-112.

覃东海，余乐安. 2005. 石油价格的预测及其对世界经济的冲击. 世界经济，28（3）：55-59.

杨云飞，鲍玉昆，胡忠义，等. 2010. 基于 EMD 和 SVMs 的原油价格预测方法. 管理学报，7（12）：1884-1889.

Aastveit K A, Gerdrup K R, Jore A S, et al. 2014. Nowcasting GDP in real time: A density combination approach. Journal of Business Economic Statistics, 32（1）：48-68.

Abdoh H, Varela O. 2017. Product market competition, idiosyncratic and systematic volatility. Journal of Corporate Finance, 43：500-513.

Adelman M A. 1984. International oil agreements. The Energy Journal, 5（3）：1-9.

Agnolucci P. 2009. Volatility in crude oil futures: A comparison of the predictive ability of GARCH and implied volatility models. Energy Economics, 31（2）：316-321.

Aiolfi M, Timmermann A. 2004. Structural breaks and the performance of forecast combinations. Milan: Bocconi University.

Akdoğu E, MacKay P. 2008. Investment and competition. Journal of Financial and Quantitative Analysis, 43（2）：299-330.

Akdoğu E, MacKay P. 2012. Product markets and corporate investment: Theory and evidence. Journal of Banking and Finance, 36（2）：439-453.

Alimov A, Mikkelson W. 2012. Does favorable investor sentiment lead to costly decisions to go public? . Journal of Corporate Finance, 18（3）：519-540.

Alizadeh A H, Nomikos N K, Pouliasis P K. 2008. A Markov regime switching approach for hedging energy commodities. Journal of Banking and Finance, 32（9）：1970-1983.

Almeida H, Campello M, Weisbach M S. 2004. The cash flow sensitivity of cash. The Journal of Finance, 59（4）：1777-1804.

Aloui C, Mabrouk S. 2010. Value-at-risk estimations of energy commodities via long-memory, asymmetry and fat-tailed GARCH models. Energy Policy, 38（5）：2326-2339.

Alquist R, Gervais O. 2013. The role of financial speculation in driving the price of crude oil. Energy Journal, 34（3）：35-55.

Alquist R, Kilian L. 2010. What do we learn from the price of crude oil futures? . Journal of Applied

Econometrics, 25 (4): 539-573.

Alquist R, Kilian L, Vigfusson R J. 2013. Forecasting the price of oil. Handbook of Economic Forecasting, 2: 427-507.

Alvarez-Ramirez J, Alvarez J, Rodriguez E. 2008. Short-term predictability of crude oil markets: A detrended fluctuation analysis approach. Energy Economics, 30 (5): 2645-2656.

An H, Chen Y, Luo D, et al. 2016. Political uncertainty and corporate investment: Evidence from China. Journal of Corporate Finance, 36: 174-189.

Andersen T G, Bollerslev T. 1998a. Answering the skeptics: Yes, standard volatility models do provide accurate forecasts. International Economic Review, 39: 885-905.

Andersen T G, Bollerslev T. 1998b. Deutsche mark-dollar volatility: Intraday activity patterns, macroeconomic announcements, and longer run dependencies. The Journal of Finance, 53 (1): 219-265.

Andersen T G, Bollerslev T, Diebold F X. 2007. Roughing it up: Including jump components in the measurement, modeling, and forecasting of return volatility. The Review of Economics and Statistics, 89 (4): 701-720.

Andersen T G, Bollerslev T, Diebold F X, et al. 2001. The distribution of realized stock return volatility. Journal of Financial Economics, 61 (1): 43-76.

Anderson R W, Danthine J P. 1983. The time-pattern of hedging and the volatility of futures prices. Review of Economic Studies, 50 (2): 249-266.

Ang A, Bekaert G. 2007. Stock return predictability: Is it there?. Review of Financial Studies, 20 (3): 651-707.

Arif S, Lee C M C. 2014. Aggregate investment and investor sentiment. Review of Financial Studies, 27 (11): 3241-3279.

Arouri M E H, Jouini J, Nguyen D K. 2011. Volatility spillovers between oil prices and stock sector returns: Implications for portfolio management. Journal of International Money and Finance, 30 (7): 1387-1405.

Arslan-Ayaydin Ö, Florackis C, Ozkan A. 2014. Financial flexibility, corporate investment and performance: Evidence from financial crises. Review of Quantitative Finance and Accounting, 42 (2): 211-250.

Asker J, Farre-Mensa J, Ljungqvist A. 2015. Corporate investment and stock market listing: A puzzle?. Review of Financial Studies, 28 (2): 342-390.

Aumann R J, Serrano R. 2008. An economic index of riskiness. Journal of Political Economy, 116 (5): 810-836.

Avramov D. 2002. Stock return predictability and model uncertainty. Journal of Financial Economics, 64 (3): 423-458.

Bacchetta P, van Wincoop E, Beutler T, et al. 2010. Can parameter instability explain the Meese-Rogoff puzzle?//NBER International Seminar on Macroeconomics. Chicago, IL: The University of Chicago Press, 6 (1): 125-173.

Bache I W, Jore A S, Mitchell J, et al. 2011. Combining VAR and DSGE forecast densities. Journal of Economic Dynamics Control, 35 (10): 1659-1670.

Baek E, Brock W. 1992. A general test for non-linear granger causality: Bivariate model. Iowa State University and University of Wisconsin at Madison Working Paper: 137-156.

Baillie R T. 1996. Long memory processes and fractional integration in econometrics. Journal of Econometrics, 73 (1): 5-59.

Baillie R T, Bollerslev T, Mikkelsen H O. 1996. Fractionally integrated generalized autoregressive conditional heteroskedasticity. Journal of Econometrics, 74 (1): 3-30.

Baillie R T, Morana C. 2009. Modelling long memory and structural breaks in conditional variances: An adaptive FIGARCH approach. Journal of Economic Dynamics and Control, 33 (8): 1577-1592.

Bakas D, Triantafyllou A. 2019. Volatility forecasting in commodity markets using macro uncertainty. Energy Economics, 81: 79-94.

Barberis N, Shleifer A, Vishny R. 1998. A model of investor sentiment. Journal of Financial Economics, 49 (3): 307-343.

Barsky R B, Kilian L. 2001. Do we really know that oil caused the great stagflation? A monetary alternative. NBER Macroeconomics Annual, 16: 137-183.

Basu D, Miffre J, 2013. Capturing the risk premium of commodity futures: The role of hedging pressure. Journal of Banking Finance, 37 (7): 2652-2664.

Baumeister C, Guérin P, Kilian L. 2015. Do high-frequency financial data help forecast oil prices? The MIDAS touch at work. International Journal of Forecasting, 31 (2): 238-252.

Baumeister C, Hamilton J D. 2019. Structural interpretation of vector autoregressions with incomplete identification: Revisiting the role of oil supply and demand shocks. American Economic Review, 109 (5), 1873-1910.

Baumeister C, Kilian L, Lee T K. 2014. Are there gains from pooling real-time oil price forecasts? . Energy Economics, 46: S33-S43.

Baumeister C, Kilian L. 2012. Real-time forecasts of the real price of oil. Journal of Business and Economic Statistics, 30 (2): 326-336.

Baumeister C, Kilian L. 2014a. Real-time analysis of oil price risks using forecast scenarios. IMF Economic Review, 62: 119-145.

Baumeister C, Kilian L. 2014b. What central bankers need to know about forecasting oil prices. International Economic Review, 55 (3): 869-889.

Baumeister C, Kilian L. 2015. Forecasting the real price of oil in a changing world: A forecast combination approach. Journal of Business and Economic Statistics, 33 (3): 338-351.

Baumeister C, Kilian L. 2016. Understanding the decline in the price of oil since June 2014. Journal of the Association of Environmental and Resource Economists, 3 (1): 131-158.

Baumeister C, Kilian L, Zhou X. 2018. Are product spreads useful for forecasting oil prices? An empirical evaluation of the verleger hypothesis. Macroeconomic Dynamics, 22 (3): 562-580.

Baumeister C, Peersman G. 2013a. Time-varying effects of oil supply shocks on the US economy. American Economic Journal-Macroeconomics, 5 (4): 1-28.

Baumeister C, Peersman G. 2013b. The role of time-varying price elasticities in accounting for volatility changes in the crude oil market. Journal of Applied Econometrics, 28 (7): 1087-1109.

Berk J B, Green R C, Naik V. 1999. Optimal investment, growth options, and security returns. The Journal of Finance, 54 (5): 1553-1607.

Bernanke B S. 1983. Irreversibility, uncertainty, and cyclical investment. Quarterly Journal of Economics, 98 (1): 85-106.

Bernanke B S, Gertler M, Gilchrist S. 1996. The financial accelerator and the flight to quality. Review of Economics and Statistics, 78 (1): 1-15.

Bernanke B S, Gertler M, Gilchrist S. 1999. The financial accelerator in a quantitative business cycle framework. Handbook of Macroeconomics, 1: 1341-1393.

Bernanke B S, Gertler M, Watson M. 1997. Systematic monetary policy and the effects of oil price shocks. Brookings Papers on Economic Activity, (1): 91-157.

Black F, Scholes M. 1973. The pricing of options and corporate liabilities. Journal of Political Economy, 81 (3): 637-654.

Bodenstein M, Guerrieri L, Kilian L. 2012. Monetary policy responses to oil price fluctuations. IMF Economic Review, 60 (4): 470-504.

Bollerslev T, Engle R F, Nelson D. 1994. ARCH models. Handbook of Econometrics, 4: 2959-3038.

Bollerslev T, Tauchen G, Zhou H. 2009. Expected stock returns and variance risk premia. Review of Financial Studies, 22 (11): 4463-4492.

Bollerslev T. 1986. Generalized autoregressive conditional heteroskedasticity. Journal of Econometrics, 31 (3): 307-327.

Bollerslev T. 1990. Modeling the coherence in short-run nominal exchange-rates: A multivariate generalized ARCH model. Review of Economics and Statistics, 72 (3): 498-505.

Bolton P, Chen H, Wang N. 2013. Market timing, investment, and risk management. Journal of Financial Economics, 109 (1): 40-62.

Breen W, Glosten L R, Jagannathan R. 1989. Economic significance of predictable variations in stock index returns. The Journal of Finance, 44 (5): 1177-1189.

Brennan M J, Schwartz E S. 1985. Evaluating natural-resource investments. Journal of Business, 58 (2): 135-157.

Bresnahan T F, Ramey V A. 1993. Segment shifts and capacity utilization in the United States automobile-industry. American Economic Review, 83 (2): 213-218.

Brunetti C, Buyuksahin B. 2009. Is speculation destabilizing?. CFTC Working Paper.

Buyuksahin B, Harris J H. 2011. Do speculators drive crude oil futures prices?. Energy Journal, 32 (2): 167-202.

Cai J. 1994. A Markov model of switching-regime ARCH. Journal of Business and Economic Statistics, 12 (3): 309-316.

Calvet L E, Fisher A J. 2001. Forecasting multifractal volatility. Journal of Econometrics, 105 (1): 27-58.

Calvet L E, Fisher A J. 2004. How to forecast long-run volatility: Regime switching and the estimation of multifractal process. Journal of Financial Econometrics, 2 (1): 49-83.

Calvet L E, Fisher A J, Thompson S B. 2006. Volatility comovement: A multifrequency approach. Journal of Econometrics, 131 (1-2): 179-215.

Campbell J Y. 1987. Stock returns and the term structure. Journal of Financial Economics, 18 (2): 373-399.

Campbell J Y, Ammer J. 1993. What moves the stock and bond markets? A variance decomposition for long-term asset returns. Journal of Finance, 48 (1): 3-37.

Campbell J Y, Cochrane J H. 1999. By force of habit: A consumption-based explanation of aggregate stock market behavior. Journal of Political Economy, 107 (2): 205-251.

Campbell J Y, Polk C, Vuolteenaho T. 2010. Growth or glamour? Fundamentals and systematic risk in stock returns. Review of Financial Studies, 23 (1): 305-344.

Campbell J Y, Shiller R J. 1988. The dividend-price ratio and expectations of future dividends and discount factors. Review of Financial Studies, 1 (3): 195-228.

Campbell J Y, Thompson S B. 2008. Predicting excess stock returns out of sample: Can anything beat the historical average? . Review of Financial Studies, 21 (4): 1509-1531.

Campbell J Y, Vuolteenaho T. 2004. Bad beta, good beta. American Economic Review, 94 (5): 1249-1275.

Campello M, Giambona E, Graham J R, et al. 2011. Liquidity management and corporate investment during a financial crisis. Review of Financial Studies, 24 (6): 1944-1979.

Campello M, Graham J R, Harvey C R. 2010. The real effects of financial constraints: Evidence from a financial crisis. Journal of Financial Economics, 97 (3): 470-487.

Canova F, Nicolo G D. 2002. Monetary disturbances matter for business fluctuations in the G-7. Journal of Monetary Economics, 49 (6): 1131-1159.

Cao D, Lorenzoni G, Walentin K. 2019. Financial frictions, investment, and Tobin's Q. Journal of Monetary Economics, 103: 105-122.

Carlson M, Fisher A, Giammarino R. 2004. Corporate investment and asset price dynamics: Implications for the cross-section of returns. Journal of Finance, 59 (6): 2577-2603.

Caron J, Fally T, Markusen J R. 2014. International trade puzzles: A solution linking production and preferences. The Quarterly Journal of Economics, 129 (3): 1501-1552.

Carrasco M, Rossi B. 2016. In-sample inference and forecasting in misspecified factor models. Journal of Business and Economic Statistics, 34 (3): 313-338.

Charfeddine L. 2014. True or spurious long memory in volatility: Further evidence on the energy futures markets. Energy Policy, 71: 76-93.

Chen J M, Rehman M U, Vo X V. 2021. Clustering commodity markets in space and time: Clarifying returns, volatility, and trading regimes through unsupervised machine learning. Resources Policy, 73: 102162.

Chen L, Da Z, Priestley R. 2012. Dividend smoothing and predictability. Management Science, 58 (10): 1834-1853.

Chen P. 2015. Global oil prices, macroeconomic fundamentals and China's commodity sector comovements. Energy Policy, 87: 284-294.

Chen S, Sun Z, Tang S, et al. 2011. Government intervention and investment efficiency: Evidence from China. Journal of Corporate Finance, 17 (2): 259-271.

Chen Y C, Rogoff K S, Rossi B. 2010. Can exchange rates forecast commodity prices? . Quarterly

Journal of Economics, 125 (3): 1145-1194.

Chen Y T, Ho K Y, Tzeng L Y. 2014. Riskiness-minimizing spot-futures hedge ratio. Journal of Banking and Finance, 40: 154-164.

Cheng I H, Xiong W. 2014. Financialization of commodity markets. Annual Review of Financial Economics, 6 (1): 419-441.

Cheong C W. 2009. Modeling and forecasting crude oil markets using ARCH-Type models. Energy Policy, 37 (6): 2346-2355.

Chesnes M. 2015. The impact of outages on prices and investment in the US oil refining industry. Energy Economics, 50: 324-336.

Chiang I H E, Hughen W K. 2017. Do oil futures prices predict stock returns?. Journal of Banking and Finance, 79: 129-141.

Chiang I H E, Hughen W K, Sagi J S. 2015. Estimating oil risk factors using information from equity and derivatives markets. Journal of Finance, 70 (2): 769-804.

Choe H, Masulis R W, Nanda V. 1993. Common stock offerings across the business cycle: Theory and evidence. Journal of Empirical Finance, 1 (1): 3-31.

Christensen B J, Prabhala N R. 1998. The relation between implied and realized volatility. Journal of Financial Economics, 50 (2): 125-150.

Cifarelli G, Paladino G. 2010. Oil price dynamics and speculation a multivariate financial approach. Energy Economics, 32 (2): 363-372.

Claeskens G, Magnus J R, Vasnev A L, et al. 2016. The forecast combination puzzle: A simple theoretical explanation. International Journal of Forecasting, 32 (3): 754-762.

Clark T E, McCracken M W. 2009a. Improving forecast accuracy by combining recursive and rolling forecasts. International Economic Review, 50 (2): 363-395.

Clark T E, McCracken M W. 2009b. Tests of equal predictive ability with real-time data. Journal of Business Economic Statistics, 27: 441-454.

Clark T E, West K D. 2007. Approximately normal tests for equal predictive accuracy in nested models. Journal of Econometrics, 138 (1): 291-311.

Clements M P, Galvão A B. 2010. First announcements and real economic activity. European Economic Review, 54 (6): 803-817.

Cochrane J H. 1999. New facts in finance. CRSP Working Paper.

Cochrane J H. 2008. The dog that did not bark: A defense of return predictability. Review of Financial Studies, 21 (4): 1533-1575.

Cochrane J H. 2011. Presidential address: Discount rates. Journal of Finance, 66 (4): 1047-1108.

Cogley T, Morozov S, Sargent T J. 2005. Bayesian fan charts for UK inflation: Forecasting and sources of uncertainty in an evolving monetary system. Journal of Economic Dynamics Control, 29 (11): 1893-1925.

Cogley T, Sargent T J. 2005. Drifts and volatilities: Monetary policies and outcomes in the post WWII US. Review of Economic Dynamics, 8 (2): 262-302.

Compernolle T, Welkenhuysen K, Huisman K, et al. 2017. Off-shore enhanced oil recovery in the North Sea: The impact of price uncertainty on the investment decisions. Energy Policy, 101:

123-137.

Conlon T, Cotter J. 2013. Downside risk and the energy hedger's horizon. Energy Economics, 36: 371-379.

Cont R. 2001. Empirical properties of asset returns: Stylized facts and statistical issues. Quantitative Finance, 1 (2): 223-236.

Coppola A. 2008. Forecasting oil price movements: Exploiting the information in the futures market. Journal of Futures Markets, 28 (1): 34-56.

Corsi F. 2009. A simple approximate long-memory model of realized volatility. Journal of Financial Econometrics, 7 (2): 174-196.

Costa A B R, Ferreira P C G, Gaglianone W P, et al. 2021. Machine learning and oil price point and density forecasting. Energy Economics, 102: 105494.

Costello A, Asem E, Gardner E. 2008. Comparison of historically simulated VaR: Evidence from oil prices. Energy Economics, 30 (5): 2154-2166.

Cotter J, Hanly J. 2015. Performance of utility based hedges. Energy Economics, 49: 718-726.

Croushore D. 2011. Frontiers of real-time data analysis. Journal of Economic Literature, 49 (1): 72-100.

Charfeddine L, Klein T, Walther T. 2018. Oil price changes and US real GDP growth: Is this time different?. University of St. Gallen, School of Finance Research Paper.

Dangl T, Halling M. 2012. Predictive regressions with time-varying coefficients. Journal of Financial Economics, 106 (1): 157-181.

Daniel K, Hirshleifer D, Subrahmanyam A. 1998. Investor psychology and security market under-and overreactions. Journal of Finance, 53 (6): 1839-1885.

Davis S J, Haltiwanger J. 1999. On the driving forces behind cyclical movements in employment and job reallocation. American Economic Review, 89 (5): 1234-1258.

Davis S J, Haltiwanger J. 2001. Sectoral job creation and destruction responses to oil price changes. Journal of Monetary Economics, 48 (3): 465-512.

De Roon F A, Nijman T E, Veld C. 2000. Hedging pressure effects in futures markets. Journal of Finance, 55 (3): 1437-1456.

DeMiguel V, Garlappi L, Uppal R. 2009. Optimal versus naive diversification: How inefficient is the 1/N portfolio strategy?. Review of Financial Studies, 22 (5): 1915-1953.

den Haan W J. 2000. The comovement between output and prices. Journal of Monetary Economics, 46 (1): 3-30.

den Haan W J, Sumner S W. 2004. The comovement between real activity and prices in the G7. European Economic Review, 48 (6): 1333-1347.

Di Sanzo S. 2018. A Markov switching long memory model of crude oil price return volatility. Energy Economics, 74: 351-359.

Dickey D A, Fuller W A. 1979. Distribution of the estimators for autoregressive time-series with a unit root. Journal of the American Statistical Association, 74 (366): 427-431.

Diebold F X, Hahn J, Tay A S. 1999. Multivariate density forecast evaluation and calibration in financial risk management: High-frequency returns on foreign exchange. Review of Economics

Statistics, 81 (4): 661-673.

Diebold F X, Lopez J A. 1996. Forecast evaluation and combination. Handbook of Statistics, 14: 241-268.

Diebold F X, Mariano R S. 1995. Comparing predictive accuracy. Journal of Business and Economic Statistics, 13 (3): 253-263.

Diks C, Panchenko V. 2006. A new statistic and practical guidelines for nonparametric granger causality testing. Journal of Economic Dynamics and Control, 30 (9-10): 1647-1669.

Domowitz I, Hubbard R G, Petersen B C. 1986. Business cycles and the relationship between concentration and price-cost margins. RAND Journal of Economics, 17 (1): 1-17.

Drachal K. 2016. Forecasting spot oil price in a dynamic model averaging framework—Have the determinants changed over time?. Energy Economics, 60: 35-46.

Driesprong G, Jacobsen B, Maat B. 2008. Striking oil: Another puzzle?. Journal of Financial Economics, 89 (2): 307-327.

Drobetz W, Janzen M, Meier I. 2019. Investment and financing decisions of private and public firms. Journal of Business Finance and Accounting, 46 (1-2): 225-262.

Duffie D, Pan J. 1997. An overview of value at risk. Journal of Derivatives, 4 (3): 7-49.

Duong H N, Kalev P S. 2008. The samuelson hypothesis in futures markets: An analysis using intraday data. Journal of Banking and Finance, 32 (4): 489-500.

Durnev A, Mangen C. 2020. The spillover effects of MD&A disclosures for real investment: The role of industry competition. Journal of Accounting and Economics, 70 (1): 101299.

Einloth J T. 2009. Speculation and recent volatility in the price of oil. FDIC Center for Financial Research Working Paper.

Elder J, Serletis A. 2008. Long memory in energy futures prices. Review of Financial Economics, 17 (2): 146-155.

Elder J, Serletis A. 2010. Oil price uncertainty. Journal of Money Credit and Banking, 42 (6): 1137-1159.

Elyasiani E, Mansur I, Odusami B. 2011. Oil price shocks and industry stock returns. Energy Economics, 33 (5): 966-974.

Engle R F, Bollerslev T. 1986. Modeling the persistence of conditional variances. Econometric Reviews, 5 (1): 1-50.

Engle R F, Kroner K F. 1995. Multivariate simultaneous generalized arch. Econometric Theory, 11 (1): 122-150.

Engle R F, Manganelli S. 2004. CAViaR: Conditional autoregressive value at risk by regression quantiles. Journal of Business and Economic Statistics, 22 (4): 367-381.

Engle R F. 1982. Autoregressive conditional heteroscedasticity with estimates of the variance of United Kingdom inflation. Econometrica, 50 (4): 987-1007.

Engle R F. 2002. Dynamic conditional correlation: A simple class of multivariate generalized autoregressive conditional heteroskedasticity models. Journal of Business and Economic Statistics, 20 (3): 339-350.

Fama E F. 1970. Efficient capital markets: A review of theory and empirical work. Journal of

Finance, 25 (2): 383-417.

Fama E F. 1981. Stock returns, real activity, inflation, and money. The American Economic Review, 71 (4): 545-565.

Fama E F. 1990. Stock returns, expected returns, and real activity. Journal of Finance, 45 (4): 1089-1108.

Fama E F, French K R. 1988. Dividend yields and expected stock returns. Journal of Financial Economics, 22 (1): 3-25.

Fama E F, French K R. 1989. Business conditions and expected returns on stocks and bonds. Journal of Financial Economics, 25 (1): 23-49.

Fama E F, French K R. 2001. Disappearing dividends: Changing firm characteristics or lower propensity to pay? . Journal of Financial Economics, 60 (1): 3-43.

Fama E F, Schwert G W. 1977. Asset returns and inflation. Journal of Financial Economics, 5 (2): 115-146.

Fan Y, Liang Q, Wei Y M. 2008. A generalized pattern matching approach for multi-step prediction of crude oil price. Energy Economics, 30 (3): 889-904.

Fattouh B. 2010. The dynamics of crude oil price differentials. Energy Economics, 32 (2): 334-342.

Fattouh B, Kilian L, Mahadeva L. 2013. The role of speculation in oil markets: What have we learned so far? . Energy Journal, 34 (3): 7-33.

Faulkender M, Wang R. 2006. Corporate financial policy and the value of cash. The Journal of Finance, 61 (4): 1957-1990.

Ferderer J P. 1996. Oil price volatility and the macroeconomy. Journal of Macroeconomics, 18 (1): 1-26.

Fernandez V. 2010. Commodity futures and market efficiency: A fractional integrated approach. Resources Policy, 35 (4): 276-282.

Ferraro D, Rogoff K, Rossi B. 2015. Can oil prices forecast exchange rates? An empirical analysis of the relationship between commodity prices and exchange rates. Journal of International Money and Finance, 54: 116-141.

Ferreira M A, Santa-Clara P. 2011. Forecasting stock market returns: The sum of the parts is more than the whole. Journal of Financial Economics, 100 (3): 514-537.

Franzoni F. 2009. Underinvestment vs. overinvestment: Evidence from price reactions to pension contributions. Journal of Financial Economics, 92 (3): 491-518.

Fry R, Pagan A. 2007. Some issues in using sign restrictions for identifying structural VARs. National Centre for Econometric Research Working Paper, 14: 2007.

Funk C. 2018. Forecasting the real price of oil-time-variation and forecast combination. Energy Economics, 76: 288-302.

Gallant A R. 1984. The Fourier flexible form. American Journal of Agricultural Economics, 66 (2): 204-208.

Garrett I, Priestley R. 2012. Dividend growth, cash flow, and discount rate news. Journal of Financial and Quantitative Analysis, 47 (5): 1003-1028.

Ghoddusi H, Creamer G G, Rafizadeh N. 2019. Machine learning in energy economics and finance:

A review. Energy Economics, 81: 709-727.

Gilchrist S, Himmelberg C P. 1995. Evidence on the role of cash flow for investment. Journal of Monetary Economics, 1995, 36 (3): 541-572.

Giot P, Laurent S. 2003. Market risk in commodity markets: A VAR approach. Energy Economics, 25 (5): 435-457.

Glosten L R, Jagannathan R, Runkle D E. 1993. On the relation between the expected value and the volatility of the nominal excess return on stocks. The Journal of Finance, 48 (5): 1779-1801.

Gneiting T. 2011. Making and evaluating point forecasts. Journal of the American Statistical Association, 106 (494): 746-762.

Godarzi A A, Amiri R M, Talaei A, et al. 2014. Predicting oil price movements: A dynamic artificial neural network approach. Energy Policy, 68: 371-382.

Gorton G B, Hayashi F, Rouwenhorst K G. 2013. The fundamentals of commodity futures returns. Review of Finance, 17 (1): 35-105.

Goyal A, Welch I. 2003. Predicting the equity premium with dividend ratios. Management Science, 49 (5): 639-654.

Goyal A, Welch I. 2008. A comprehensive look at the empirical performance of equity premium prediction. Review of Financial Studies, 21 (4): 1455-1508.

Graham J R. 2000. How big are the tax benefits of debt?. Journal of Finance, 55 (5): 1901-1941.

Granger C W J, Terasvirta T. 1999. A simple nonlinear time series model with misleading linear properties. Economics Letters, 62 (2): 161-165.

Granger C W, Ramanathan R. 1984. Improved methods of combining forecasts. Journal of Forecasting, 3 (2): 197-204.

Griffin D, Tversky A. 1992. The weighing of evidence and the determinants of confidence. Cognitive Psychology, 24 (3): 411-435.

Grundy B D, Li H. 2010. Investor sentiment, executive compensation, and corporate investment. Journal of Banking and Finance, 34 (10): 2439-2449.

Grundy B D, Martin J S M. 2001. Understanding the nature of the risks and the source of the rewards to momentum investing. Review of Financial Studies, 14 (1): 29-78.

Guo H. 2006. Time-varying risk premia and the cross section of stock returns. Journal of Banking and Finance, 30 (7): 2087-2107.

Gupta K, Krishnamurti C. 2018. Do macroeconomic conditions and oil prices influence corporate risk-taking?. Journal of Corporate Finance, 53: 65-86.

Haas M, Mittnik S, Paolella M S. 2004. A new approach to Markov-Switching GARCH models. Journal of Financial Econometrics, 2 (4): 493-530.

Hache E, Lantz F. 2013. Speculative trading and oil price dynamic: A study of the WTI market. Energy Economics, 36: 334-340.

Hahn J, Lee H. 2009. Financial constraints, debt capacity, and the cross-section of stock returns. The Journal of Finance, 64 (2): 891-921.

Hall S G, Mitchell J. 2009. Recent developments in density forecasting. Palgrave Handbook of Econometrics: 199-239.

Hamilton J D. 1983. Oil and the macroeconomy since World War II. Journal of Political Economy, 91 (2): 228-248.

Hamilton J D. 1996. This is what happened to the oil price macroeconomy relationship. Journal of Monetary Economics, 38 (2): 215-220.

Hamilton J D. 2003. What is an oil shock?. Journal of Econometrics, 113 (2): 363-398.

Hamilton J D. 2009a. Understanding crude oil prices. Energy Journal, 30 (2): 179-206.

Hamilton J D. 2009b. Causes and consequences of the oil shock of 2007-08. Brookings Papers on Economic Activity 1 (Spring): 262-283.

Hamilton J D. 2011. Nonlinearities and the macroeconomic effects of oil prices. Macroeconomic Dynamics, 15 (S3): 364-378.

Hamilton J D, Herrera A M. 2004. Oil shocks and aggregate macroeconomic behavior: The role of monetary policy: A comment. Journal of Money Credit and Banking, 36 (2): 265-286.

Hamilton J D, Susmel R. 1994. Autoregressive conditional heteroskedasticity and changes in regime. Journal of Econometrics, 64 (1-2): 307-333.

Hansen P R, Lunde A, Nason J M. 2011. The model confidence set. Econometrica, 79 (2): 453-497.

Hao X, Zhao Y, Wang Y. 2020. Forecasting the real prices of crude oil using robust regression models with regularization constraints. Energy Economics, 86: 104683.

Harvey D I, Leybourne S J, Newbold P. 1998. Tests for forecast encompassing. Journal of Business and Economic Statistics, 16 (2): 254-259.

Haugom E, Langeland H, Molnár P, et al. 2014. Forecasting volatility of the US oil market. Journal of Banking and Finance, 47: 1-14.

Heidorn T, Mokinski F, Ruehl C, et al. 2015. The impact of fundamental and financial traders on the term structure of oil. Energy Economics, 48: 276-287.

Henkel S J, Martin J S, Nardari F. 2011. Time-varying short-horizon predictability. Journal of Financial Economics, 99 (3): 560-580.

Henriques I, Sadorsky P. 2011. The effect of oil price volatility on strategic investment. Energy Economics, 33 (1): 79-87.

Henry C. 1974. Investment decisions under uncertainty: The irreversibility effect. American Economic Review, 64 (6): 1006-1012.

Herrera A M, Hu L, Pastor D. 2018. Forecasting crude oil price volatility. International Journal of Forecasting, 34 (4): 622-635.

Herrera A M, Lagalo L G, Wada T. 2011. Oil price shocks and industrial production: Is the relationship linear?. Macroeconomic Dynamics, 15 (S3): 472-497.

Herrera A M, Lagalo L G, Wada T. 2015. Asymmetries in the response of economic activity to oil price increases and decreases?. Journal of International Money and Finance, 50: 108-133.

Høg E, Tsiaras L. 2011. Density forecasts of crude-oil prices using option-implied and ARCH-Type models. Journal of Futures Markets, 31: 727-754.

Hong G H, Li N. 2017. Market structure and cost pass-through in retail. Review of Economics and Statistics, 99 (1): 151-166.

Hong H, Stein J C. 1999. A unified theory of underreaction, momentum trading, and overreaction in asset markets. Journal of Finance, 54 (6): 2143-2184.

Hong H, Torous W, Valkanov R. 2007. Do industries lead stock markets?. Journal of Financial Economics, 83 (2): 367-396.

Hong H, Yogo M. 2012. What does futures market interest tell us about the macroeconomy and asset prices?. Journal of Financial Economics, 105 (3): 473-490.

Hou K, Mountain D C, Wu T. 2016. Oil price shocks and their transmission mechanism in an oil-exporting economy: A VAR analysis informed by a DSGE model. Journal of International Money and Finance, 68: 21-49.

Huang D, Jiang F, Tu J, et al. 2015. Investor sentiment aligned: A powerful predictor of stock returns. Review of Financial Studies, 28 (3): 791-837.

Huang X, Tauchen G. 2005. The relative contribution of jumps to total price variance. Journal of Financial Econometrics, 3 (4): 456-499.

Huang Y, Deng Y. 2021. A new crude oil price forecasting model based on variational mode decomposition. Knowledge-Based Systems, 213: 106669.

Ielpo F, Sévi B. 2013. Forecasting the density of oil futures returns using model-free implied volatility and high-frequency data. Cahier de recherche, 3: 106.

Irwin S H, Sanders D R, Merrin R P. 2009. Devil or angel? The role of speculation in the recent commodity price boom (and bust). Journal of Agricultural and Applied Economics, 41 (2): 377-391.

Ivashina V, Scharfstein D. 2010. Bank lending during the financial crisis of 2008. Journal of Financial Economics, 97 (3): 319-338.

Jacobsen B, Marshall B R, Visaltanachoti N. 2019. Stock market predictability and industrial metal returns. Management Science, 65 (7): 3026-3042.

Jarque C, Bera A. 1980. Efficient tests for normality homoscedasticity and serial independence of regression residuals. Economics Letters, 6 (3): 255-259.

Ji Q, Li J, Sun X. 2019. Measuring the interdependence between investor sentiment and crude oil returns: New evidence from the CFTC's disaggregated reports. Finance Research Letters, 30: 420-425.

Jiang F, Cai W, Wang X, et al. 2018a. Multiple large shareholders and corporate investment: Evidence from China. Journal of Corporate Finance, 50: 66-83.

Jiang H, Skoulakis G, Xue J. 2018b. Oil and equity return predictability: The importance of dissecting oil price changes. Robert H. Smith School Research Paper No. RHS, 2822061.

Johnson T L. 2017. Return predictability revisited using weighted least squares//Austin: University of Texas at Austin Working Paper.

Jones C M, Kaul G. 1996. Oil and the stock markets. Journal of Finance, 51 (2): 463-491.

Juvenal L, Petrella I. 2015. Speculation in the oil market. Journal of Applied Econometrics, 30 (4): 621-649.

Kang S H, Kang S M, Yoon S M. 2009. Forecasting volatility of crude oil markets. Energy Economics, 31 (1): 119-125.

Kaplan S N, Zingales L. 1997. Do investment-cash flow sensitivities provide useful measures of financing constraints? . The Quarterly Journal of Economics, 112 (1): 169-215.

Kaplanski G, Levy H. 2010. Sentiment and stock prices: The case of aviation disasters. Journal of Financial Economics, 95 (2): 174-201.

Kaufmann R K, Ullman B. 2009. Oil prices, speculation, and fundamentals: Interpreting causal relations among spot and futures prices. Energy Economics, 31 (4): 550-558.

Kaufmann R K. 2011. The role of market fundamentals and speculation in recent price changes for crude oil. Energy Policy, 39 (1): 105-115.

Kelly B, Pruitt S. 2013. Market expectations in the cross-section of present values. Journal of Finance, 68 (5): 1721-1756.

Keynes J M. 1936. The General Theory of Employment, Interest, and Money. London: Macmillan and Co., Limited St. Martin's Street.

Kilian L, Lee T K. 2014. Quantifying the speculative component in the real price of oil: The role of global oil inventories. Journal of International Money and Finance, 42: 71-87.

Kilian L, Lewis L T. 2011. Does the fed respond to oil price shocks? . The Economic Journal, 121 (555): 1047-1072.

Kilian L, Manganelli S. 2007. Quantifying the risk of deflation. Journal of Money, Credit Banking, 39 (2-3): 561-590.

Kilian L, Manganelli S. 2008. The central banker as a risk manager: Estimating the Federal Reserve's preferences under Greenspan. Journal of Money, Credit Banking, 40 (6): 1103-1129.

Kilian L, Murphy D P. 2014. The role of inventories and speculative trading in the global market for crude oil. Journal of Applied Econometrics, 29 (3): 454-478.

Kilian L, Park C. 2009. The impact of oil price shocks on the US stock market. International Economic Review, 50 (4): 1267-1287.

Kilian L, Vigfusson R J. 2011a. Are the responses of the US economy asymmetric in energy price increases and decreases? . Quantitative Economics, 2 (3): 419-453.

Kilian L, Vigfusson R J. 2011b. Nonlinearities in the oil price-output relationship. Macroeconomic Dynamics, 15 (S3): 337-363.

Kilian L, Vigfusson R J. 2013. Do oil prices help forecast US real GDP? The role of nonlinearities and asymmetries. Journal of Business and Economic Statistics, 31 (1): 78-93.

Kilian L, Vigfusson R J. 2017. The role of oil price shocks in causing US recessions. Journal of Money, Credit and Banking, 49 (8): 1747-1776.

Kilian L. 2008a. Exogenous oil supply shocks: How big are they and how much do they matter for the US economy? . Review of Economics and Statistics, 90 (2): 216-240.

Kilian L. 2008b. A comparison of the effects of exogenous oil supply shocks on output and inflation in the G7 countries. Journal of the European Economic Association, 6 (1): 78-121.

Kilian L. 2008c. The economic effects of energy price shocks. Journal of Economic Literature, 46 (4): 871-909.

Kilian L. 2009. Not all oil price shocks are alike: Disentangling demand and supply shocks in the crude oil market. American Economic Review, 99 (3): 1053-1069.

Kilian L. 2016. The impact of the shale oil revolution on US oil and gasoline prices. Review of

Environmental Economics and Policy, 10 (2): 185-205.

Kim C S, Mauer D C, Sherman A E. 1998. The determinants of corporate liquidity: Theory and evidence. Journal of Financial and Quantitative Analysis, 33 (3): 335-359.

Klaassen F. 2002. Improving GARCH volatility forecasts with regime-switching GARCH. Empirical Economics, 27: 363-394.

Klein T, Walther T. 2016. Oil price volatility forecast with mixture memory GARCH. Energy Economics, 58: 46-58.

Koijen R S J, van Nieuwerburgh S. 2011. Predictability of returns and cash flows. Annual Review of Financial Economics, 3 (1): 467-491.

Kollias C, Kyrtsou C, Papadamou S. 2013. The effects of terrorism and war on the oil price-stock index relationship. Energy Economics, 40: 743-752.

Koop G, Korobilis D. 2012. Forecasting inflation using dynamic model averaging. International Economic Review, 53 (3): 867-886.

Koop G, Leon-Gonzalez R, Strachan R W. 2009. On the evolution of the monetary policy transmission mechanism. Journal of Economic Dynamics Control, 33 (4): 997-1017.

Koop G, Tole L. 2013. Forecasting the European carbon market. Journal of the Royal Statistical Society: Series A, 176 (3): 723-741.

Korajczyk R A, Levy A. 2003. Capital structure choice: Macroeconomic conditions and financial constraints. Journal of Financial Economics, 68 (1): 75-109.

Kristoufek L, Vosvrda M. 2014. Commodity futures and market efficiency. Energy Economics, 42: 50-57.

Kwiatkowski D, Phillips P C B, Schmidt P, et al. 1992. Testing the null hypothesis of stationarity against the alternative of a unit-root: How sure are we that economic time-series have a unit-root. Journal of Econometrics, 54 (1-3): 159-178.

Lamoureux C G, Lastrapes W D. 1990. Persistence in variance, structural change, and the GARCH model. Journal of Business and Economic Statistics, 8 (2): 225-234.

Laurent S, Rombouts J V K, Violante F. 2012. On the forecasting accuracy of multivariate GARCH models. Journal of Applied Econometrics, 27 (6): 934-955.

Lee K, Ni S, Ratti R A. 1995. Oil shocks and the macroeconomy: The role of price variability. Energy Journal, 16 (4): 39-56.

Lee Y H, Hu H N, Chiou J S. 2010. Jump dynamics with structural breaks for crude oil prices. Energy Economics, 32 (2): 343-350.

Lettau M, Ludvigson S. 2001. Consumption, aggregate wealth, and expected stock returns. Journal of Finance, 56 (3): 815-849.

Lewellen J. 2004. Predicting returns with financial ratios. Journal of Financial Economics, 74 (2): 209-235.

Lewis J B, Linzer D A. 2005. Estimating regression models in which the dependent variable is based on estimates. Political Analysis, 13 (4): 345-364.

Li R, Hu Y, Heng J, et al. 2021a. A novel multiscale forecasting model for crude oil price time series. Technological Forecasting and Social Change, 173: 121181.

Li T, Qian Z, Deng W, et al. 2021b. Forecasting crude oil prices based on variational mode decomposition and random sparse Bayesian learning. Applied Soft Computing, 113: 108032.

Li X, Shang W, Wang S. 2019. Text-based crude oil price forecasting: A deep learning approach. International Journal of Forecasting, 35 (4): 1548-1560.

Lindenberg E B, Ross S A. 1981. Tobin's Q ratio and industrial organization. Journal of Business: 1-32.

Lippi F, Nobili A. 2012. Oil and the macroeconomy: A quantitative structural analysis. Journal of the European Economic Association, 10 (5): 1059-1083.

Liu J, Ma F, Yang K, et al. 2018. Forecasting the oil futures price volatility: Large jumps and small jumps. Energy Economics, 72: 321-330.

Liu R, Lux T. 2015. Non-homogeneous volatility correlations in the bivariate multifractal model. The European Journal of Finance, 21 (12): 971-991.

Livdan D, Sapriza H, Zhang L. 2009. Financially constrained stock returns. The Journal of Finance, 64 (4): 1827-1862.

Ljung G M, Box G E P. 1978. Measure of lack of fit in time-series models. Biometrika, 65 (2): 297-303.

Lopez J A. 2001. Evaluating the predictive accuracy of volatility models. Journal of Forecasting, 20 (2): 87-109.

Ludvigson S C, Ng S. 2007. The empirical risk-return relation: A factor analysis approach. Journal of Financial Economics, 83 (1): 171-222.

Lux T, Kaizoji T. 2007. Forecasting volatility and volume in the Tokyo stock market: Long memory, fractality and regime switching. Journal of Economic Dynamics and Control, 31(6): 1808-1843.

Lux T, Segnon M, Gupta R. 2016. Forecasting crude oil price volatility and value-at-risk: Evidence from historical and recent data. Energy Economics, 56: 117-133.

Lux T. 2008. The Markov-switching multifractal model of asset returns: GMM estimation and linear forecasting of volatility. Journal of Business and Economic Statistics, 26 (2): 194-210.

Ma F, Liao Y, Zhang Y, et al. 2019. Harnessing jump component for crude oil volatility forecasting in the presence of extreme shocks. Journal of Empirical Finance, 52: 40-55.

Ma F, Liu J, Wahab M I M, et al. 2018a. Forecasting the aggregate oil price volatility in a data-rich environment. Economic Modelling, 72: 320-332.

Ma F, Zhang Y, Huang D, et al. 2018b. Forecasting oil futures price volatility: New evidence from realized range-based volatility. Energy Economics, 75: 400-409.

Maasoumi E, Racine J. 2002. Entropy and predictability of stock market returns. Journal of Econometrics, 107 (1-2): 291-312.

Mahringer S, Prokopczuk M. 2015. An empirical model comparison for valuing crack spread options. Energy Economics, 51: 177-187.

Majd S, Pindyck R S. 1987. Time to build, option value, and investment decisions. Journal of Financial Economics, 18 (1): 7-27.

Mandelbrot B B. 1963. The variation of certain speculative prices. Journal of Business, 36: 394-419.

Mandelbrot B B. 1998. Fractals and scaling in finance: Discontinuity, concentration, risk. Physics

Today, 51 (8): 59.
Mandelbrot B B. 2001. Scaling in financial prices: IV. multi-fractal concentration. Quantitative Finance, 1 (6): 641-649.
Mandelbrot B B, Fisher A J, Calvet L E. 1997. A multifractal model of asset returns. Cowles Foundation Discussion Paper: 1164.
Manela A, Moreira A. 2017. News implied volatility and disaster concerns. Journal of Financial Economics, 123 (1): 137-162.
Mantegna R N, Stanley H E. 1995. Scaling behavior in the dynamics of an economic index. Nature, 376 (6535): 46-49.
Martens M, Zein J. 2004. Predicting financial volatility: High-frequency time-series forecasts vis-à-vis implied volatility. Journal of Futures Markets: Futures, Options, and Other Derivative Products, 24 (11): 1005-1028.
McLean R D, Pontiff J. 2016. Does academic research destroy stock return predictability?. Journal of Finance, 71 (1): 5-32.
McLean R D, Zhao M. 2014. The business cycle, investor sentiment, and costly external finance. Journal of Finance, 69 (3): 1377-1409.
Meese R A, Rogoff K. 1983. Empirical exchange-rate models of the seventies: Do they fit out of sample. Journal of International Economics, 14 (1-2): 3-24.
Merton R C. 1973. Theory of rational option pricing. The Bell Journal of Economics and Management Science: 141-183.
Merton R C. 1974. On the pricing of corporate debt: The risk structure of interest rates. The Journal of Finance, 29 (2): 449-470.
Miao H, Ramchander S, Wang T, et al. 2017. Influential factors in crude oil price forecasting. Energy Economics, 68: 77-88.
Mitchell J, Hall S G. 2005. Evaluating, comparing and combining density forecasts using the KLIC with an application to the Bank of England and NIESR 'Fan'charts of inflation. Oxford Bulletin of Economics Statistics, 67: 995-1033.
Mitchell J, Wallis K F. 2011. Evaluating density forecasts: Forecast combinations, model mixtures, calibration and sharpness. Journal of Applied Econometrics, 26 (6): 1023-1040.
Modigliani F, Miller M H. 1958. The cost of capital, corporation finance and the theory of investment. The American Economic Review, 48 (3): 261-297.
Mohaddes K, Pesaran M H. 2017. Oil prices and the global economy: Is it different this time around?. Energy Economics, 65: 315-325.
Mohammadi H, Su L. 2010. International evidence on crude oil price dynamics: Applications of ARIMA-GARCH models. Energy Economics, 32 (5): 1001-1008.
Morana C. 2013. Oil price dynamics, macro-finance interactions and the role of financial speculation. Journal of Banking and Finance, 37 (1): 206-226.
Mork K A. 1989. Oil and the macroeconomy when prices go up and down-an extension of Hamilton results. Journal of Political Economy, 97 (3): 740-744.
Moshiri S, Foroutan F. 2006. Forecasting nonlinear crude oil futures prices. The Energy Journal,

27 (4): 81-95.

Moskowitz T J, Grinblatt M. 1999. Do industries explain momentum?. Journal of Finance, 54 (4): 1249-1290.

Moskowitz T J, Ooi Y H, Pedersen L H. 2012. Time series momentum. Journal of Financial Economics, 104 (2): 228-250.

Moyen N. 2004. Investment-cash flow sensitivities: Constrained versus unconstrained firms. Journal of Finance, 59 (5): 2061-2092.

Mu X, Ye H. 2011. Understanding the crude oil price: How important is the China factor?. Energy Journal, 32 (4): 69-91.

Muller U A, Dacorogna M M, Olsen R B, et al. 1990. Statistical study of foreign-exchange rates, empirical-evidence of a price change scaling law, and intraday analysis. Journal of Banking and Finance, 14 (6): 1189-1208.

Murat A, Tokat E. 2009. Forecasting oil price movements with crack spread futures. Energy Economics, 31 (1): 85-90.

Narayan P K, Gupta R. 2015. Has oil price predicted stock returns for over a century?. Energy Economics, 48: 18-23.

Narayan P K, Narayan S. 2007. Modelling oil price volatility. Energy Policy, 35 (12): 6549-6553.

Narayan P K, Sharma S S. 2011. New evidence on oil price and firm returns. Journal of Banking and Finance, 35 (12): 3253-3262.

Naser H. 2016. Estimating and forecasting the real prices of crude oil: A data rich model using a dynamic model averaging (DMA) approach. Energy Economics, 56: 75-87.

Neely C J, Rapach D E, Tu J, et al. 2014. Forecasting the equity risk premium: The role of technical indicators. Management Science, 60 (7): 1772-1791.

Nelson D B. 1991. Conditional heteroskedasticity in asset returns: A new approach. Econometrica, 59 (2): 347-370.

Newey W K, West K D. 1994. Automatic lag selection in covariance-matrix estimation. Review of Economic Studies, 61 (4): 631-653.

Nomikos N K, Pouliasis P K. 2011. Forecasting petroleum futures markets volatility: The role of regimes and market conditions. Energy Economics, 33 (2): 321-337.

Novy-Marx R. 2012. Is momentum really momentum?. Journal of Financial Economics, 103 (3): 429-453.

Odusami B O. 2010. To consume or not: How oil prices affect the comovement of consumption and aggregate wealth. Energy Economics, 32 (4): 857-867.

Palazzo B. 2012. Cash holdings, risk, and expected returns. Journal of Financial Economics, 104(1): 162-185.

Pan Z, Wang Y, Wu C, et al. 2017. Oil price volatility and macroeconomic fundamentals: A regime switching GARCH-MIDAS model. Journal of Empirical Finance, 43: 130-142.

Pan Z, Wang Y, Yang L. 2014. Hedging crude oil using refined product: A regime switching asymmetric DCC approach. Energy economics, 46: 472-484.

Pany P K, Ghoshal S P. 2015. Dynamic electricity price forecasting using local linear wavelet neural

network. Neural Computing Applications, 26: 2039-2047.
Pérignon C, Smith D R. 2010. The level and quality of value-at-risk disclosure by commercial banks. Journal of Banking and Finance, 34 (2): 362-377.
Pesaran M H, Timmermann A. 1992. A simple nonparametric test of predictive performance. Journal of Business and Economic Statistics, 10 (4): 461-465.
Pesaran M H, Timmermann A. 2009. Testing dependence among serially correlated multicategory variables. Journal of The American Statistical Association, 104 (485): 325-337.
Pettenuzzo D, Timmermann A, Valkanov R. 2014. Forecasting stock returns under economic constraints. Journal of Financial Economics, 114 (3): 517-553.
Phan D H B, Tran V T, Nguyen D T. 2019. Crude oil price uncertainty and corporate investment: New global evidence. Energy Economics, 77: 54-65.
Philippon T. 2006. Corporate governance over the business cycle. Journal of Economic Dynamics and Control, 30 (11): 2117-2141.
Phillips P C B, Perron P. 1988. Testing for a unit-root in time-series regression. Biometrika, 75 (2): 335-346.
Primiceri G E. 2005. Time varying structural vector autoregressions and monetary policy. Review of Economic Studies, 72 (3): 821-852.
Prokopczuk M, Symeonidis L, Wese Simen C. 2016. Do jumps matter for volatility forecasting? Evidence from energy markets. Journal of Futures Markets, 36 (8): 758-792.
Racine J. 2001. On the nonlinear predictability of stock returns using financial and economic variables. Journal of Business and Economic Statistics, 19 (3): 380-382.
Rapach D E, Ringgenberg M C, Zhou G. 2016. Short interest and aggregate stock returns. Journal of Financial Economics, 121 (1): 46-65.
Rapach D E, Strauss J K, Zhou G. 2010. Out-of-sample equity premium prediction: Combination forecasts and links to the real economy. Review of Financial Studies, 23 (2): 821-862.
Rapach D, Zhou G. 2013. Forecasting stock returns. Handbook of Economic Forecasting, 2: 328-383.
Ratti R A, Vespignani J L. 2016. Oil prices and global factor macroeconomic variables. Energy Economics, 59: 198-212.
Richardson S. 2006. Over-investment of free cash flow. Review of Accounting Studies, 11 (2-3): 159-189.
Röthig A, Chiarella C. 2007. Investigating nonlinear speculation in cattle, corn, and hog futures markets using logistic smooth transition regression models. Journal of Futures Markets, 27 (8): 719-737.
Rubio-Ramirez J F, Waggoner D, Zha T. 2005. Markov switching structural vector autoregressions: Theory and application. Federal Reserve Bank of Atlanta Working Paper.
Ryden T, Terasvirta T, Asbrink S. 1998. Stylized facts of daily return series and the hidden Markov model. Journal of Applied Econometrics, 13 (3): 217-244.
Sadorsky P. 1999. Oil price shocks and stock market activity. Energy Economics, 21 (5): 449-469.
Sadorsky P. 2006. Modeling and forecasting petroleum futures volatility. Energy Economics, 28 (4): 467-488.

Saxonhouse G R. 1976. Estimated parameters as dependent variables. The American Economic Review, 66 (1): 178-183.

Schwarz G. 1978. Estimating dimension of a model. Annals of statistics, 6 (2): 461-464.

Schwarz K. 2012. Are speculators informed?. Journal of Futures Markets, 32 (1): 1-23.

Schwert G W. 1989. Why does stock-market volatility change over time. Journal of Finance, 44 (5): 1115-1153.

Schwert G W. 1990. Stock returns and real activity: A century of evidence. Journal of Finance, 45 (4): 1237-1257.

Serletis A, Rosenberg A A. 2007. The hurst exponent in energy futures prices. Physica A: Statistical Mechanics its Applications, 380: 325-332.

Sévi B. 2014. Forecasting the volatility of crude oil futures using intraday data. European Journal of Operational Research, 235 (3): 643-659.

Shrestha K, Subramaniam R, Peranginangin Y, et al. 2018. Quantile hedge ratio for energy markets. Energy Economics, 71: 253-272.

Silvapulle P, Smyth R, Zhang X, et al. 2017. Nonparametric panel data model for crude oil and stock market prices in net oil importing countries. Energy Economics, 67: 255-267.

Sim N, Zhou H. 2015. Oil prices, US stock return, and the dependence between their quantiles. Journal of Banking and Finance, 55: 1-8.

Smith J L. 2009. World oil: Market or mayhem?. Journal of Economic Perspectives, 23 (3): 145-164.

Smyth R, Narayan P K. 2018. What do we know about oil prices and stock returns?. International Review of Financial Analysis, 57: 148-156.

Song Y, Ji Q, Du Y J, et al. 2019. The dynamic dependence of fossil energy, investor sentiment and renewable energy stock markets. Energy Economics, 84: 104564.

Stanley E H, Plerou V. 2001. Scaling and universality in economics: Empirical results and theoretical interpretation. Quantitative Finance, 1: 563-567.

Stock J H, Watson M W. 2004. Combination forecasts of output growth in a Seven-Country data set. Journal of Forecasting, 23 (6): 405-430.

Stoll H R. 1969. The relationship between put and call option prices. The Journal of Finance, 24 (5): 801-824.

Sukcharoen K, Leatham D J. 2017. Hedging downside risk of oil refineries: A vine Copula approach. Energy Economics, 66: 493-507.

Tabak B M, Cajueiro D O. 2007. Are the crude oil markets becoming weakly efficient over time? A test for time-varying long-range dependence in prices and volatility. Energy Economics, 29 (1): 28-36.

Tang K, Xiong W. 2012. Index investment and the financialization of commodities. Financial Analysts Journal, 68 (6): 54-74.

Tang W, Wu L, Zhang Z. 2010. Oil price shocks and their short-and long-term effects on the Chinese economy. Energy Economics, 32: S3-S14.

Timmermann A. 2000a. Moments of Markov switching models. Journal of Econometrics, 96 (1):

75-111.

Timmermann A. 2000b. Density forecasting in economics and finance. Journal of Forecasting, 19 (4): 231.

Timmermann A. 2006. Forecast combinations. Handbook of Economic Forecasting, 1: 135-196.

Uhlig H. 2005. What are the effects of monetary policy on output? Results from an agnostic identification procedure. Journal of Monetary Economics, 52 (2): 381-419.

Valta P. 2012. Competition and the cost of debt. Journal of Financial Economics, 105 (3): 661-682.

Verleger P K. 1982. The determinants of official OPEC crude prices. Review of Economics Statistics: 177-183.

Vuong Q H. 1989. Likelihood ratio tests for model selection and non-nested hypotheses. Econometrica, 57 (2): 307-333.

Wang C S H, Bauwens L, Hsiao C. 2013a. Forecasting a long memory process subject to structural breaks. Journal of Econometrics, 177 (2): 171-184.

Wang Y, Liu L, Diao X, et al. 2015a. Forecasting the real prices of crude oil under economic and statistical constraints. Energy Economics, 51: 599-608.

Wang Y, Liu L, Wu C. 2017a. Forecasting the real prices of crude oil using forecast combinations over time-varying parameter models. Energy Economics, 66: 337-348.

Wang Y, Liu L. 2010. Is WTI crude oil market becoming weakly efficient over time?: New evidence from multiscale analysis based on detrended fluctuation analysis. Energy Economics, 32 (5): 987-992.

Wang Y, Wei Y, Wu C. 2010. Auto-correlated behavior of WTI crude oil volatilities: A multiscale perspective. Physica A: Statistical Mechanics its Applications, 389 (24): 5759-5768.

Wang Y, Wei Y, Wu C. 2011a. Detrended fluctuation analysis on spot and futures markets of West Texas Intermediate crude oil. Physica A: Statistical Mechanics its Applications, 390 (5): 864-875.

Wang Y, Wu C, Wei Y. 2011b. Can GARCH-class models capture long memory in WTI crude oil markets? . Economic Modelling, 28 (3): 921-927.

Wang Y, Wu C, Yang L. 2013b. Oil price shocks and stock market activities: Evidence from oil-importing and oil-exporting countries. Journal of Comparative Economics, 41 (4): 1220-1239.

Wang Y, Wu C, Yang L. 2014. Oil price shocks and agricultural commodity prices. Energy Economics, 44: 22-35.

Wang Y, Wu C, Yang L. 2015b. Hedging with futures: Does anything beat the naive hedging strategy? . Management Science, 61 (12): 2870-2889.

Wang Y, Wu C, Yang L. 2016. Forecasting crude oil market volatility: A Markov switching multifractal volatility approach. International Journal of Forecasting, 32 (1): 1-9.

Wang Y, Wu C. 2012a. Forecasting energy market volatility using GARCH models: Can multivariate models beat univariate models? . Energy Economics, 34 (6): 2167-2181.

Wang Y, Wu C. 2012b. Long memory in energy futures markets: Further evidence. Resources Policy, 37 (3): 261-272.

Wang Y, Wu C. 2013. Efficiency of crude oil futures markets: New evidence from multifractal detrending moving average analysis. Computational Economics, 42 (4): 393-414.

Wang Y, Xiang E, Cheung A, et al. 2017b. International oil price uncertainty and corporate investment: Evidence from China's emerging and transition economy. Energy Economics, 61: 330-339.

Wei Y, Liu J, Lai X, et al. 2017. Which determinant is the most informative in forecasting crude oil market volatility: Fundamental, speculation, or uncertainty?. Energy Economics, 68: 141-150.

Wei Y, Wang Y, Huang D. 2010. Forecasting crude oil market volatility: Further evidence using GARCH-class models. Energy Economics, 32 (6): 1477-1484.

Wen F, Gong X, Cai S. 2016. Forecasting the volatility of crude oil futures using HAR-type models with structural breaks. Energy Economics, 59: 400-413.

Whited T M, Wu G. 2006. Financial constraints risk. The Review of Financial Studies, 19 (2): 531-559.

Working H. 1948. Theory of the inverse carrying charge in futures markets. Journal of Farm Economics, 30 (1): 1-28.

Working H. 1960. Speculation on hedging markets. Food Research Institute Studies, 1: 185-220.

Wu Y, Wu Q, Zhu J. 2019. Improved EEMD-based crude oil price forecasting using LSTM networks. Physica A: Statistical Mechanics its Applications, 516: 114-124.

Xu X, Wei Z, Ji Q, et al. 2019. Global renewable energy development: Influencing factors, trend predictions and countermeasures. Resources Policy, 63: 101470.

Yang Y H. 2004. Combining forecasting procedures: Some theoretical results. Econometric Theory, 20 (1): 176-222.

Ye M, Zyren J, Shore J. 2005. A monthly crude oil spot price forecasting model using relative inventories. International Journal of Forecasting, 21 (3): 491-501.

Ye M, Zyren J, Shore J. 2006. Forecasting short-run crude oil price using high-and low-inventory variables. Energy Policy, 34 (17): 2736-2743.

Yin L, Yang Q. 2016. Predicting the oil prices: Do technical indicators help?. Energy Economics, 56: 338-350.

Youssef M, Belkacem L, Mokni K. 2015. Value-at-Risk estimation of energy commodities: A long-memory GARCH–EVT approach. Energy Economics, 51: 99-110.

Yu L, Wang S, Lai K K. 2008. Forecasting crude oil price with an EMD-based neural network ensemble learning paradigm. Energy Economics, 30 (5): 2623-2635.

Yun W C, Kim H J. 2010. Hedging strategy for crude oil trading and the factors influencing hedging effectiveness. Energy Policy, 38 (5): 2404-2408.

Zhang J, Zhang Y, Zhang L. 2015. A novel hybrid method for crude oil price forecasting. Energy Economics, 49: 649-659.

Zhang Y J, Yao T, He L Y, et al. 2019a. Volatility forecasting of crude oil market: Can the regime switching GARCH model beat the single-regime GARCH models?. International Review of Economics and Finance, 59: 302-317.

Zhang Y J, Zhang L. 2015. Interpreting the crude oil price movements: Evidence from the Markov regime switching model. Applied Energy, 143: 96-109.

Zhang Y, Ma F, Shi B, et al. 2018. Forecasting the prices of crude oil: An iterated combination approach. Energy Economics, 70: 472-483.

Zhang Y, Ma F, Wang Y. 2019b. Forecasting crude oil prices with a large set of predictors: Can LASSO select powerful predictors?. Journal of Empirical Finance, 54: 97-117.

Zhang Y J. 2013. Speculative trading and WTI crude oil futures price movement: An empirical analysis. Applied Energy, 107: 394-402.

Zhu H, Guo Y, You W, et al. 2016. The heterogeneity dependence between crude oil price changes and industry stock market returns in China: Evidence from a quantile regression approach. Energy Economics, 55: 30-41.

Zhu X N, Zhu J. 2013. Predicting stock returns: A regime-switching combination approach and economic links. Journal of Banking and Finance, 37 (11): 4120-4133.

Zou Y, Yu L, Tso G K, et al. 2020. Risk forecasting in the crude oil market: A multiscale convolutional neural network approach. Physica A: Statistical Mechanics and its Applications, 541: 123360.